高校智库建设的理论范式和实践创新

浙江师范大学非洲研究院十年发展报告

王 珩 著

世界知识出版社

图书在版编目（CIP）数据

高校智库建设的理论范式和实践创新：浙江师范大学非洲研究院十年发展报告 / 王珩著．—北京：世界知识出版社，2017.7

（浙江师范大学非洲研究文库．非洲智库与思想研究系列）

ISBN 978-7-5012-5537-5

Ⅰ.①高… Ⅱ.①王… Ⅲ.①中外关系—研究报告—非洲 Ⅳ.①D822.34

中国版本图书馆 CIP 数据核字（2017）第 169792 号

书　　名	高校智库建设的理论范式和实践创新： 浙江师范大学非洲研究院十年发展报告 Gaoxiao Zhiku Jianshe de Lilun Fanshi he Shijian Chuangxin: Zhejiang Shifan Daxue Feizhou Yanjiuyuan Shinian Fazhan Baogao
作　　者	王　珩
责任编辑	柏　英
责任出版	王勇刚
出版发行	世界知识出版社
地址邮编	北京市东城区干面胡同 51 号（100010）
电　　话	010-65265923（发行）　010-85119023（邮购）
网　　址	www.ishizhi.cn
投稿信箱	xueshuchuban@126.com
经　　销	新华书店
印　　刷	北京京华虎彩印刷有限公司
开本印张	720×1020 毫米　1/16　　22⅛ 印张　8 插页
字　　数	358 千字
版次印次	2017 年 9 月第一版　2017 年 9 月第一次印刷
标准书号	ISBN 978-7-5012-5537-5
定　　价	68.00 元

“非洲研究文库”编纂委员会

（以姓氏拼音为序）

时任浙江师范大学党委书记李鲁（左）将“浙江师范大学非洲研究院”牌匾授予创始院长刘鸿武教授（2007.9）

中国教育国际交流协会会长柳斌（左）与时任浙江师范大学校长梅新林签署共建浙江师范大学非洲研究院协议（2007.9）

时任浙江师范大学党委书记陈德喜（左）向坦桑尼亚前总统姆卡帕赠送礼物（2014.9）

时任浙江师范大学校长吴锋民（左五）陪同莫桑比克总理阿里参观非洲博物馆（2012.2）

教育部中国南非人文交流研究中心成立，教育部国际司副司长于继海（右八）与浙江师范大学党委书记蒋国俊（右七）揭牌（2017.4）

浙江师范大学校长郑孟状在埃塞俄比亚非盟总部的中非减贫发展高端对话会暨中非智库论坛第六届会议上致辞（2017.6）

中非智库论坛第一届会议（中国杭州，2011.10）

中非智库论坛第二届会议（埃塞俄比亚亚的斯亚贝巴，2012.10）

中非智库论坛第三届会议（中国北京，2013.10）

中非智库论坛第四届会议（南非比勒陀利亚，2015.9）

中非智库论坛第五届会议（中国义乌，2016.4）

刘鸿武院长（前排中）访问“中非智库 10+10 合作伙伴计划”成员单位之一尼日利亚国际事务研究所（2014.3）

教育部长江学者特聘教授、非洲研究院创始院长刘鸿武荣获第二届中非友好贡献奖（2009.11）

非洲研究院院长刘鸿武教授（中）、院党总支书记王珩教授（右）、副院长陈明昆教授（左）（2014.10）

浙江师范大学非洲研究院全家福（2014.10）

刘鸿武院长出席“一带一路”国际合作高峰论坛（中国北京，2017.5）

博士生导师刘鸿武教授（右二）和非洲研究院首批三位非洲籍博士生（2016.9）

刘鸿武院长在英国皇家国际事务研究所演讲（英国伦敦，2014.3）

非洲研究院刘鸿武院长（右二）、特约研究员舒展大使（左一）、本书作者（左二）、牛长松博士（右一）出席金砖国家智库合作中方理事会成立会议（中国北京，2017.1）

《非洲地区发展报告 2012—2013》发布会（中国北京，2013.10）

本书作者与中国人民大学重阳金融研究院执行院长王文出席中非媒体智库研讨会（肯尼亚蒙巴萨，2016.8）

谨以此书

向浙江师范大学非洲研究院

建院十周年(2007—2017)献礼

序 一

非洲研究——中国学术的“新边疆”

一百多年来，中华民族经历了曲折艰难的现代复兴进程，逐渐由“亚洲之中国”转变为“世界之中国”。今天，中国的未来已经在越来越大广之领域与世界的前途联结在了一起。为最终完成中华民族的现代复兴，并对人类未来做出新的贡献，21世纪的中国当以更开阔之胸襟去拥抱世界各国各民族之文明，努力推进人类各文明以更为均衡、多元、平等的方式对话与合作。为此，中国需要在更广泛的人类知识、思想、学术与观念领域做出自己的原创性贡献，而建构有特色之“中国非洲学”，正是中华民族在当今国际学术平台与思想高地上追求中国的国家话语权、表达中华民族对于未来世界发展理念与政策主张并进而为21世纪的人类贡献出更有价值的思想智慧与知识产品的必要努力。[①] 在此过程中，“非洲情怀、中国特色、全球视野”三个层面的有机结合与互为补充，“承续中国学术传统、借鉴国外研究成果、总结中非关系实践”三个维度的综合融通与推陈出新，或许将为有特色之中国非洲学拓展出某种既秉承传统又融通现代、既有中华个性精神又融通了人类普遍知识的中华学术新品质、新境界与新气度。

① 刘鸿武：《初论建构有特色之“中国非洲学”》，载《西亚非洲》2010年第1期，第5页。

一、非洲研究与中国学术"新边疆"的拓展

学术研究与时代环境往往有着十分复杂的关系。所谓一时代有一时代之学术，时代条件与环境因素总在某种或隐或显的形态下影响着人们的思想过程。古人主张"知人论世"，认为要知晓其人所论所思为何如此，要理解其人治学求知之特点个性，不能不考察辨析他的生活时代，不能不联系他的人生经历与治学环境。[①]理解一个人的思想如此，理解一个时代的学术亦如此。

过去百年中国学术之成长与变革进程，便深深地印刻着时代的痕迹。因为20世纪中华文明追求现代复兴与发展任务的紧迫与艰难，更因中华学术经世致用传统之影响，中国学术过去百年的成长过程，始终紧紧围绕着、服务于中华文明复兴与发展的当下急迫之需。摆脱落后、追求先进的时代使命，使得现代中国学术的目光多紧盯先进于我之国家民族，于是，"西洋学术"、"欧美文化"，及至"东洋维新"、"俄苏革命"，都曾以不同之方式，进入中国学术核心地带，成过去百年中国学人热情关注、努力移植、潜心研究之重心与焦点，各种形式的"言必称希腊"成为中国学术一时之现象，也便自有其合理之时代要求与存在缘由。而在此背景下，对于遥远他乡那些看似与国家当下之复兴大业、复兴命题关涉不大或联系不紧的学问领域，对于那些与中国一样落后于世甚至尤有过之的不发达国家、弱小民族的研究或学问，人们便一直关注不多，问津甚少。

于是，在相当长的时期中，包括新中国成立之后，非洲大陆这个重要的自然地理区域和人类文明世界，便成为中国现代学术世界中一块"遥远边疆"，一片"清冷边地"。偶尔，会有探险者、好奇者、过路者进入其间，于其风光景致窥得一角，但终因天遥地远，梁河相隔而舟渡难寻，直至今日，非洲研究这一领域对于中国学术界来说，总体上还是一个具有"化外之地"色彩的知识领域，一块要靠人们发挥想像力去揣想的遥远他乡。

① 《孟子·万章下》："颂其诗，读其书，不知其人，可乎？是以论其世也，是尚友也。"

而在西方学术界，非洲研究却已经有百多年的经营历史了，如果加上早期时代殖民探险者、传教士留下的那些并不甚专业的探险游记、传教回忆录，西方对非洲大陆的认知与研究可以追溯到更久远的三四百年前。在这个过程中，非洲研究在塑造西方现代学术形态、培植西方现代学术气质方面，均扮演过某种特殊的角色。西方现代学术的诸多领域，诸如人类学、民族学、社会学、语言学、考古学、人种学、生态学等等，各种流行一时的理论或流派，诸如结构主义、功能主义、传播理论、发展研究、现代化理论、女性主义、后殖民主义、世界体系论等等，都曾以不同的方式或形态，与非洲这块大陆有某种直接或间接的关联。直到今日，在非洲大陆各地，依然时常可以见到西方学者潜心考察、调研与研究的踪迹。

不过，自20世纪80年代中国改革开放开始，特别是随着近年中国国家发展战略和外交战略的重大变化，中国学术界开始尝试采用更加独立，更加全面也更加长远的眼光来理解把握人类文明的整体结构，及中华民族与世界上一切民族与国家之如何建立更为平衡多元的交往合作关系这样一些重大问题。过去30年中非合作关系之丰富实践及这一关系所彰显的时代变革意义，使得非洲在中国学人眼中的地位和重要性发生了重大转变，非洲研究不仅得到重视和加强，而且研究的兴趣和重点也超出了以往那种浅层与务实、只着眼于为政治与外交服务的局限，而开始向着探究人类文明之多元结构与多维走向、向着探究一切社会科学深切关心的本质性命题的方向拓展延伸。渐渐地，人们发现，非洲研究成为新时期中国学术研究的一片“新边疆”，一块辽阔广大、有无数矿藏和处女地等待新来者开拓的沃土。

我们说，中华民族历来有关注天下、往来四海之开放传统，有民吾同胞、物吾与也的天地情怀。在其漫长的文明演进史上，中华民族一直在努力突破地域之限制而与外部世界建立接触与交往，由此扩展着自己的视野，丰富着自身的形态，并从中获得更新发展之动力。这种努力自进入近代以后，尤为强烈与明显。虽然因时代条件之制约，过去相当时期中国学术主要关注于欧、美、日发达国家，但进入20世纪60年代以来，在中华民族追求现代复兴并因此而努力与外部世界建立新型关系的过程中，也开始与遥远非洲大陆建立日益紧密的文化对话与交流合作关系。正是在这个意义上，我们说非洲研究日益为中国学术界所重视这一现象的到来，应该是具有某种特殊的昭示时代变革的象征意义的，它折射出中华文化的现代复兴正进入到一个新的历史阶段，反映出当代中国学术在回归和继承优良历史传统的基础上，日益面向全球与未来，日益拥有了新的自由与自主、自信与自觉的精神气度。

我们是不是可以这样说，如果将来的某一天，在那遥远闭塞的非洲内陆的某个村庄，在那湿热茂密的非洲雨林深处的某个偏僻小镇里，我们也能意外地发现有某个来自中国的学者身影，他会告诉我们说，他已经在这远离中国的非洲边远村庄里做了多年的潜心研究，而他并不太多的考虑他的研究与学问是否有他人认可的某种"价值"或"意义"，他只是做着纯粹基于个人学术旨趣、知识好奇心的田野考察、异域文化研究。那时，我们或许就可以说，中国学术的自主意识与现代品格获得了更大的成长，有了"值得世界给予更大尊重与敬意的品质了"。[①]

从一个更长远的当代中国发展进程来看，在全球化进程快速推进、中国与外部世界日益融为一体而中国也在努力追求自己的大国强国地位的进程中，非洲研究这一"学术新边疆"之探测与开垦，对中国学术现代品质之锻造——诸如全球视野之拓展，普世情怀之建构，主体意识之觉醒、中国特色之形成等等，都可能具有某种重要的引领与增益作用。

二、当代中非交往之学术史意义

非洲文明是整个世界文明的重要组成部分，在过去数千年间，非洲有过非常复杂而丰富的历史经历，文明形态也达到很高的水平。非洲人的天才创造在过去一百多年来已经逐渐被世界所了解，尽管现在还有许多不为人知的地方。总体上说，相对于西方对非洲文化、历史、艺术的认知，中国是一个晚到者。

① 刘鸿武：《中国外交研究的新高地——评王逸舟教授新著〈中国外交的新高地〉》，载《外交评论》2009 年第 2 期，第 148 页。

现代意义上的非洲学研究，在西方已经有一两百年的历史，尽管历史上的中国与非洲也有过有限的联系交往，但现代中国对非洲的认识却是最近50年才开始的，目前也还处在相对落后的位置上。事实上，早在100多年前西方就已经在拼命地吸吮非洲文明的乳汁，在享受非洲人民创造的丰富灿烂的文化珍品了。过去100多年，非洲给曾给西方现代艺术带来了特殊的活力，从不同方面刺激了西方现代艺术家们的想像力，由此拓展了西方现代艺术新的发展空间与风格再造，加速了西方现代艺术形态与范式的变革进程。

就非洲文化艺术在19、20世纪以来的100多年中对西方影响之广度与深度而言，在某种意义上我们可以认为西方现代艺术在某些方面曾出现过“非洲化”现象，以至于在今日的西方艺术与文化世界中，处处渗透着来自非洲大陆的元素：非洲的音乐、非洲的舞蹈、非洲的节奏、非洲的风格。当然，那是一个经过了西方精心改造、重新编码、巧加利用的复杂过程。① 在这个过程中，非洲文化、非洲艺术的最初源头是被隐去了，但如果我们作一番深入的研究辨析，就会发现，在西方现代文化与艺术的世界里，有许多被称为现代艺术伟大创造的风格样式，有许多被认为开启了西方现代文化新领域的精神丰碑，包括毕加索、马蒂斯、高更等最有影响的西方现代艺术家的许多作品之风格、形式与灵魂，都曾有过对非洲文化与艺术的某种巧妙移植、借用、吸收。② 这种移植、借用与吸收，自然是拓展了西方现代艺术的发展领域，也给现代人类带来了特殊的艺术感受，它表明西方现代艺术家勇于开新、善于利用其他民族文化与思想智慧的传统，本身并无不可，值得今日之中国学者艺术家们学习、借鉴和反思。问题却在于，当着现代西方已经在充分享受着非洲人民的艺术创造与财富，当着现代西方艺术因为从非洲艺术中获取了如此丰富的艺术天才想像与灵感而获得变革与发展地动力与智慧时，却又按照西方的艺术观念，以西方之艺术为尺度，以一种居高临下的傲慢和偏见，轻易断定非洲原始落后，妄称非洲没有历史与文化，便很不妥当了。

---

① William Rubin ed., *"Primitivism" in 20th Century Art: Affinity of Tribal and the Modern*, Volume 1. The New York: Museum of Modern Art, 1984, p.241.

② Ibid., pp.125-179.

事实上，在过去100多年西方汲取非洲文明与艺术财富的过程中，西方也垄断了对非洲文明与艺术的解释话语权。西方实际上是按其需要，按自己的历史观、价值观、艺术观来解读与评价非洲的文明与艺术世界的。于是，丰富多彩、形态各异的非洲文明与艺术，通常被贴上了一些武断而简单的标签，诸如“原始的”、“史前的”、“野蛮的”等等。百多年来，世界所认知的非洲文明与非洲艺术，或者说，世界对非洲文明与非洲艺术的认知方式与认知角度，其实是被西方设定好的，被西方人建构出来的，那其实是一个“西方的非洲”、“西方的非洲艺术”。

在相当长的时间中，我们中国人（其实也包括整个东方世界，甚至非洲人自己）也往往是通过西方的眼光，按照西方人设定的标准或尺度，来理解、认知和评价非洲文明与艺术的。这百多年来西方主导下的“非洲文明认知史”进程，其所建构的“非洲文明观”或“非洲艺术观”，其成就与不足、所得与所失，自然需要有认真的反思与总结。事实上，非洲艺术并不能用“原始”二字来形容，它只是更多地保持了人类对于艺术的最纯真的理解，更多地保持了人类因艺术而得以呈现的那种本真的天性，就此来说，欣赏非洲之艺术与文明，或许有助于我们回到人性的本原中去，回到人类最真实的心灵深处。我们当以一种敬意与温情，以一种平等的心态，重新来认知非洲人民的天才创造、巨大活力及对现代人类的特殊意义。

中华文化地处东亚大陆，在其漫长演进史上，它一直努力突破地域之限制而与外部世界进行接触与交往。在20世纪中华民族追求现代复兴并因此而努力与外部世界建立新型关系的过程中，与遥远非洲大陆的文化交流合作，对于中华古老文化在当代的复兴与发展，对于东方形态的中华文化在承续传统的过程中同时转变为日益具有开放性质与全球形态的世界性文化，是有某种特殊的实践意义与象征意义的。非洲大陆，那是一个中国民众过去并不熟悉的生活与文化世界，一个在许多方面都可以让中国人产生“异域文化”之鲜明对比与差异感的“他者”文化。唯其如此，与非洲大陆各国各族之文明往来，正有如激动人心之不同文明之碰撞，必有异彩之闪烁，奇葩之绽放，其对中华民族在全球化之时代形成更开阔之文化视野，更包容之文明胸襟，更多样之艺术欣赏力，当有特殊之增益作用。

今天，随着中国与非洲关系的全面发展，随着中非双方建立起直接的文明交流与合作关系，中国得以用自己的眼光来重新认知非洲，得以将自己古老悠久的文明与非洲鲜活本真的文明进行直接的比较交流，并将这两个大陆不同文明的交往及其前途联系起来进行展望。毫无疑问，这一外部交往与知识结构的历史性转折，将使我们能够超越迄今为止西方主导的世界历史、非洲文明的认知框架与知识传统，得出崭新的、与历史发展和人类愿望更为相符的多元世界和文明交往的新图景。在这过程中，中国并不是要抛开其他文明的彼此认知，去做一个纯粹中国人眼中的非洲观察，也不是重新建构一个纯粹是中国视界下的“中国的非洲文明”，将非洲文明或文化仅仅做中国式的图解与诠释，更不是仅出于猎奇心理将非洲做夸张扭曲的渲染，而是说既需要有中国自己的独特眼光与感悟，更需要从一个更多元、更开阔的世界文明史与全球史背景上来重新认知非洲、感悟非洲。

三、当代非洲发展问题的特殊性质

非洲研究有一系列特殊的命题值得学者们探寻深究。读者面前这一《非洲研究文库》各个系列的著作，大体上都是围绕着当代非洲各年轻国家成长中的一些重大问题来展开的。

当代非洲国家要实现发展，有许多共同的历史命题和任务需要解决。从总体上看，这些年轻的非洲国家的绝大多数，都是从一个很低的历史起点上开始它们的现代国家发展进程的，这些非洲国家要由传统社会转变发展为现代国家，要实现现代经济增长而发展成一个富裕国家，较之当代世界各国而言，其面临的障碍更为巨大，路途更为漫长，更为艰辛。它们摆脱殖民统治而独立建国固然不易，但立国强国则更为艰难。

总体上看，在前殖民地时代，撒哈拉以南非洲大多数地区的政治发展进程及成熟水平，还未达到现代民族国家的发展阶段。在当时非洲的大多数地区，往往只存在一些部族社会范畴的政治共同体，在少数地区则已形成过一些规范较小、结构松散但体制功能发育程度还较低的古代王国。作为一个现代国家的形成和稳定存在所必须要经历的政治发展阶段和一些必备的前提条件，诸如制度化了的国家体制结构的初步发展，统一的国民经济体系或经济生活纽带的初步形成与建立，各个民族或部族虽然差异很大但已有聚合在某个统一的政治实体内长期共处而积淀下来的共同生活经历与习惯，一份富于凝聚力和整合力的经由以往漫长世纪而积淀下来的国民文化遗产——如对国家的认同忠诚、对政府及统治合法性的认可拥戴等等，所有这一切，在前殖民地时代的非洲大陆的大部分地区，都还没有获得充分的发展。[①]

当代非洲国家创立的基本特点，是国家的产生先于民族的形成，是先人为地构建起一个国家，再来为这个国家的生存寻求必要的经济、文化、民族基础。在西方，现代国家的产生是社会经济、历史、文化与民族一体化发展所导致的结果。西方近代史上形成的国家，基本上是单一民族的国家，民族与国家具有同构性与兼容性。在东方国家，内部往往都有较为复杂的民族结构和宗教文化背景，各民族也多有自己的语言、宗教、文化传统，经济生活上的差异也是长期存在的，但是，这些有着多民族背景的国家，却已经有久远的生存历史了。在这些国家内的各个民族，已有在同一个古代国家机体内、在一个王权统治下，长期共处生存的历史经历与交往过程，相互间已形成程度不同的或紧或松或强或弱的经济上的、文化上的、社会生活上的联系与依存关系，并且因为这种联系与依存关系的长期存在，逐渐在那些众多的民族间逐渐形成了某种共同的国家观念意识与情感，一种对某个中央集权的统一政治实体的认同与共拥感。这种漫长历史上的共同经历与交往，使这些东方国家，在国家的民族文化关系结构上不同程度地形成了一种特殊的不同于近代西方单一民族国家的结构，即一种在民族关系、文化结构方面虽然多元却又一体的特殊格局。这些国家在多民族关系结构方面，往往还有一个占主导地位或支配地位的核心民族，比如在中国这个多民族国家中，汉族便一直是一个占主导地位的主体民族，汉文化由此也就在与其他民族的文化发生交往、融合的过程中，成为维系中国这

① 刘鸿武：《黑非洲文化研究》，华东师范大学出版社 1997 年版，第 25 页。

个多民族国家长期统一存在和连续性发展的核心文化，从而形成中国古代历史上特殊的汉文化凝聚力和各少数民族文化的向心力。

当代非洲国家的创立，不同于东方许多古代国家那样是经过非殖民地化的完成而“重建”自己往昔的国家。非洲在非殖民地化之后建立的那一系列年轻国家，包括苏丹在内，基本上不是“重建”，而是“新建”，基本上不是“恢复再生”，而是“新立创建”。因为这些国家在历史上并不曾存在过，它们并不是以历史上原有的政治共同体为基础，通过古代政治的自然发展过程，比如说在古代那些文化共同体、古王国、部落酋长国的基础上扩展而成的。古代非洲那些本可能扩展成现代国家的政治共同体，比如在苏丹这块土地上曾经有过的那些古代政治与宗教文化共同体，那些古代王国与城邦国家，如古代努比亚文明或库施国家、芬吉王国、富尔王国等等，在西方人到来之前早已衰落瓦解。独立后非洲大陆新创立的国家，基本上都是按外部西方殖民者的利益所强加的、任意“肢解与分割”而成的殖民地框架建立的，它与当地原有的历史文化共同体与政治经济结构间缺乏同构性。

从这样一个意义上我们可以看出，在第二次世界大战结束后形成的那个庞大的第三世界或发展中国家群体中，非洲各新生国家所面临的发展任务，要比世界其他地区的发展中国家更加艰巨困难，面临的发展命题也更加广泛复杂。许多东西方国家在历史上已经取得的“发展成就”，比如，社会之整合与民族一体化，国家政治制度之初步形成，统一而集权的官僚机构的建立及其功能、职能的分化与专门化，相对统一的国家文化共识体系及语言文字、宗教信仰、价值观念等方面的某种同质结构的出现与广泛交往关系的建立等等，这些“发展成就”，对于一个民族或国家能否进入现代经济起飞阶段，能否进行广泛的社会动员并使广大民众认可参与到国家的经济发展事业中来而共同走向现代社会，都是不可或缺的历史前提与发展的基础条件。而这一切，对于第二次世界大战后产生的非洲各个年轻国家来说，都还相当的不发达，都还处在一个相对较低的历史起点上，因而都构成了这些国家在当代的发展进程中绕不过、躲不开的历史发展任务，成为这些国家必须付出时间、勇气，要经历种种希望与挫折才能走过的艰难发展阶段。

从这个意义上看，独立以来非洲大陆各国的发展成就与进步，当代非洲现代化进程的成就，主要不是表现在经济增长或经济起飞方面，而是集中体现在它的“国家构建与发展”、“民族构建与发展”方面，表现在它的新型的“统一国民文化体系”的初步形成方面。60年代以来，非洲大陆各个年轻国家，在实现由传统分散的部族社会向统一的、中央集权的现代国家过渡的不懈努力方面，在实现由传统封闭分割的部族文化向同质一体化的现代国民文化过渡转型的艰难追求方面，尽管历经曲折反复，但还是已经取得了明显的进步和成效。事实上，在今日非洲大陆的许多国家中，一种超越部族、地区、宗教的国家观念和国民意识，正在形成并被逐渐地认可。随着这种统一国家文化力量的成长，随着这种富于凝聚力的统一国民文化环境的形成，一些非洲国家已经逐渐有能力克服各自国家内部的分离内乱与冲突，政府的合法性和权威性也开始得到全国民众的认同。尽管这一成就在非洲各个国家所达到的水平和巩固的程度并不完全一致。特别由于缺乏相应的经济发展成就作支持，这一国家政治发展与民族发展的成就不仅受到了很大的抑制，而且已经取得的发展成就也是很不稳固的。

从一个大的历史发展进程上看，20世纪30—50年代是非洲大陆由殖民地到主权独立国家的民族解放运动时期，发展成就是获得了民族独立、自由、平等之地位，这是一切现代发展的前提。20世纪的60—90年代是非洲由传统社会到构建现代国家的“民族国家构建与国民文化构建”时期，发展成就表现为统一的国家政治共同体的巩固与国民文化认同体系的成长。而21世纪的头20年，非洲大陆将在上述两个发展成就的基础上，逐渐进入以经济发展和社会现代化为主题的新发展时期。非洲半个多世纪发展进程之三大步的推移，是一个合乎人类文明与国家形态成长的“自然历史过程”，我们若要透过错综复杂的历史迷雾而真正理解把握非洲之现状与未来，不得不有这样的视野与知识。尽管这一过程在非洲数十个国家之间的发展水平与成就并不平衡的，有的较为成功，有的历经曲折，这将是一个长期的过程，在发展的道路上还会有反复有动荡，但这一过程总体上一直在向前推进着。

四、非洲发展研究与理论创新舞台

在当代世界体系中，在当代人类追求现代发展的努力中，非洲大陆面临的问题是极复杂而特殊的。正因为如此，在当代非洲数十个年轻国家与民族现代发展这一复杂进程中，正深藏着人类现代发展问题之最终获得解决的希望。可以说，非洲发展问题解决之时，也便是现代人类发展进程历经磨难、千曲百回而终成正果之时，而要实现这一宏大目标，不能不说是对人类之智慧、毅力、良知、合作精神与普世情怀的最大挑战与考验。

从全球发展的前景上看，非洲大陆面积达3030万平方公里，比中国、美国、欧洲三部分加起来还要大。无论是从理论的层面上还是从现实的角度上说，非洲大陆在自然资源、劳动力市场、商品消费市场等发展要素方面的规模与结构，它在未来可供拓展的发展潜力、增长空间，都会是具有全球性冲击与影响力的。我们认为，虽然目前非洲大陆总体上尚比较落后，但这块广阔大陆上那50多个有待发展的国家，那10亿以上的有待解决温饱、小康到富裕问题的人民，其现代发展进程一旦真正启动并走上快车道，其影响与意义必将超出非洲自身而成为21世纪另一个具有全球性影响的人类发展事件。

在这个过程中，基于历史的与现实的原因，中国或许正可以发挥某种特殊的作用，而非洲国家对此也有普遍的期待。在未来20年里，如果中国能够与非洲国家建立起一种新型的战略合作关系，通过“政治上平等相待、经济上合作共赢、文化上交流互鉴、国际上相互支持”的全方位合作，促进非洲国家实现千年发展目标，推进非洲大陆的脱贫减贫与发展进程，那将会大大提升中国外交的国际感召力、亲和力、影响力，提升中国外交的国际形象和道德高度，改善中国外交的整体环境，减轻中国外交的外部压力，使国际上某些敌对势力恶意鼓吹的“中国威胁论”、“中国新殖民主义论”、“黄祸论”不攻自破。

近年来，非洲国家领导人，知识精英们对于中国的国际地位上升有着强烈的感受与认同，并因此而日益重视中非关系，重视与中国的合作，对中国的期待也随之上升。一些非洲国家领导人开始提出非洲大陆的“第二次解放”这样的概念。他们认为，非洲在20世纪60年代通过民族解放运动获得了政治解放，建立了数十个政治上独立的主权国家，但几十年来，非洲多数国家的经济发展一直比较缓慢，目前还在国际上处于依附与从属的地位。只有实现经济发展，才会有非洲的真正“解放”。当代中国的经济发展及其模式，给了非洲新的启发与思考，非洲应该有新的发展思路，新的发展战略与模式。一些非洲国家领导人提出，与中国乃至亚洲新兴国家的合作，或许可以为非洲的“第二次解放”带来新的机会，也可能是非洲再不可错过的机会。对于非洲大陆正在酝酿的这一历史性变化，我们应该给予高度重视，放眼长远，审慎把握，顺势而为。我们认为，新时期中非合作的战略意义就在于它可以从外部国际环境方面有效延伸中国现代化发展的战略机遇期，拓展中国现代化发展事业所必须的外部发展空间，并在复杂变动中的国际格局下继续实施和优化“走出去”战略。

事实上，在当今这样一个相互依存的全球化时代，发展早已成为人类面临的共同问题，当代非洲发展问题之最终解决，与其说是非洲自身的问题，毋宁说是世界的全人类的共同问题。对于任何一个富于理论探索勇气与实践创新精神的人来说，当代非洲发展问题之理论上的探索与实践上的尝试，无论是从经济学、政治学、社会学的层面上看，还是从人类学、民族学、文化学的层面上说，都会是充满挑战性与刺激性的，其中必然会孕育着人类知识与理论创新的巨大空间与机会，必然包含着人类现代化道路的新拓展及人类文明现代性的新诠释与再次塑造。

在这个巨大的理论、知识、实践的创新空间与机会面前，当代中国学术界思想界，能够有所作为有所贡献吗？能够在这个关于当代非洲发展问题研究的国际学术平台上有一席之地甚至更多的发言权吗？

过去30年，中国因自身的艰苦努力，因自身的文明结构中一些积极因素的作用，因比较好地利用了全球化带来的机遇，而成为发展最快、受益最多的国家，而相形之下，非洲大陆却似乎成为全球化进程中受负面影响最大的地区，成为发展进程最为缓慢的地区。虽然从一个长远的进程来看，非洲未必就一定是现代发展的失败者，非洲过去30年也有许多进步，而中国本身也还远未达到可以轻言现代化大功告成而沾沾自喜之界。在认知非洲之文化与文明，在探求非洲之现代发展进程这个重大而复杂的命题方面，西方确实一度走在了中国前面，今日的中国，应该在此领域有自己的新的思考与探寻。

我们常说，中国是一个大国，一个文明古国。远在古代，在自身文明的视域以内，中国人就建立了古人称之为“天下”的世界情怀，建立起了具有普世色彩的“大同”理想，其中的宽广与远大，在根本上支持着中华民族的生存与发展。今日，肩负新的历史重任的中国当代学者，更应该有一种中国特色的普世理想，发展起来的中国应该对世界对人类有所贡献。我们想表述的是，中国学术之未来，应该有一个更开阔的全球眼光，一个更完整意义上的全球品格，关注的视野应该更全面一些，胸襟与气度更开阔一些，以此来努力锻造我们作为一个文明古国、世界性大国的现代学术品格与敞朗境界，以一种更具学术单纯性与普世性的情怀，涉足、关怀、问鼎于一切挑战人类思想险滩、智慧攀越险峰的领域，即便它距我们当下之生活、眼前之发展目标似乎相距甚远，也当远涉重洋、努力求之。①我们希望，在未来的年代，会有越来越多的中国年轻学子向着那“遥远而清冷”之非洲研究学术领域探寻，去拓展出日见广大之中国学术“新边疆”，以中华文明之慧眼识得异域之风光，拾回他乡之珍珠，用以丰富现代中国之学术殿堂。

五、非洲研究与中国学术的全球胸襟

一百前，梁启超在谈到中华与世界之关系时，也曾就中国文明演进之历史形态有一个“三段论”的基本看法。在他看来，中华文明由上古之时迄于秦汉之三千年，为“中国之中国”时期。在此阶段，中国文明之存在，尚限于中华之本土，为自生自长之中华文明。由秦汉及于18世纪后期之两千年，是为“亚洲之中国”时期，在此期间，中华文明之存在范围已扩展出中华本土，开始将其影响逐渐波及于周边之亚洲各地，成为“亚洲之中国”。而鸦片战争之后，

① 据说，1 000多年前，创立伊斯兰教的阿拉伯告知穆罕默德曾这样说过：“学问虽远在中国，亦当求之。”

中国则进入向“世界之中国”的大变革时期，中华文明开始向着“世界之中华”的第三期转变。当时，梁启超曾把这一外力推动下的变革称为中华文明“千古未有之变局”。基于此种对中华与世界关系走向的总体认识，将此古老之中华民族改造为具有世界眼光、对人类命运有所担当的“世界公民”，也成为梁启超心目中的“少年中国”的梦想。①

百年过去，梁启超的梦想似乎正在一天天地成为现实。事实上，伴随着当代中国政治经济快速发展与全球化进程，中华文明在承继传统并使之发扬光大的背景下，也正进入了一个面向外部世界而转型重构的新阶段，中华文明与外部世界的关系结构正在发生历史性的变革，逐渐地成为一种“世界性之文明”。这是一个立根于中华文明包容、开放、理性之传统品质而必然要向前推进的过程，其意义重大而深远。而在这一转变过程中，来自非洲的独特文明，对于遥远非洲的认知与了解，在当代中国人的现代世界图景的形构过程中，正发挥了一种特殊的增益作用。

我们说，千百年来，中华文化总体上是在东方世界演进的。国人的思维结构，生活方式，情感表达，总体上已是自成一统，成规成矩，如空气一般自我不觉却时时框定着国人的生命存在状态，影响着国人与外部世界的交往方式。近代以后，因西风东渐与欧式文明洗礼，国人多了一个认知世界的维度，国人的世界观与自我认识为之拓宽和改变。但西方帝国如此强势，相形落后了的中国，于救亡图存之中努力认知西方，逐译西学，以为变法求强之路径。百年来，中国人学习西方可谓成效甚大，这一师法欧美的过程本身也便构成中国文明复兴与崛起过程之一侧影。不过，在此过程中，太过强势的西方文明几被国人理解成为一种普适性的世界文明，部分国人更以西式文明为现代文明之同义语，以西式文明之尺度为一切文明之尺度，其结果，是使国人之世界观念于不知不觉中形成了一种“中西二元”维度，向外部世界开放也就几乎成为向西方文明开放。在许多时候，我们所说的“中外文明”已经变成了“中西文明”，所

① 梁启超在《少年中国说》中说：“纵有千古，横有八荒。前途似海，来日方长。美哉我少年中国，与天不老；壮哉我中国少年，与国无疆！”

谓进行“中外文明比较研究”，其实是进行“中西文明比较研究”。在很长一段时间中，我们对世界的认知，总体上跳不出这种“中西对比”、“不中即西”的二元思维结构与对比框架的束缚。

然而，20世纪50年代以后中国与遥远非洲大陆现代关系的建立，这种关系在随后年代的不断发展与提升，却让国人看到了另一个完全不同的世界，感受到了另一个全然不同的文化。虽然在过去半个世纪里，在西方主导的世界体系中中国与非洲皆处于相对落后边缘之境地，其文化于世界之影响也呈弱势之态，但中非双方自主交往关系的建立，却给了当代中国人另一个观察世界的窗口。这一窗口即便尚小，却也透进了不同的景色。寻着这小小窗口，国人得以意识到世界之大，远非中国与西方可包裹全部。

半个多世纪以来，通过与遥远非洲文明的交往，中国人开始切实地感受到全球范围内那些既不属于西方也不属于中国的人类多样性文明与历史形态的真实存在。通过日益增多的多元文明之间的直接交往和由此而来的认知世界的视角变换，中国人对于全球社会和现代性的认知，终于突破了“中西二元对立”的简单思维模式及其偏颇，而开始呈现出新的更加多元、更加复杂也更加均衡的认知取向。事实上，今日之破除“中西二元”史观，与近代早期中华先贤“睁眼看世界”而摒弃夷夏之辨与天朝中心之传统史地观念，进而树立五大洲四大洋之新世界史地观，在某种意义上实有异曲同工之妙。而这，正是建构有特色之中国非洲学的特殊意义所在。

六、非洲情怀、中国特色、全球视野：路径与取向

中华文明是在一个极为广阔之疆域上发展起来的多样性与整体性并存的文明，一个由内地汉民族与边疆各民族构成的多民族国家共同体。作为一个疆域辽阔的古老大国，中华文明在历史上之得以长期存在与持久繁荣，一个重要原因是它始终以一种包容、持中、理性的文明观念，兼容并包地综合汲取国内数十个民族之文化财富与思想智慧。这一优良传统使中华民族在其漫长历史上形成了一种富于内部凝聚力与外部感召力的多民族国家文化关系结构，一种在

多元而差异的自然与文化环境中维持多民族国家长期存在与持久繁荣的政治智慧与国家传统，这正是中华民族传承下来的一笔珍贵历史财富。①

在人类走向21世纪的今天，这一古老传统依然有其独特之价值与意义。在相互依存之全球化时代，没有一个国家与民族可以独享繁荣与太平。从根本上说，作为一个疆域辽阔的世界性大国，今日中华民族复兴大业之最终完成，其内在的方面，需以中华民族内部汉民族与各少数民族之共同繁荣共同发展为基础，而其外在的方面，则需要以开阔之胸襟与多维之眼光，在与东西南北之世界多元文明交流汇合的过程中，锻造中华民族在全球化之时代与世界上所有民族共生共存的能力与品质。

从世界文明与全球历史的时空结构上看，推进古老的中华文明、原生的非洲文明、现代的西方文明这三大文明体系之交流与结合，实有助于为中华文明在当代的自我超越和现代复兴提供一个坚实的三角支柱，一个开阔的三维空间。因为这三大文明形态，中华的、西方的、非洲的，各有其独特之历史背景与发展形态，各有其优长之文化魅力与精神品质，它们提供了最具互补性的文化结构与知识形态。这三大文明之交融互动，正可以为当代中国人提供更平衡、更全面的精神形态与文化模式，使当代中华文明在复兴与崛起过程中，得以在天、地、人的不同层面上，在科学、艺术、自然的不同维度上，实现更好的综合与平衡。②

今天，在经过了漫长岁月的沧桑磨难后，非洲文明依然保持着它的个性与活力，依然作为现代世界文明体系中重要部分丰富着人类的精神世界。无论人们怎样地轻视非洲，从经济与政治的角度将非洲边缘化，但如果我们这个世界没有非洲，那这个世界一定会因失去许多的奇异光彩与生命激情而变得更单调

① 对于中国中华文明之多样性及中华文明区域结构下汉民族文化与边疆少数民族文化之互动问题的比较研究，是笔者从世界范围上思考中华文明与非洲文明交流合作的一个相关性维度。刘鸿武：《论民族文化关系结构的独特性与中华文化的连续性发展》，载《思想战略》1996年第2期。刘鸿武等：《中国少数民族文化简史》，云南人民出版社1996年版。

② 关于非洲本土知识系统及传统文化的现代价值与意义，参见刘鸿武等：《基于本土知识的非洲发展战略选择——非洲本土知识研究论纲（上、下）》，载《西亚非洲》2008年第1、2期。

乏味。[①] 实际上，离开非洲文明的元素和贡献，现代世界文明几乎是不可想像的。然而，我们对非洲文明能作何种欣赏，我们能否看重非洲文明的精神价值与生存意义，在很大程度上取决于我们内心有着怎样的感知力，取决于我们内心世界有着怎么的包容度。虽然说从西方现代文明的角度上看非洲常常被理解是原始的、落后的、不发达的，但就从人类文明的本真意义上看，我们说正是因为非洲文明的存在，我们才得以知道人类那不加修凿的本真文明应该是什么样子，我们才得以感受到那让我们心灵自由起来的纯朴生命快乐是什么。非洲艺术的天然品质，非洲音乐的本真美感，都足以冲洗现代物质文明施加在我们心头的铅尘，都足以让我们那被现代都市文明压迫而扭曲的精神生命重新伸展起来。

时代环境的变革为中非合作关系跃上历史新高提供了机遇，也为中国的非洲问题研究提供了广阔的社会基础与发展条件。在此过程中，我们认为，“非洲情怀、中国特色、全球视野”之三个层面的有机结合与互为补充，“秉承中国学术传统、借鉴西方研究成果、总结中非关系实践”三个维度的综合融通与推陈出新，或许可以作为未来时代中国之非洲学建构过程中努力追求与开拓的某种学术境界与思想维度，某种努力塑造的治学理念与学术品质。[②]

所谓“非洲情怀”，是想表述这样一种理念，即但凡我们研究非洲文明，认知非洲文化，理解非洲的意义，先得要在心中去除了对非洲之偏见与轻视，懂得这块大陆之人民，数千百年来必有不凡之创造，特殊之贡献，必有值得他人尊重之处。19世纪中叶，魏源遥望非洲而告诉国人，非洲之“天文历算灵奇瑰杰，焉知异日不横被六合，与欧罗巴埒欤？”此番情怀，足显中华贤哲于世界大势之开阔视野与历史情怀。对非洲人民和他们创造的历史文化，我们当怀有一份“敬意”与“温情”，一份“赏爱之情”与“关爱之意”。或许，有了此般非洲情怀，方能在非洲研究这一相对冷寂坚苦的领域有所坚持，有所深

① Francis Bebey, *African Music: A People's Art*.New York: Lawrence Hill, 1975, p.29.

② “非洲情怀、中国特色、全球视野”是浙江师范大学非洲研究院追求的治学风格与治学境界。2009年5月，外交学院秦亚青教授、朱立群教授、王帆教授来非洲研究院指导工作，对此给予积极评价，秦亚青教授欣然挥毫，以此题辞相赠，勉励非洲研究院年轻教师沿此方向做出努力与追求。

入，才愿意一次次地前往非洲，深入非洲大陆，做长期而艰苦的田野调查、实地研究，以自己的切身经历和观察去研究非洲，感悟非洲文明的个性与魅力。而所谓的“中国特色”，在于表明，今日中国对非洲之认知，自当站在中华文明的深厚土壤上，站在当代中非合作关系丰富实践的基础上，秉持中华文明开放、包容、持中之传统，以中国独特之视角、立场与眼光，来重新理解、认知非洲文明及当代中非关系。这种立场，一方面需要了解和借鉴西方对非洲认知的成果，尊重西方学者过去百年创造的学术成果，但也不是简单地跟在西方的后面，如鹦鹉学说他人言语。毕竟，作为中国人，若要懂得非洲文明，也必得对中国文明个性、对中国学术传统也有一份足够的理解与掌握，知彼知己，并有所比较，看出中国文明与非洲文明之何异何同，共性与个性。而所谓“全球视野”，是说在今日之世界，我们无论是认知非洲文明，还是认知中华文明，自然都不可只限于一隅之所，一孔之见，既不只是西方的视角，也不局限于中国的眼光，而是应有更开阔之全人类之视野，有更多元开放的眼界，在多维互动、多边对话的过程中，寻求人类之共同理想与普遍情感。

具体言之，中国的非洲研究，或者说其“中国特色”，可以分为三个不同但相互关联的层次：第一层次是服务于并产生于国家和人民之间了解交往的一般知识，如非洲的自然地理、国家与人民、历史与文化、风土与人情及与中华文明的比较等等一般知识。第二个层次是为现实的中非合作与交流服务的关于非洲的政治、经济、社会、文化、国际关系等的专门的理论研究与政策研究。第三个层次是在“社会科学发展”一般意义上的非洲学术研究。三个层次中，第一层次的知识属于感性的层面，它们是具有普遍性的全球知识的一部分，在这一层面上，中国的非洲认识是全世界的非洲认识的一部分；第二个层次则是时代的和专属的，它针对并服务于中国的对外开放和中国的和平发展战略，服务于中非合作发展的战略关系，具有特定的现实意义；第三个层次则是纯粹知识和科学层面上的，具有最为一般性、学术性、个体性的纯粹知识与思想形态的研究。加强这一部分的研究，正是当代中国文明及当代中国社会科学获得现代性发展的内在要求，也是有效克服百多年来引导同时也束缚中国学术思想发展的“中西二元”思维惯性及相应的“古今中西”狭隘框架的现实途径，是中国思想界从根本上建立自己的现代性知识话语体系，实现与他人平等对话交流所必须的知识平台。

今天，时代的发展已经为这一中国特色之“非洲学”的全面发展提供了良好的机遇和条件。这个时候，学者的自觉努力与潜心研究，并在服务国家战略需要与追求学术自身价值之间保持良性、适度之平衡关系，已经显得尤为重要。

等闲识得东风面，万紫千红总是春。当今时代，世界历史进程正进入一个新的大变革时期。我们有理由相信，当代中非关系之发展，当代中非文明对话与合作事业的持续推进，必将从人类社会发展的深层意义上引导中国学人进行思考并在更广泛的层面上推动当代中国国际关系学、外交学、世界史学及发展理论与国际合作理论诸学科的变革与创新。

刘鸿武

二〇〇九年十一月

序 二

高校学科建设与智库建设：一体之两面

非洲研究院党总支书记王珩教授的新著《高校智库建设的理论范式和实践创新——浙江师范大学非洲研究院十年发展报告》即将出版，嘱我写个序言，我很高兴完成这个任务。王珩与我共事多年，大家一起共同建设非洲研究院，她有新著出版，于我来说，就像这些年院里其他老师有成果出版一样，感到由衷的高兴。

重视高校的智库功能并推进智库型科研机构的建设，是中国高校这些年出现的一个新现象，各方面谈论得比较多，看法不尽相同，也有了一些实践方面的尝试。在我看来，今日中国高校要不要、能不能建设智库，与其说是一个可以去坐而论道、思辨争议的理论问题，还不如说是一个现实中遇到的、真切存在的实践问题。

自改革开放30多年来，我国高校虽然有很大的推进与发展，但是总体上还是跟不上快速发展的国家与时代需要。这方面一个重要原因，并非我们高校发展得不快，发展得不好，而是因为中国本身发展得太快了。中国这30多年的经济与社会、政治与外交、国计与民生，都有了根本性的变化，这个快速的变化过程是许多人都未曾料到，却又都亲身经历着、感受着的。这个快速变化着的国家、社会和时代，在发展过程中面临着许多新问题、新挑战、新需求，而解答这些新问题、应对这些新挑战、满足这些新要求，必然需要有知识的创造与理论的创新，需要有来自高校的主动支持与积极参与。在此背景下，近年来，中国社会的方方面面，无论是国家与政府，还是企业与民间，或者百姓与官员，对高校的功能与作用，对高校提供的知识形态、理论体系、人才特征，都有了新的期待，产生了更高的要求。

30 多年的快速变化，使得在今日的中国，高校与国家、高校与社会、学术与现实、科技与经济等等方面的关系结构，都有了巨大的变化。它们的互动方式，它们的交往形态，也都需要重新定位，重新梳理，重新适应。

社会需要与时代需要，一定会推动中国科技与知识创新的进步发展。总体上看，今日的中国，今日的中国社会，比以往任何时代都更需要知识与思想，更需要大学与科技，这是推动近年来中国高校快速发展的基本动因。近年来，因为国家总体经济发展水平的提升，因为国家快速发展所积累的巨大物质条件的投入，中国高校因此获得了相当的发展，有了明显的进步。无论是持纵向的自我比较的历史眼光，还是持横向的与其他国家比较的国际视野，最近 30 多年来中国高校的总体性进步与快速发展都是有目共睹的。但另一方面，高校本身的发展始终跟不上国家和时代发展的步伐，高校的学科建设、人才培养、知识创造总体上不能很好地满足国家与社会的需要。

可以这样说，今日中国高校之所供给与社会之所需求，始终普遍存在着相当程度的不协调、不对称、不对路的现象。这大致是高校智库建设问题的提出并受到国家鼓励与倡导的一个重要原因。强调高校建设的智库功能，大体上可以理解为是一种高校的思想、知识、人才的“供给侧改革”，是要让高校提供给国家和社会的思想、知识、人才产品的结构与内容本身，能更好地、更直接地、更有效地适应和满足社会与国家的多方面需要。

推进高校建设智库，不是说高校的功能与作用都要转向智库，更不是忽视高校学科建设和人才培养功能而都去做政策咨询与社会服务。在我看来，今天提出高校智库的功能与作用，主要是解决如下方面的问题。

第一个问题，是高校的学科建设、思想探索、理论创新、知识积累、人才培养如何更好地以国家和社会需要为中心来进行，以适应和服务时代的需要为中心来推进。围绕着这个中心，不是说不要基本理论与单纯基于研究者个体爱好与兴趣的自由研究，而是说从国家的支持与期待的角度上看，肯定会更重视和支持那些关注国计民生、服务国家发展战略的思想探索与知识创造、科技创新与技术突破。也就是说，这是一个基于国家和社会需求导向而产生的高校发展新动力与新方面。至于说作为个体的学者，当然可以在自己的选择范围内做基于个人兴趣爱好的研究工作，可以在自己的象牙塔中继续做爱好的、个体性的、基础性研究工作。我想，今天的中国应该有更多元、更开放、更自信的学术环境与氛围，让不同的人选择自己的研究领域与研究方式，但国家和社会本身也确实是有其明确的服务导向与期待的。

第二个问题，是如何通过智库建设或智库功能的发挥，延伸和拓展今日中国高校的各学科建设所创造的思想与知识、科技与人才的“价值链”，拓展高校理论成果和实验成果的“服务区”“外溢区”，让高校的思想与知识创造有更广阔的服务社会的通道与空间、机会与可能。而这样一种延伸与拓展，可以反过来让高校学科建设获得更好的外部平台、发展资源与提升动力。因而，高校的学科建设与智库建设应该是一体两面，是可以统一起来的。

“价值链”是一个经济学上的词，大家都比较好理解，其基本途径是提升自然资源或初级产品加工水平，增加附加值，或拓展服务与应用范围，比如今日的非洲国家，可以通过对自然资源的产业化、工业化过程而获得附加值高的加工制品、工业品。大学的人才、知识、思想与成果，虽然不同于经济学上的资源与商品，但也存在延伸其“价值链”的问题。我们知道，知识与思想的探索需要长期积累与独立探索，需要学者们潜心静思的个体研究，这是毋庸置疑的，但另一方面，过去时代，一些大学研究者长期封闭在象牙塔中，以自我为中心，过度标榜“我思故我在”，以标榜追求纯粹的思想自由与精神独立来掩饰自己脱离时代、脱离人民的缺陷，这方面的情况也是普遍存在着的。还有的知识与思想创造虽然很有价值，但停留在课堂上、书本中，停留在实验室与研究室里，在自我循环中自说自话。

今天，我们更多地要从时代与社会的角度来思考大学的价值与意义、功能与作用，以社会为中心，以人民的关切为中心，以国家的需要为中心，或者换句最浅显的话说，以用户为中心，通过自己的实践与行动来体现大学的功能与作用。我们不仅倡导“我思故我在”，更倡导“我行故我在”，努力去行动、去行走，重践履、重实践，用实践来证明你能行、你有用，你才有价值，你才存在。高校倡导智库功能，发挥智库的作用，就是要在高校的象牙塔与火热的社会生活之间，搭建一些桥梁，提供一些通道，拓展一些空间，让两者有更多的机会对话、互动、沟通与转换。

现在的问题是，我们如何形成一个好的体制与机制，来让高校的学科建设与智库建设形成互为补充、互为因果、互为支撑的良性结构，这是需要有很高的学科建设与智库建设智慧与办学境界的，也需要研究者们有开阔的心胸与开放的眼光。总体上看，从我们浙江师范大学非洲研究院这些年的发展经历来看，高校智库建设与学科建设是可以形成互为支撑、互为动因的良性关系结构的。

非洲研究院这些年的发展，本身就是一个探索思考和实践的过程。我们一开始并没有明确地提出要建设成智库，最初的目标还是建设一个新兴的学科，有中国学术特色的中国的非洲学，因为非洲研究在中国长期落后，人才短缺，但在建设的过程中，又感觉到中国的非洲学要建设起来、要建设好、要形成自己的道路，必须扎根于中国与非洲的大地，解决中国与非洲关系全方位发展的现实需要问题。

这些年来的工作实践让我们感受到，中国的非洲研究距离非洲的现实、距离中非关系的现实是比较远的，研究者们往往脱离非洲，从书本到书本，从概念到概念，照搬西方的话语与概念，用人家的知识来解释中国的实践，研究成果不对路、无用的情况比比皆是。

这些年，在建设非洲研究院、建设非洲学科的过程中，我们一直主张和鼓励科研人员深入到真实的非洲大陆和中非合作的实践中去，研究成果要对中非人民的国计民生改善有帮助、有增益，这也是一个中国读书人应该具有的基本理念，一种悲天悯人的情怀。因而在非洲研究院建设过程中，我们比较早地就开始往智库建设的方向推进，将学术研究与服务国家、人民和时代结合起来，这也可以说是非洲研究院这些年取得建设成效的一条重要经验。

王珩教授是一位特别勤奋而又善于思考、勇于担当的党务政务工作者，到非洲研究院担任总支书记后，干一行爱一行，用心研读非洲方面的著述与文章，努力理解我的工作思路与治学目标，在承担大量党务政务管理工作的同时，注意让自己不局限于一般行政干部的日常管理工作，而是结合非洲研究院的学科建设与智库建设工作，勤于观察、思考、探索如何从管理方面、政务方面、党务方面来配合我的工作，将党务政务工作与学科建设工作结合起来，拓展工作新领域，让自己成为一名具有专业素养与见识的行政工作者。

她在这方面的努力取得了明显的成效，在短短几年中她就成为一名优秀的学科建设管理者与智库建设的管理者，类似人们所说的“智库运营官”。因而她这几年的成长过程本身，就是从事党务政务的高校管理工作者在身份、角色、工作内容等方面适应国家发展需要而积极拓展、积极转型并取得成效的例子。她现在可以说既是一名高校的党务工作者，也是一名高校科研机构的服务管理者，一名探索中的中国高校智库的运营者、观察者、研究者，几重身份的形成是一个有趣的现象，这本身也值得关注。

本书是“浙江师范大学非洲研究文库”新增系列“非洲智库与思想研究系列”的第一种书。这本书以浙江师范大学非洲研究院十年建设的历程为基本个案，考察近年来中国高校学科建设与智库建设的一些基本问题，并进行理论上的初步思考与归纳提炼。我想，对于一个学术机构、一个学科的建立，十年时间还是太短，得失如何，成败怎样，现在还不好说，恐怕只有留待后人去评论总结了。但本书中所写多是身边发生的事情，也是我们平时经常面对、讨论、解决的问题，因而书中讨论的与其说是理论问题，不如说是实践问题，而实践过程本身总是充满挑战和不确定性的。我想，非洲研究院这十年的建设历程，或可作为当代中国高校学科建设的一个案例，一个先行探索过程。若有什么经验，后人或可借鉴，会比我们做得更好；若有什么教训，后人也可汲取，不犯同样的错误。如此，我们这十年努力也便值得了。

浙江师范大学地处浙中金华，学校后面是北山，龙潭深幽，群峰巍峨。在金华十年，我时时登北山而远眺，临龙潭而静思。更多的时候，是与大家结队而行，远赴非洲办智库论坛，行思想之旅，探知识之路。这里，录一小段今年年初所写文字于此，纪念这段岁月。

新年复登临，
岁月又远望。
路途千嶂阻，
勒石安可期。

刘鸿武

2017 年 7 月 5 日于金华北山智者寺

目　录

第一章 使命：中国特色新型高校智库建设任重道远

2014年2月，教育部为深入贯彻党的十八大、十八届三中全会精神，落实习近平总书记关于加强智库建设的重要批示和刘延东副总理在“繁荣发展高校哲学社会科学 推动中国特色新型智库建设”座谈会上的重要讲话精神，制订实施了《中国特色新型高校智库建设推进计划》，要求高校明确智库建设定位，聚焦国家急需，整合优质资源，改革创新制度，为党和政府科学决策提供高水平智力支持。[①]2015年1月，中共中央办公厅和国务院办公厅公布了《关于加强中国特色新型智库建设的意见》，要求“推动高校智库发展完善”，“着力打造一批党和政府信得过、用得上的新型智库，建设一批社会科学专题数据库和实验室、软科学研究基地。实施高校哲学社会科学走出去计划，重点建设一批全球和区域问题研究基地、海外中国学术研究中心”。[②]

经过几年建设，我国高校智库取得了长足进步与发展。从数量看，南京大学“2016中国智库治理论坛”公布的数据显示，截至2016年年底，中国智库索引（CTTI）已收录来源智库490家，其中高校智库255家，占52%。[③]从质量看，高校智库影响力提升势头迅猛。詹姆斯·麦甘[④]博士领衔的美国宾夕法尼亚大学“智库与市民社

① 《教育部关于印发〈中国特色新型高校智库建设推进计划〉的通知》，http://www.moe.gov.cn/srcsite/A13/s7061/201402/t20140212_164598.html，2014-2-10.

② 《关于加强中国特色新型智库建设的意见》，人民出版社2015年版，第1—17页。

③ 中国智库研究与评价中心，《中国智库索引》，https://ctti.nju.edu.cn/CTTI/，2016-12-31.

④ “McGann”目前在国内有多种译法，“詹姆斯·麦甘”、“詹姆斯·麦根”、“詹姆斯·麦甘恩”等。本书采用第一种，引用时保留原译名。

会研究项目”（简称“智库项目”，TTCSP）发布的《全球智库报告2016》显示，2016年全球智库综合排名榜单175强中，有9家中国智库入选，其中2家为高校智库：北京大学国际战略研究院和中国人民大学重阳金融研究院，分别列第79名和第149名。进入最佳大学附属智库（共90家）的中国高校智库有6家，分别是北京大学国际战略研究院（第11名）、清华—卡内基全球政策中心（第14名）、清华大学公共政策中心（第16名）、中国人民大学金融研究所（第30名）、清华大学中国研究中心（第51名）和北京大学国家发展研究院（第82名）。美国则有29家高校智库名列其中。浙江师范大学非洲研究院列“全球最佳区域研究中心”榜单第19位。① 整体来看，高校智库“集群初步形成，特色基本显现，智库与学科建设深度互动；着眼国家战略，作用逐步发挥；参与人文交流，处于公共外交一线”，发展势头喜人。②

第一节　加强高校智库建设的意义与价值

智库（Think Tank）也称思想库，脑库。中国特色新型智库是党和政府科学民主依法决策的重要支撑，是国家治理体系和治理能力现代化的重要内容，是国家软实力的重要组成部分。

作为中国特色新型智库的重要组成部分，高校智库是隶属于大学，利用大学学科与人才优势，综合开展战略研究、政策咨询、人才培养、舆论引导、公共外交活动的科研组织机构。③

① James G. McGann, “2016 Global Go To Think Tank Index Report”.

② 张怡、黄昊：《高校智库：春风回首意未尽》，载《光明日报》2016年12月27日，第6版。

③ 王珩：《高校智库建设：背景、现状、问题及思考——基于浙江省的调研》，载《智库理论与实践》2016年第4期。

一、加强高校智库建设具有战略意义

智库的需求来源于党和政府的需要。习近平总书记多次对加强智库建设作出重要论述，中共中央办公厅、国务院办公厅印发《关于加强中国特色新型智库建设的意见》，将高校智库作为中国特色新型智库的重要组成部分，要求"推动高校智库发展完善"。作为高校智库建设的统筹领导部门，教育部高度重视高校智库建设，2014 年制订实施了《中国特色新型高校智库建设推进计划》，为高校智库建设提供了有力支持，同时也对高校智库的发展提出了新的要求。

中央文件下发以来，国内众多高校、地方政府出台有关意见，对智库建设提出相应规划与目标，强调要充分发挥高校学科齐全、人才密集和对外交流广泛的优势，深入实施中国特色新型高校智库建设推进计划，推动高校智力服务能力整体提升，合力打造一批党和政府信得过、用得上的新型智库，着力建设一批社会科学专题数据库和实验室、软科学研究基地，重点建设一批全球和区域问题研究基地，推动高校应用类协同创新中心和重点研究基地向新型智库转型，将高校自身的学科优势和科研优势最大化。

从历史上看，任何国家的崛起都必然伴随着思想的崛起；从世界各国现代化进程看，智库在改善国家治理、促进经济和社会发展、维护国家利益等方面发挥着重要作用；从当前国家发展形势看，改革发展任务越艰巨，越需要强大的智力支持，"十三五"建设任务迫切要求各类智库担当使命。建设高校智库是服务党和政府科学民主决策、破解发展难题的迫切需要，对于坚持和发展中国特色社会主义、提升国家软实力、全面建成小康社会具有重要意义。高校智库是中国特色新型智库的重要组成部分。作为我国哲学社会科学事业的生力军和各学科人才聚集的高地，高校要以服务决策为导向，以提升能力为核心，以改革创新为动力，以哲学社会科学繁荣发展为依托，努力打造一批在国内外具有重要影响的高端智库。[①]

---

① 《刘延东主持召开座谈会强调：发挥高校独特优势，为建设中国特色新型智库贡献力量》，载《管理观察》2013 年第 16 期，第 6 页。

二、探索高校智库建设的理论与实践具有双重价值

从全球范围看，新一轮高校智库建设的热潮正在兴起。美国智库超半数依托高校科研机构。宾夕法尼亚大学自 2007 年起每年发布《全球智库报告》（The Global "Go-To Think Tanks"：The Leading Public Policy Research Organization in the World），2010 年开始对大学附属智库进行排名。2015 全球最佳高校智库排名显示，影响力世界前 88 名的大学智库中有 25 个来自美国顶尖的研究型大学（其中包括斯坦福大学、哈佛大学、哥伦比亚大学、普林斯顿大学等高等学府），占 28.4%，其余来自英国（8 个）、新加坡（6 个）、中国（6 个）、澳大利亚（5 个）等国家。2010 年没有中国高校智库入围世界前 25 强，2015 年度则有北京大学国际战略研究所、清华—卡内基全球政策研究中心、清华—布鲁金斯公共政策研究中心、中国人民大学重阳金融研究院、清华大学中国研究中心、北京大学国家发展研究院六家智库分别列第 11、第 14、第 16、第 29、第 50、第 81 位，[①] 打破了发达国家高校智库一统天下的局面。从无到有，从少到多，中国高校智库发展呈现出迅猛态势。

从国内看，当前高校新型智库研究方兴未艾，其内涵、定位、标准还有待明确，运行机制还有待完善。对高校新型智库的理论探索，有助于扩展智库研究视角和领域，深化协同创新理论，同时能推动高校智库聚焦重大理论问题，生产高质量的理论和学术成果。在实践方面，高校智库还存在重理论轻应用、重知识轻技能现象，市场意识和服务意识还不够强，与国家和市场需求脱节，科研成果转化能力不够。高校智库的实践创新，能促进高校以国家和市场需求为导向，产生高质量成果，促进成果转化，培养优秀人才，提升智库创新能力和影响力。

---

① McGann, James G. "2015 Global Go To Think Tank Index Report (2016)", TTCSP Global Go To Think Tank Index Reports, paper 10, http://repository.upenn.edu/think_tanks/10.

三、高校智库建设理论研究与实践探索任重道远

中国有丰富悠久的治国理政思想积累与知识传统，但现代意义的“智库”建设却是近 30 多年才起步的。当代中国的智库建设大体可分为三个阶段。第一阶段（1978 年至 1991 年）以 1991 年中国（海南）改革与发展研究院成立为标志；第二阶段（1991 年至 2011 年）智库建设逐渐增多，高校智库地位开始显现；第三阶段（2011 年至今），国家战略计划出台，教育部确定首批 14 个国家级协同创新中心，智库研究掀起高潮。2013 被称为“智库元年”，国家领导人先后对建设中国特色新型智库、高校新型智库作出重要指示，新一轮智库建设的风潮扑面而来。

高水平智库是高等教育质量的显著标志。高校具有建设高水平智库的天然优势：人力资源集中、学科门类齐全、基础研究底蕴雄厚、对外交流广泛深入。但目前我国高校的智库建设还存在高端人才和创新团队匮乏、高质量成果不多、影响力不够，以及问题意识不强、联系实际不足、评价机制不健全、改革力度不够等问题。要从根本上厘清认识、解决问题，需要进行长期的、专门的、深入的研究，探索建立中国特色高校智库理论体系。

我国高校智库发展现状不容乐观，与全球顶级智库、中国特色新型智库建设目标有较大差距，数量与质量都亟待提升，高校智库的理论研究和建设实践迫在眉睫。相比之下，美国约有 75%的智库附属于大学，且在影响国家政治、经济、社会、军事、外交、科技等重大决策方面发挥重要作用。

当前，全球智库理论研究成为热点，但在研究对象上偏重官方智库，国别集中于发达国家，对发展中国家智库和高校智库的研究成果很少，现有研究成果缺乏系统性和理论深度。因此，我国高校智库建设的理论研究与实践努力都有待推进，且非一役之功。

第二节　国内外相关研究综述

智库也称思想库（Think Tank），在西方，其理论渊源可以追溯到古希腊

亚里士多德关于“知识与权力”的论述和马克斯·韦伯关于“学术志业”与“政治志业”思想。在中国，早在春秋战国时代，就形成了丰富的以智取胜、伐谋治国的精神传统。但就现代意义的智库研究而言，西方和中国学界起步都较晚。①

国内外智库研究的文献较为丰富，相关著作近百本，中国期刊网中文数据库有智库相关论文 1 万余篇。从国别看，专著和论文集中在对美国、德国、英国、日本、澳大利亚等发达国家智库的研究，关于中国等发展中国家智库的研究所占比重极小。从类别看，官方智库、民间智库的研究较多，近期国内对中国智库、高校智库发展的研究开始增多。

一、国外研究现状

（一）全球智库研究的发展阶段

关于智库的起源时间学界有多种说法，“20 世纪初期说”被大多数人认可。关于发展阶段，意大利智库研究专家唐纳德·阿贝尔森（Donald E. Abelson）提出“四代智库说”——第一代是政策研究机构，第二代是政府合同型智库，第三代是倡导型智库，第四代是名流型智库。据此，智库研究也相应划分为四个阶段：一是 20 世纪初至 40 年代智库研究的雏形阶段，当时智库用以指称第二次世界大战时美军讨论战略和作战计划的保密室；二是 20 世纪 50—70 年代智库研究的兴起阶段，以第一个现代意义上的智库兰德公司（1948 年）的成立为标志，此后巴特尔纪念研究所（1955 年）、伦敦国际战略研究所（1958 年）、乔治城大学战略和国际问题研究中心（1962 年）、野村综合研究所（1965 年）等智库涌现，成长迅速；三是 70—80 年代智库在各国决策咨询过程中地位与影响日益提升，1971 年保罗·迪克森（Paul Dickson）发表了第一本介绍美国智库形成与发展的著作《智库》②；四是 90 年代开始的智库发展繁荣时期，美国和英国学者先后发表了一批关于智库研究的专著，运用历史研究方法从不

① 王莉丽：《智力资本：中国智库核心竞争力》，中国人民大学出版社 2015 年版。

② Paul Dickson, *Think Tanks*. New York: Atheneum,1971, p3.

同侧面研究了智库的兴起过程。[①] 研究内容偏重公共政策、国际关系等领域，如安德鲁·里奇《智库、公共政策和专家治策的政治学》[②]。詹姆斯·麦根等人在《智库的力量：公共政策研究机构如何促进社会发展》[③] 中对智库的定义作了探讨，对历史上智库的作用及发展阶段的划分与以上成果略有出入。

（二）关于智库的思想内涵与特征

"智库"英语为"Think Tank"，又称"思想库""思想工厂""政策研究组织"。学者对智库概念界定存在分歧。1972 年，保罗·迪克森第一次提出现代意义上的智库概念。他认为，智库是一种相对稳定的、独立的政策研究机构，专业人员运用科学的研究方法对各种政策问题进行跨学科的研究。从全球化视角去思考智库时，智库可以是非营利的，也可以是营利的；可以有政府支持，或者有政府部分支持，也可以与政府完全没有关系，由公司、大学等各种机构支持。[④] 英国学者詹姆斯认为，"智库是从事于力图影响公共政策的多学科研究的独立组织"。影响公共政策是智库存在的首要目标。一些学者将智库的非营利性作为主要特征。如美国权威智库布鲁金斯学会的资深研究员威佛认为，智库是"非营利的公共政策研究产业"。[⑤] 持同类观点的学者还有哈姆斯和费塞。里奇给出的智库定义是"独立的、不以利益为基础的非营利的研究组织，他们生产并主要依靠专家意见和思想以获得支持和对政策决策过程影响"。[⑥]

美国宾夕法尼亚大学的詹姆斯·麦甘（James McGann）是全球智库研究领

---

① Rucci, D. M., *The Transformation of American Politics: The New Washington and the Rise of Think Tanks*. New Haven and London: Yale University Press, 1993. Cockett, R., *Thinking the Unthinkable: Think Tanks and the Counter-Revolution*. London: Harper Collins, 1994. Denham, A. & M. Garnett, *British Think-Tanks and the Climate of Opinion*. London: UCL Press, 1998.

② ［美］安德鲁·里奇：《智库、公共政策和专家治策的政治学》，潘羽辉等译，上海社会科学院出版社 2010 年版。

③ ［美］詹姆斯·麦根、安娜·威登、吉莉恩·拉弗蒂主编：《智库的力量：公共政策研究机构如何促进社会发展》，王晓毅等译，社会科学文献出版社 2016 年版。

④ 同上，第 28 页。

⑤ Kent Reweaver, "The Changing World of Think Tanks", *Political Science and Politics*, 1989, Vol. 22, pp.563-578.

⑥ Andrew Rich, *Think Tanks, Public Policy and the Politics of Expertise*. New York: Cambridge University Press, 2004, p.43.

域的代表性人物。他认为，在特定的民族国家或地区，至少有 13 个因素决定了智库的数量和特征，包括政治自由、政治体制、实施民主的年限、政党的数量和力量、公民社会的特征、出版自由、经济自由、人均国内生产总值、公共部门对独立政策建议的需求、人口、慈善文化、大学的数量和独立性以及智库的全球化水平、数量和类型。[①] 这些指标与特定国家、地区的智库生存条件之间存在一定相关性。加拿大唐纳德·埃布尔森在《国会的理念：智库和美国外交政策》考察了美国精英智库影响美国对外政策的案例，并指出目前智库和公共政策关系的研究遇到了瓶颈。[②]

（三）关于智库的评价与管理

詹姆斯·麦甘主持的智库项目（TTCSP）集中研究世界范围内政策研究机构在政府和公民社会中所扮演的角色。这个项目建立并维护一个包括 152 个国家 6600 家智库的数据库和网络。该项目从 1989 年成立起就开始收集数据并开始研究智库的发展趋势以及智库作为市民社会行动者在决策过程中的作用。在过去近 30 年中，项目发展和领导了一系列全球创新性研究。项目采取多种形式与智库和大学合作，产出包括 2007 年开始每年进行的“全球智库索引”（Golobal Go To Think Tank Index），按不同类别对世界著名智库进行排序；索引成果得益于世界各国超过 1900 个同行的研究和个人的帮助，一般来自传统和电子媒体、学术界、公立和私人的资助机构以及政府等。这一成果被学术机构、新闻记者、资助者以及试图了解世界各地著名公共政策研究中心并与之建立联系的公众广泛使用。应该说，十年来“全球智库索引”已成为全球最权威的智库评价体系。项目目标在于增加智库的资料和提高其绩效，增加公众对重要智库在全球政府和公民社会中作用的了解。近年的全球智库报告显示，中国智库数量列全球第二，仅次于美国。虽然众多学者对美国和其他发达国家、发展中国家上百个智库的繁荣和发展历程进行了溯源，但是鲜有人评估它们的影

① ［美］詹姆斯·麦根、安娜·威登、吉莉恩·拉弗蒂主编：《智库的力量：公共政策研究机构如何促进社会发展》，王晓毅等译，社会科学文献出版社 2016 年版，第 1—2 页。

② ［加］唐纳德·E. 埃布尔森：《国会的理念：智库和美国外交政策》，李刚等译，南京大学出版社 2017 年版。

响力。[①] 美国学者斯特鲁伊克的《经营智库：成熟组织的实务指南》以及雷蒙德·斯特鲁伊克的《完善智库管理：智库、“研究与倡导型”非政府组织及其资助者的实践指南》，强调了智库经营和管理的重要性，主要内容涉及研究团队的聘用和组建、绩效考核、培训、质量控制、内部决策与沟通、董事会作用发挥、财务和绩效问责等方面。

（四）关于思想、智库的发展及作用

智库与思想密不可分。南京大学智库文丛之《思想的掮客：智库与新政策精英的崛起》指出，思想的确是强有力的政治工具。他提出了“思想市场”和“思想政治学”的概念。[②] 詹姆斯·麦甘恩的《全球智库：政策网络与治理》描述了智库及其全球扩张的背景，他认为“虽然这些机构在全球和国家政治领域中还是比较新的面孔，但它们在跨国公司日益增多和西方主导力量减弱的大环境下，正成为决策领域重要的力量之源。”[③] 该书从全球、地区和国家层面对智库扩展的原因和本质以及智库的前景作了重要的解读，并通过对布鲁金斯学会、全球发展网络等的分析进一步阐述了全球智库和全球公共政策网络在民间社团中扮演的角色以及它们面临的机遇和挑战。安德鲁·里奇在《智库、公共政策和专家治策的政治学》中基于对 135 位官员的深度采访、对国会议员和记者的访谈调查、专家在 20 世纪 90 年代医疗保障改革和电信改革辩论中作用的研究、专家在 2001 年减税中作用的详细个案研究，阐释了为什么当今美国智库数量激增但影响力却没有与数量发展成正比。他认为，很多智库有意识形态倾向，智库不再是致力于客观分析政治问题的机构，而是蜕变为把专家转变成宣传者、把政策信息转变成“弹药”的机构。

---

① Abelson, Donald E., *Do think tanks matter? Assessing the impact of public policy institutes*. Montreal: McGill-Queen's University Press, 2009.

② [美]詹姆斯·艾伦·史密斯：《思想的掮客：智库与新政策精英的崛起》，李刚等译，南京大学出版社 2017 年版。

③ [美]詹姆斯·麦甘恩、理查德·萨巴蒂尼：《全球智库：政策网络与治理》，韩雪、王小文译校，上海交通大学出版社 2015 年版。

二、国内关于智库问题的研究

国内关于智库的研究始于 20 世纪 80 年代，大致可分为三个阶段。

一是起步阶段，代表作包括吴天佑和傅曦编著的《美国重要思想库》（1982 年）、张静怡编著的《世界著名智库——美国兰德公司、伦敦国际战略研究所等见闻》（1985 年）等。

二是缓慢发展阶段，研究停留在智库表象，相关专著较少，成果主要以论文呈现，如袁鹏《美国智库：概念及起源》（2002 年）、穆占劳博士学位论文《美国智库与美中关系研究》（2004 年）、薛岚与朱旭峰《中国智库：涵义、分类与研究展望》（2006 年）等。这一时期书籍主要是介绍性编著，如北京太平洋国际战略研究所的《美国智库及其对华倾向》和《欧洲智库及其对华研究》等。

三是高速发展阶段，自 2010 年始，国内智库研究呈现井喷态势。2010 年，上海社会科学院智库研究中心出版《世界各国智库研究》《国际著名智库研究》和《西方学者论智库》。王莉丽《旋转门——美国思想库研究》、李安方等《中国智库竞争力建设方略》、朱有志等编著《智库—智囊团—社会科学院初论》、郑秉文主编《全球拉美研究智库概览》陆续出版。相关论文急剧增加。

三、当前国内外研究新趋势

全球在 20 世纪 90 年代掀起了智库研究和建设热潮。越来越多的学者关注智库研究，并对智库的定义、特点、发展规律等基础性问题提出不同看法。中国也在这一时期进入现代意义上的智库研究与建设阶段，2009 年举办第一届全球智库峰会，智库数量列全球第二。各种国际智库会议、交流活动纷纷展开，呈现不同特点。

（一）中国特色新型智库建设成为国内智库研究热点

2013 年 4 月，习近平总书记对建设中国特色智库作出重要批示。十八届三中全会通过了《中共中央关于全面深化改革若干重大问题的决定》，明确要“加强中国特色新型智库建设，建立健全决策咨询制度”。2015 年 1 月，中共中央办公厅、国务院办公厅印发了《关于加强中国特色新型智库建设的意见》，把智库建设提到“党和国家事业发展全局的战略高度”，标志着中国智库研究进入新常态。在这一背景下，近三年相关研究成果井喷。早期关于智库研究的专著以上海社科院智库研究系列成果为代表。该智库研究中心对智库的起源与发展，现代智库的发展历程，世界各国智库的发展现状，世界智库的类型、职能与作用，以及主要趋势特征等内容进行了系统研究，形成了系列成果，包括《智库谋略：重大事件与智库贡献》《智库转型：理论创新与实践探索》《智库产业：演化机理与发展趋势》等专著，还发布了《2013 全球智库报告》《2014 中国智库建设报告》等，强调新型智库要发挥“资政、启智、制衡、聚才、强国”等多项功能，发挥智库在完善国家治理体系中完整诠释中国特色新型智库的科学内涵，需要同党和国家全面深化改革总目标结合起来，推进国家治理体系和治理能力现代化。此外，《中国智库竞争力建设方略》《建设智库之路》《欧美智库比较研究》《国外学者论智库》《第五种权力：论智库》《大国智库》等一批新著涌现。《智力资本：中国智库核心竞争力》《大学智库》《伐谋》《中国特色新型智库：胡鞍钢的观点》《智库：国外高校国际研究院比较研究》等专著对高校智库研究有所涉及。2016 年中国科学院新创刊《智库理论与实践》，任玉岭主编的《中国智库》已刊发六辑。一些刊物开始开辟智库研究专栏，如《重庆社会科学》《光明日报》等，后者还率先探索“媒体智库”建设路径。智库评价方面，南京大学智库评价中心推出“中国智库索引”（CTTI）。尽管如此，与发达国家智库相比，中国智库建设研究仍然处于初级阶段。

（二）“智库学”成为一门新兴交叉学科

2002 年伦敦大学亚非学院主办的《中国季刊》（*China Quarterly*）刊发中国智库研究专题，做了较为全面的论述。国内在很短时间内产生了一大批关于解读和建设“中国特色新型智库”的研究文章，如《建设有中国特色新型智库》《逐步形成中国特色的智库思想市场》《国家治理视野下的中国特色新型智库》等，从各个角度作出了思考。李国强探讨了中国特色新型智库的基本特征；薛岚认为中国智库未来发展应加强政府内部公共政策研究能力；减少政策研究禁区；推进数据信息公开；深化改革，加快建设中国特色一流智库。胡锐军等提出创建中国特色新型智库的七项机制。

由朱有志、贺培育、刘助仁等撰写，中共中央党校出版社出版的《智库学概论》，为读者展现了智库的产生与发展、类型、特征、功能、运行机制等内容。该书提出，智库学是一门值得重视的新学科，其研究范围应涵盖智库的发生和发展、主要分类、基本特点、主要功能、运行机制和发展趋势；智库是以公共政策为研究对象，以影响政府决策为研究目标，以公共利益为研究导向，以社会责任为研究准则的研究和咨询机构，具有职能的专业性、思想的独立性、研究的前瞻性和成果的适用性等特征；强调当代中国建设战略型智库是一项迫切又富有挑战性的工作，要求定位更高、基础更深、举措更细、对策更实。首先要确定高层次的战略定位，创造性地提出应对方案；其次要明晰深层次的推进思路，充分发挥当代中国智库的大作用、搭建中国智库纵深发展的大舞台；最后，构筑多层次的建设平台，使战略性研究成果有效进入决策、影响政策、优化对策。①

唐磊的《当代智库的知识生产》一书认为，智库要做“知识和权力的桥梁”，对形成决策的“有效干预人群”进行游说，将其理念传播给他们，克服科研与决策二者之间的知识供求矛盾。智库需要及时回收、合成思想，把高深的学术成果重新演绎成简洁明了的“话语片段”，采用媒体化的表述方式以普及思想并吸引眼球。该书认为，在组织思想的重新合成和演绎方向上，智库显得更加有效率。为了提高推销知识的效率，当代智库管理者更加重视建立广泛而有效的社会网络，通过各种类型的社会活动来促进公务员、决策者、商界精英、媒体人士和学者之间的沟通。对于智库而言，提升知识品质和加强社会资本二者不可偏废。②

南京大学李刚教授等翻译了美国著名智库机构——华盛顿城市研究所资深研究人员雷蒙德·斯特鲁伊克博士撰写的《经营智库：成熟组织的实务指南》。该书基于案例全面介绍了员工培训、质量控制、成果沟通、组织架构、工作计

① 朱有志、贺培育、刘助仁等：《智库学概论》，中共中央党校出版社 2015 年版。
② 唐磊：《当代智库的知识生产》，中国社会科学出版社 2015 年版。

划、赢得政府合同、财务管理、团队组建模式等智库管理问题。该书指出，高效地组织开展研究与分析工作是智库高级管理层最重要的任务之一。智库如何开展研究活动主要受两方面影响：一是开展研究工作的组织方式；二是研究人员的结构。该书建议，不要只考虑智库当前的需求，也要考虑其在未来几年想要努力达到的目标，同时要采用不同的模式去适应特定的环境。①

（三）高校智库研究方兴未艾

冯绍雷的《智库：国外高校国际研究院比较研究》②，聚焦美、法、德、日、俄以及欧盟高校国际研究院，考察其历史沿革、功能变迁、教学模式、研究生培养、发展特色、研究机制等，从比较视角分析了国外研究院的发展模式及演进趋势，为中国高校智库建设提供了诸多启示。没有涉及其他类别高校智库。

《中国特色新型智库：胡鞍钢的观点》③，收录了胡鞍钢关于智库建设的讲稿，介绍了清华大学国情研究院，对“如何建设中国特色新型高校智库”问题作了论述。

王莉丽的《智力资本：中国智库的核心竞争力》④认为，全面提升智库的智力资本是中国特色新型智库建设的关键所在。该书围绕提升中国智库核心竞争力这一当前亟待解决的问题，对中国智库发展的历史渊源与传统、美国智库的智力资本、美国涉华智库的研究动态、英国智库的发展模式、中国特色新型智库建设的关键问题、中国大学智库建设进行了较为系统的研究，并对中国智库发展的现状与问题进行了分析，在此基础上提出政策建设。该书强调，与传统大学体制的悠久历史相比，欧美国家的大学智库在二战期间才较多出现，并普遍遵循典型大学智库发展模式：依托于研究型大学，核心人才来自大学教授，基础研究与战略研究并重、思想创新与人才培养并重、独立性与国家利益并重。中国大学智库的未来发展，必须坚持人才资本优势，在多元化的智库市场

① ［美］雷蒙德·J. 斯特鲁伊克：《经营智库：成熟组织的实务指南》，李刚等译，江苏人民出版社 2015 年版。

② 冯绍雷：《智库：国外高校国际研究院比较研究》，上海人民出版社 2011 年版。

③ 胡鞍钢：《中国特色新型智库：胡鞍钢的观点》，北京大学出版社 2014 年版。

④ 王莉丽：《智力资本：中国智库核心竞争力》，中国人民大学出版社 2015 年版。

竞争中保持核心竞争力。其中两章介绍了国外大学智库的发展模式，比较分析了高校智库的优势和不足，并以清华大学国情研究院、北京大学国家发展研究院等为例，提出高校智库应建立稳定的组织管理机制、灵活的科研考核机制，注重理论战略研究、专业化建设与人才培养等建议。此前，王莉丽曾提出，“大学智库是提升国家软实力的基础，智库应充分发挥战略研究、思想创新、政策建言、人才培养、影响舆论、公共外交的作用；从组织架构、人才选用、资金来源、影响力拓展、管理考核等层面进行改革”。

胡光宇编著的《大学智库》从大学智库价值观、国内外大学智库发展、大学与智库的关系、大学智库发展的意义、大学智库如何建设等方面，阐述了大学智库的国家责任、贡献、现状、趋势、沿革、特色、问题、国家要求以及创新、学派、产学研、学科建设、人才培养和评价、作品等内容，并提出在大数据时代条件上的知识库、人才库、数据库、决策思想库的构建模式，勾画了中国大学智库的发展蓝图和建设路径。①

还有学者认为，高校智库建设存在体制缺陷、机构设置和科研目标不合理等问题，应明晰目标定位、加强体制创新，对现有学术型智库的科研布局进行改造，加大投入，改变人才结构。建议高校智库和政府保持适当关系，明确研究领域，形成特色。②涂成林等以广州大学广州发展研究院为例开展“高校智库服务地方政府决策的路径与对策”研究。③严格意义上说，以上成果涉及高校智库的篇幅不大，未形成系统研究。

关于高校智库协同创新理论与实践的观点主要有：协同创新是以知识增值为核心，企业、政府、知识生产机构（大学、研究机构）、中介机构和用户等为了实现重大科技创新而开展的大跨度整合的创新组织模式。④祁艳朝提出协

① 胡光宇：《大学智库》，清华大学出版社 2015 年版。

② 孟维晓：《高校智库建设的体制和运行机制研究》，载《中共银川市委党校学报》2012 年第 5 期，第 85—87 页。

③ 涂成林、魏伟新：《高校智库服务地方政府决策的路径与对策——以广州大学广州发展研究院为例》，载《广州大学学报（社会科学版）》2011 年第 12 期，第 42—46 页。

④ 陈劲、阳银娟：《协同创新的理论基础与内涵》，载《科学学研究》2012 年第 2 期，第 161—164 页。

同创新的内涵、作用，提出校际协同、校所协同、校企协同等模式与机制。[①]实践方面：教育部首批“2011国家战略性计划”建立中国南海研究等14个协同创新中心。浙江大学举行“协同创新高端论坛”，成立由国有企业、浙江大学、民营企业和金融、创业投资企业共同出资的“浙江大学创新技术研究院有限公司”，开创了校企政协同的商业化模式。南开大学与天津大学组建“天津化学化工协同创新中心”，成为高校自主联合建立的首批实质性运行的协同创新中心之一。《新型高校智库开展协同创新的探索与思考》[②]以浙江师范大学非洲研究与中非合作协同创新中心为个案，探讨高校智库开展协同创新的紧迫性和可行性，在现状分析的基础上，提出“服务国家战略，创建互动合作机制”、“服务地方建设，深化校地协同模式”、“服务高校发展，强化多元学科融合”等建议，以期强化高校智库的协同创新，完善智库建设，提升软实力。

（四）相关观点层出不穷

教育部社会科学委员会副主任顾海良认为，高校在建设中国特色新型智库方面有着突出且独到的优势。为此，首先要转变观念、改变学风、扭转科研方式，促使专家学者把专业知识与社会实践结合起来，深入社会实践，使研究和结论更有现实生命力。其次，要革除凭借单一的专业和学科去研究社会问题的弊病，大力加强协同创新，提出更加全面深入的政策建议。[③]

复旦大学原副校长林尚立提出，高校智库是培育战略科学家的摇篮。要引导高校的学科建设和国家的发展战略紧密结合起来，引导学者把理论研究与战略思考、政策设计结合起来；要建立良好的体制机制，培养和汇聚各类人才，如要有稳定的战略科学家，要有高度专业化的学术组织经营团队，要聚集方方面面的专家和国际学者。

中国特色社会主义经济建设协同创新中心主任逄锦聚认为，做强智库，高

① 祁艳朝：《高校实施协同创新模式与机制研究初探》，载《黑龙江教育学院学报》2012年第10期，第5—6页。

② 王珩、刘鸿武：《新型高校智库开展协同创新的探索与思考——以浙江师范大学非洲研究院为个案》，载《浙江师范大学学报（社会科学版）》2014年第3期，第91—95页。

③ 王斯敏：《2015中国智库年度发展报告》，社会科学文献出版社2016年版。

校既有优势，也有不足。高校要做强智库，就需要坚持不懈，扬长避短：一要坚持需求和问题导向，聚焦国家急需，选择改革发展中的重大课题作为主攻方向；二要妥善处理基本理论研究和应用对策研究的关系，既着眼长远性、战略性、前瞻性研究，又着眼当前急迫且重大问题的研究，把二者有机结合起来；三要打破高校与高校、高校与科研机构、高校与政府部门间的界限，加强协同创新。

首都经贸大学党委书记柯文进认为，要确立“研以致用、协同创新”的智库建设理念和科研发展理念，不断加强智库队伍建设。研以致用，以问题为导向，主动服务国家和所在省（自治区、直辖市）经济社会发展；协同创新，发挥跨学科优势，搭建政产学研用协同创新平台；创新智库建设体制机制，聚集国内外人才，不断加强智库队伍建设。

上海市高校智库研究和管理中心执行副主任沈国麟认为，必须以知识生产机制创新推进高校智库建设。建设中国特色的人才“旋转门”，支持政府人员和智库研究者之间的双向流动、相互挂职。将智库成果纳入评价指标，提高对决策咨询报告的奖励额度。创新高校知识生产体制机制，推动智库建设的实质性进展。搭建国家和省市级层面的智库平台，整合资源、促进沟通，避免重复建设，促进中国智库市场逐渐完善。这些观点大多基于高校智库建设的实践，主要发表于期刊或报纸，对于加深对高校智库的认知、把握高校智库建设现状、丰富高校智库建设实践路径有较大帮助。

综合来看，近年我国智库研究如雨后春笋，次第涌现；评价排名工作更加注重方法的科学性和程序的合理性；研究类专著增多，随着中国智库建设的推进，我国的智库研究已不满足于从国外智库的运行机制、职能作用中汲取合理养分，而是更加关注自身发展过程中遇到的新情况、新问题。

四、当前研究存在的不足

综上所述：首先，全球智库研究起步较晚，高校智库的理论研究处于起步阶段，其实践路径、举措、机制更是有待探索。其次，研究内容偏重欧美和官方智库，发展中国家智库、高校智库研究少。再次，国外学界研究方法成熟，以历史路径、实证主义和国际比较研究为主。对中国智库的研究更多以欧美智库为参照进行比较研究，停留于表象和形式，亟须转变研究维度、整合视角、进行深层次的理论分析。

此外，随着广大学者对中国特色新型智库这一概念的深入理解，不少学者感到，我国智库的理论发展在一定程度上滞后于智库实践，高校智库建设尤其如此。一是智库研究停留在概念探究层面的较多，如中国特色新型智库、影响力、独立性等，对智库的运作机制、经营实践、治理模式等实际操作层面的问题关注较少，使广大智库建设和运营者缺乏实践参考。二是研究从宏观层面展开的多，很多文章仍处于论证阶段，即中国特色新型智库建设“是什么”“为什么”，学术气较重；对“怎么建”这个问题探求者少，研究存在同质化、泛化、浅表化等现象。三是对国外智库的研究尚处于“引进来”——翻译介绍国外智库的先进经验阶段，对于如何将国外智库建设经验与中国特色新型智库建设实际结合起来以及如何推动中国智库理论“走出去”论述得较少。四是现有智库评价方法有待突破，指标体系仍不健全，使得现有排名缺乏公信力等。①

有学者认为，要推动智库理论研究与实践同步发展，应引导相关研究朝以下方向发展：一是注重研究智库的运作机制、经营实践、治理模式等实际操作层面的问题。智库理论的发展离不开基础理论的支撑，但也同样不能缺少实践操作层面的维度。广大智库研究者要多关注、介绍、评价国内外智库的运作经验和发展模式，为我国智库建设和智库发展提供借鉴和参考。二是积极引导学者开展中微观研究，关注中国特色新型智库建设过程中的困难与阻碍，做出合理预期和评估，积极推动我国智库建设。同时提倡差异化研究，不跟风、不盲从，科学定位自身研究特色。三是坚持中国特色新型智库建设实践，吸收借鉴国外智库建设经验，在理论和实践的互动中完善中国智库理论，积极推动中国智库理论“走出去”，发出中国声音。四是完善智库评价方法，建构科学的、合理的、有效的智库评价指标体系。科学健全的指标体系是开展评价与排名的关键。要借鉴吸收、综合考虑现有智库评价方法和评价指标的长项和短板，

① 王斯敏：《2015 中国智库年度发展报告》，社会科学文献出版社 2016 年版。

探索符合我国国情的智库评价模式，推动新型智库建设不断走向制度化、规范化。

第三节　本书框架及内容

作为中国特色新型智库的重要组成部分，高校智库有其独特的发展历史、理念内涵、特色特质、优势功能，对这些问题的认识需要综合运用政治学、社会学、历史学、公共政策学、传播学等多学科理论方法，逐渐构成“中国特色新型高校智库的理论范式”。高校智库应精准定位，选择适合自己的发展路径、重点领域、组织结构及其评价标准等，充分发挥优势，着重开展中长期的、战略性的研究，提供更具整体性与宏观性的有关国家发展战略与治理理念的思想成果与理论方案，构建学科、平台、人才、机制等几方面协同创新的高校智库建设实践体系，为中国改革发展提供强大的智力支持。

本书着力解决当前高校智库建设的三个基本问题：一是“为什么”或“能不能”的问题，即高校能不能建智库、为什么要建智库；二是“是什么”的问题，即高校智库区别于其他智库的特质内涵是什么、优势功能有哪些；三是“怎么做”的问题，即如何推进高校智库建设，高校如何通过智库建设实现高校的思想、知识成果转化，从而让高校能更好地服务社会。

全书共分 12 章，前 6 章着重阐释高校智库建设的基本理论问题，涉及对高校智库的使命、内涵、定位、功能、特色、评价等的理论阐析，还有对国外高校智库建设的比较研究，以及对浙江高校智库建设的调研及思考；后 6 章以非洲研究智库——浙江师范大学非洲研究院为案例，分析其创始过程、建设理念、平台建构、学科创新、能力发展、人才培养、队伍建设、运行机制等方面的独特做法。

浙江师范大学非洲研究院建院十年来，秉承“非洲情怀、中国特色、全球视野”的办学理论，遵循“三年创业、八年提升、十年而立”的目标指引，充分发挥战略研究、政策建言、人才培养、舆论引导和公共外交等功能，有力地服务了国家战略，成效显著，广受赞誉。2017 年入选《全球智库报告 2016》“最佳区域研究中心”(大学附属)，2016 年入选南京大学中国高校智库索引(CTTI)。拥有五个语种的网站，在全国智库国际影响力排行榜中占有一席。被外交部誉为“独树一帜”，被教育部作为服务“一带一路”“民心相通”的具有“代表性、示范性和推广性”的高端大学智库。在十年建设过程中，浙江师范大学非洲研究院作了许多有益的探索，积累了不少的经验而受到人们重视，其许多做法已为国内众多高校效仿或借鉴。与此同时，它也面临许多发展中的困难和挑战，遭遇过不少挫折。因而浙江师范大学非洲研究院十年建设的经验与教训，可作为一个特殊的窗口，一个探索性的案例，来认识、分析和总结，以为中国高校智库建设提供有意义的启示和思考。此为本书的一个基本用意。

第二章 内涵：高校智库的定位与功能

本章结合理论研究与案例实证研究，从宏观层面探讨“为什么要建设高校智库”“什么是高校智库”“如何建设高校智库”等亟待解决的理论与实践基本问题，回应“高校能否建智库”“高校智库建设是否过热”“高校智库建设的形式与内容”等疑问。我们认为高校智库是现代大学体系的重要组成部分，是大学功能的现代表达与路径拓展，能与学科建设相得益彰，并促进哲学社会科学话语转型。一流的高校智库是以原创性的知识、思想、信念、人才为核心竞争力的大学精神的彰显与传承，具有独特的精神内涵、目标定位、独特风骨和天然优势。在高校智库建设实践中要处理好高校与智库、问题导向与学科导向、基础理论研究与应用对策研究三对关系。要注重目标定位、保障体系和中国特色三个关键点。要注重协同发展，形成合力；注重内涵发展，走以提高质量为核心的内涵式发展道路，形成特色；注重创新发展，建立多元的智库评价体系，形成可持续发展的长效机制。

第一节 高校智库需厘清的基本问题

当前，高校智库建设的理论研讨与实践探索持续升温，引起各方广泛热切关注。应该说，对高校智库建设成果的主流评价是积极肯定的，但其中也不乏质疑的声音。

一、对高校智库建设的质疑

质疑一：高校能不能建智库

2015 年 11 月 6 日，《文汇报》发表了根据胡伟教授在《探索与争鸣》创刊 30 周年学术论坛上的发言整理的文章《学科导向与问题导向：高校智库热的反思》。随后，微信公众号“文汇学人”以《高校就是高校，不能把高校建成智库》为题推送了原文。主要观点有三：一是大学的使命是“人才培养、科学研究和社会服务”，核心使命是“对知识的发现、传播和保存功能”，“强调的是研究和创新”，而不应是目前“越来越强势”的社会服务功能；二是大学应“坚持学科导向，做好基础研究和应用研究”，而不是“问题导向”的“对策研究”；三是当前不少所谓的“问题导向”的研究对象是“伪问题”，原因是“基础研究太薄弱”。文章最后强调，如果不“鼓励长线研究和基础研究”，会导致大学“行为更加短期化”和“急功近利”的“灾难”发生。①

质疑二：高校智库“过热”，需要“冷思考”

凤凰智库研究员李江形容“智库似野草般在全国范围内疯长”，“高校智库一拥而上”。针对有的高校公开强调要举全校之力建好智库，他认为“大学的首要任务是教书育人，其次是基础研究，最后方为政策研究。举全校之力发展以政策研究为主要任务的智库，属于典型的本末倒置”，“这是高校长期在市场化与行政化双重影响下畸形成长的产物，是大学重心的错位”。原因一是智库创立者有抢夺政府政策红利的目的，二是许多学者试图将“学阀”秩序制度化，其中也不乏抢夺新政策资源的跟风者。② 万玉凤则认为，“高校智库热度比较高，脚步有点小”，高校智库存在“学术与咨政、专业化研究与多维度政策咨询的冲突、书斋型研究与应用型研究的矛盾”等三大瓶颈，机制创新是破解的关键，国际化、参与性和影响力等有待加强。③

质疑三：高校智“枯”、“智”少、“库”多，形式大于内容

王文认为，当前中国“智”少“库”多，有“智”与“库”断层，“库”蓬勃发展、“智”止步不前的失衡趋势，值得警惕。④ 董云川则认为，人们需要思考：除却华丽招牌之中“新型”“特色”以及“国家级、省部级、校级”等定语之外，高校智库还剩下什么。如果不存在独特价值及其作用发挥机理，

① 胡伟：《高校就是高校，不能把高校建成智库》，http://pit.ifeng.com/a/20151124/46366568_0.shtml.

② 李江：《中国高校“智库热”的冷思考》，http://pit.ifeng.com/a/20170105/50526086_0.shtml.

③ 万玉凤：《高校智库：热度比较高脚步有点小》，载《中国教育报》2015 年 3 月 24 日。

④ 王文：《中国为何出现“智”少“库”多现象?》，载《对外传播》2016 年第 2 期。

高校智库就是一个昙花一现的广告词汇。缺乏“智”而标榜“特色”，没有意义；远离“慧”而号称“新型”，形同虚设。只注重外在的形式和排场，“智库”就会成为“智枯”。[①]王莉丽指出，一些高校智库热衷于请名人、搭台子，重形式、轻内容，有些甚至仅仅是挂个牌子，既无长期稳定的学术战略与研究方向，也无专门的建设经费、专职研究人员。针对这些现象她提出，无论是智库的学术研究还是实践发展，都亟须从“形式建设”转向“内容建设”。[②]

二、高校智库建设亟待解决的问题

建设高校智库的战略意义不容置疑，理论研讨与实践探索也应予以大胆鼓励。对待这些质疑应理性分析、审慎视之。不同声音的思辨、不同视角的介入，有助于人们更好厘清高校智库建设的理论，指导智库建设实践。上述第一类和第二类问题属于理论层面的认识问题，第三类则属于对高校智库建设实践的评价问题。因此，需要我们从理论和实践两个层面予以厘清。

（一）理念问题：为何要建高校智库

为什么要建高校智库？高校能不能建智库？是不是所有高校都要建智库？大学与智库的内在逻辑关系是什么？高校智库建设的必要性和可行性如何？智库作为现代社会从事战略和政策研究、咨询的专业机构，是现代政治运作、行政管理和社会治理综合需求的产物，是知识社会分工进一步细化的产物。大学比智库有更悠久的历史，更大的体量，更复杂的结构和功能。大学和智库的关系本来并不复杂，但在中国特色新型智库建设中，一些学者提出“不能把高校建成智库”的观点，使得高校与智库的关系变得复杂。因此，很有必要对此作分析和讨论。

（二）内涵问题：何为高校智库

高校智库有哪些特质？如何突出中国新型高校智库特色？与发达国家的高校智库相比区别何在？与隶属于政府机构或自立于民间的智库相比，高校

① 董云川、张莉莉：《高校智库是个广告词汇？》，载《中国教育报》2016 年 3 月 28 日。
② 王莉丽：《智力资本：中国智库核心竞争力》，中国人民大学出版社 2015 年版，第 194—196 页。

智库的功能、优势是什么？高校的职能是发展变化的，高校智库的内涵也将随着时代的要求、国家的需要而发展变化。新时期高校肩负着人才培养、科学研究、社会服务、文化传承和创新、国际交流合作的重要使命。[①] 高校智库承担战略研究、政策建言、人才培养、舆论引导、公共外交的重要功能。对照国际标准和中国特色智库内涵要求来看，真正有国际影响力、符合“国家急需、世界一流、制度先进、贡献重大”总体要求的高校智库不是多了，而是少了；高校智库建设不是太热了，而应得到更多的实质性的重视与支持。

（三）实践问题：如何建设高校智库

高校如何利用自身学科齐全、人才聚集、知识综合与思想深厚等优势建设一流智库？传统高校科研机构如何向智库转型？如何构建智库评价体系？如何创新体制机制，促进智库建设与高校学科建设协同、一流高校建设与智库建设兼容互动？高校智库如何由外延式增长转向内涵式发展？在新型智库建设的时代课题中，高校要以回答新的历史条件下国家发展面临的一系列重大理论和现实问题为己任，准确定位，明确领域，依托优势学科，形成专业化的资政研究队伍，协同探索符合现代智库建设要求的治理结构、管理方式和运营模式，打造新型高校智库。

归结起来，高校智库建设的几个基本问题关键是要厘清“为什么”、“是什么”和“怎么做”三个基本问题，处理好“高校与智库”、“内涵与特色”、“传承与创新”三对关系。只有这样，才能建好高校智库，更好地服务国家战略、地方发展和学科建设，实现共享发展、内涵发展和创新发展。

第二节　高校智库的独特精神与内涵

高校智库建设是现代大学体系的重要组成部分，世界一流大学大多有自己的品牌智库。高校与高校智库之间既存在紧密的联系，又有本质的区别。从全

① 《中共中央国务院印发〈关于加强和改进新形势下高校思想政治工作的意见〉》，http://ex.cssn.cn/zx/yw/201702/t20170227_3432301.shtml.

球视野考察，高校与智库互为依托、协同发展的成功案例给我们诸多启示；从中国改革与发展的现实和未来角度出发，建设高校智库是激发高校改革活力的催化剂，是构建中国特色哲学社会科学体系的突破点，是助力“四个全面”、实现“中国梦”的有力支撑。大学发挥智库功能是大学服务社会、服务政治的需要，尤其是著名大学，人文社科很强，是国之重器。培育高端智库，是高校的义务，也是高校的责任。反之，智库建设能反哺大学学科建设，推动高校教师更多关注真正的现实问题，推动高校科研体制机制的改革，因此，高校建智库是一种共赢，可实现共享发展。

一、高校智库是大学功能的现代表达与路径拓展

美国加州大学伯克利分校校长克拉克·科尔（Clark Kerr）1963 年在哈佛大学的演讲中提出：“今日之大学主要的功能不止于教学与研究，并且已经扩展到服务。”① 比较分析就不难发现，高校与高校智库的功能其实是相互融通的，其中人才培养和科学（或战略）研究是共有的功能；智库承担的政策建言、舆论引导、公共外交分别可以对应高校的“社会服务”和“国际交流”职能，服务国家战略，服务社会政治经济发展和文化传承创新与交流合作。智库成为联结社会需要和知识领域的桥梁，使大学服务社会的形式发生了重要转变：对策研究从单学科走向多学科，由个人行为走向集体行为。在融合了科技和人文社会科学领域的综合性研究型大学里，智库成为体现多元化功能、服务于国家和社会的一种现代形式。如 2017 年 5 月举行的国务院“一带一路”民心相通新闻发布会上，高度评价浙江师范大学在推动中非人文交流、促进中非民心相通方面的做法，“具有代表性、示范性和推广性，在推动中非民心相通实践中，定位非常清晰，工作很扎实，可以说是持续发力，久久为功，亮点纷呈”。②

① 杨玉良：《大学智库的使命》，载《复旦学报社会科学版》2012 年版第 1 期，第 1—4 页。

② 《国新办举行“一带一路”沿线国家民心相通情况发布会》，http://www.scio.gov.cn/xwfbh/xwbfbh/wqfbh/35861/36653/index.htm，2017-05-11.

二、高校智库和高校学科建设从根本上说是相得益彰的

从全球范围来看，美国 75% 的智库设在大学，其他西方知名智库也有一大半在高校。全球智库报告显示，影响力世界前 25 名的大学智库中有 11 个来自美国顶尖的研究型大学，其余来自英国、加拿大、新加坡、澳大利亚、德国等发达国家。[①] 世界一流高校大多建有世界一流的国际关系学院和政府管理学院，而一流的学科和一流的智库往往是这些一流学院的标准配置。以哈佛大学肯尼迪政府学院为例，该学院的政治学和国际关系学科世界一流，它属下有一系列智库，其中大名鼎鼎的贝尔弗科学与国际关系中心（简称“贝尔弗中心”）也是世界顶级智库。[②] 当然，对于中国特色新型智库来说，能否解决中国的现实问题才是评价一流学科、一流智库的尺子，不能用西方的智库和学科标准来代替中国标准。可见，无论是中国还是西方，智库与学科建设的关系是互为前提、双向支撑；相伴相生，密不可分；互为依托，协同发展。

三、高校智库建设是促进哲学社会科学话语转型的重要抓手

2016 年 5 月 17 日，习近平总书记在哲学社会科学工作座谈会上发表讲话指出，要加快构建中国特色哲学社会科学。他说：“我国是哲学社会科学大国，研究队伍、论文数量、政府投入等在世界上都是排在前面的，但目前在学术命题、学术思想、学术观点、学术标准、学术话语上的能力和水平同我国综合国力和国际地位还不太相称。要按照立足中国、借鉴国外，挖掘历史、把握当代，关怀人类、面向未来的思路，着力构建中国特色哲学社会科学，在指导思想、学科体系、学术体系、话语体系等方面充分体现中国特色、中国风格、中国气派。”[③] 总体而言，以往哲学社会科学的一个重要问题是对改革开放近 40 年的经验教训总结不够，不仅无法取得国际上的话语权，也无法解决当下改革开放

---

① 王珩：《理顺高校智库建设的三对重要关系》，载《中国社会科学报》2016年4月21日，第2版。

② 胡光宇：《大学智库》，清华大学出版社 2015 年版，第 91—93 页。

③ 习近平：《在哲学社会科学工作座谈会上的讲话》，http://politics.people.com.cn/n1/2016/0518/c1024-28361421-1.html.

中遇到的新问题。高校智库建设无疑是建构中国特色哲学社会科学的一个重要抓手，它至少是探索社会科学如何经世致用的一个有效途径。跨学科的问题导向的智库研究，也必将催生中国特色哲学社会科学的“智库范式”。

四、高校智库具有独特的精神内涵与风骨

智库强调独立性，高校智库是以诚笃和独立为核心的大学精神的历史彰显与文化传承。基于大学精神的高校智库，才有可能为国家与社会提供战略对策、清澈的思想和智慧、精神和理想。[①] 作为中国特色新型智库的重要组成部分，高校智库还要体现中国特色。中国社会科学应在全球化的时代背景下研究中国问题、开创中国学派、具备中国风格，从而具有中国特色。这也是中国特色新型智库对高校哲学社会科学研究提出的时代要求。教育部长江学者特聘教授刘鸿武指出，以往那种以西方标准为标准、以西方是非为是非的观念和现象值得反思：“其基本的套路，是先把西方的行为和教条奉若神明，把西方的话语和经验当作绝对的真理，然后再用西方的教条来评判中国现实的对与错，用西方的概念来解释中国的实践。如果中国的现实与西方教条不符，那是中国的现实错了；如果发现西方的概念解释不了中国的实践，那是中国的实践错了，而不是西方教条或概念有问题。照此逻辑，循此心态，最后得出的结论，必然是中国只能削足适履，按西方的模式改变自己。但中国的大学好还是不好，中国高校智库有用还是无用，中国的智库建设要走什么样的路，还是应由中国的需要、中国的实践、中国的标准来判定，而不是那些西方标准来判定。”刘鸿武教授领衔的团队所努力创立的非洲学，就是在秉承中华学术传统、借鉴国外研究成果的基础上，立足于深入观察和综合把握当代中非发展合作的民族实践，形成可以说明、解释和指导这一民族实践的原创性理论体系与话语体系，并在学科建设的一些基础领域做出持续的努力，最终建立起来的具有中国学术品格而又融通中外的中国非洲学。[②]

---

① 杨玉良：《大学智库的使命》，载《复旦学报社会科学版》2012 年第 1 期，第 1—4 页。

② 刘鸿武：《“非洲学”的演进形态及其中国路径》，载《国际政治研究》2016 年第 6 期，第 41—63 页。

第三节　高校智库的独特优势与功能

一、高校建智库的优势

2014 年，时任教育部社会科学司司长张东刚在接受《中国教育报》采访时表示，高校在建设智库方面具有诸多优势：一是大学内部可以形成多个智库。大学智库多是在充分发挥基础研究优势并不断进行知识转化和推广的基础上形成的，著名大学均有多个优势学科和优势研究领域，这些研究中心或研究所都可以生成智库，如哈佛大学贝尔弗中心、国际发展中心、魏德海国际事务中心。二是大学智库的强势研究领域与优势学科互为倚重，长期积累。大学优势学科是大学智库的深厚根基和依托，如斯坦福大学胡佛研究所以其在国内经济政策、国际事务、环境研究领域的研究而著称，在这几个领域的世界排名都位于前列；而这些学科恰是斯坦福大学的优势学科，在美国最权威的《美国新闻与世界报道》（USNEWS）大学排名 2012 年度分专业排名中，斯坦福大学的经济学排第 5 位，环境研究排第 1 位。三是大学智库与大学内部其他院系之间形成“内部旋转门”。大学智库和大学之间要充分发挥人才的优势，必须拥有内部转化的机制。在胡佛研究所常驻的 100 多位研究人员中，80% 以上为高级研究人员，美国各类院士和各类奖章的获得者有 105 人次。这些研究人员中有 80% 以上由胡佛研究所和斯坦福大学其他院系联合聘任，由胡佛研究所和其他院系分别支付相应的聘任费用，使这些研究人员可以在胡佛研究所和斯坦福大学其他院系之间流动。

从我国来看，高校也同样具有建设高水平智库的良好条件：一是人力资源集中，高校聚集了 80% 以上的社科力量、近半数的两院院士、绝大多数的长江学者特聘教授、60% 的“千人计划”入选者，以及规模庞大的硕士博士生队伍，可以为智库建设提供有力的人才支撑。二是学科门类齐全，有利于解决横跨自然科学、工程技术和人文社会科学多个学科的综合问题。三是基础研究力量雄厚，可以为智库开展政策研究、战略研究提供丰厚的学术底蕴。四是对外学术交流和合作广泛深入，为开展战略研究和政策研究提供了广阔的国际视野和国际学术网络。[①]

与一般的官方智库、社会智库和民间智库不同，高校智库具有学科优势、功能优势和资源优势，这是其他智库所无可比拟的，也是不可替代的。学科是大学教学、研究和知识分类的基本建制。智库与学科建设有差异，也具有高度的互补性。离开学科发展，高校智库建设往往是无源之水、无本之木。高校最优质的科研成果基本来自于自身的优势特色学科，这是高校自身科研实力和学科背景的集中体现。优势特色学科可以为智库建设提供知识支撑、人才支撑、管理支撑和平台支撑，从而为党和政府的科学决策提供坚实的理论支撑。[②]学科发展可以和智库研究互相促进。美国的中国学着力于当代中国政治、经济和文化研究，成为美国智库中国问题政策分析的主流范式。浙江师范大学依托非洲研究学科发展非洲研究智库，以本硕博一体的学科体系、课程体系和人才培养体系来支撑智库建设。一流学科孕育和支撑一流智库建设，一流的智库促进和引领一流学科发展，二者的良性互动是建设一流大学的重要动力。[③]

人才培养是高校智库与其他智库的最大区别，也是其独特的价值与功能优势所在。大学是智库人才的摇篮，世界上其他智库除了兰德公司有专门培养政策分析师的研究生院外，几乎没有能自己培养人才的智库。[④]此外，高校智库还有人才资源丰富、学科门类齐全、基础研究力量雄厚、官方影响与思考独立相平衡等独特优势，横可跨学科，竖可成梯队，对内组织协调性强，对外国际交流广泛。当然，高校智库也存在短板。如“学科建设取向”导致衡量一流学科的指标是论文、专著、项目、学位点数量等，成果转化率低、社会利用率不高；在人才培养过程中对于为智库提供优秀的战略研究和政策分析人才较为忽

---

① 马海泉：《建设新型高校智库服务科学决策——访教育部社会科学司司长张东刚》，载《中国高校科技》2014年第4期，第12—14页。

② 洪银兴：《关于高校新型智库建设的思考和建议》，载《新华日报》2016年3月16日，第15版。

③ 汪锋：《高校一流学科与新型智库建设的互动机制研究》，载《中国高教研究》2016年第9期，第35—41页。

④ 李刚主编：《完善智库管理：智库、“研究与倡导型”非政府组织及其资助者的实践指南》，南京大学出版社2017年版，第1—9页。

视等。因此，高校智库应扬长避短，发挥优势特长，强化特色内涵，实现高校智库内在品质与外在形象的协调发展。

二、高校智库的功能

我国高校的五大职能是人才培养、科学研究、服务社会、文化传承创新和国际交流。在知识经济时代，高校智库能够及时地反映和汇集社会各种意见，为政府决策提供咨询和参谋，为社会提出新的价值目标并引导公众舆论的走向，在社会生活中发挥着越来越重要的作用。

高校智库应具有战略研究、政策建言、人才培养、舆论引导和公共外交五大功能。战略研究指发挥基础研究实力雄厚优势，着重开展事关国家长远发展的基础理论研究，为科学决策提供坚实的理论支撑。政策建言指发挥学科门类齐全的优势，围绕重大现实问题，开展多学科的综合研究，提出具针对性和操作性的政策建议。人才培养指发挥教育教学和实践的优势，努力培养复合型智库人才为中国特色新型智库建设提供有力人才保障。舆论引导指发挥高校学术优势，针对社会热点问题积极释疑解惑，引导社会舆论。公共外交指发挥对外交流广泛的优势，积极开展人文交流，推动公共外交。

智库不仅仅要建言献策，还要为国家发展提供前瞻性的战略研究成果，及时为党和政府决策提供良好的决策基础、研究资料和宏观政策解决方案。还要能引导舆论，特别是在国际场合能够发出中国声音。战略研究、建言献策、引导舆论和国际话语需要高水平的人才团队和科学研究支撑。从这个意义上讲，智库不是一个单纯的学术组织，但是，几乎所有的智库往往都以学术组织的形式出现，智库研究方向和成果的实用性决定了智库与传统高校研究机构的差异。

三、我国高校智库建设存在的不足

高校智库发展有其局限性，建设中存在的各种不足不容回避。总体来看，目前高校智库建设还明显滞后，与国家经济社会发展的需求相比还存在很大不足，主要表现在有分量、有影响的智库不多，结构不尽合理，高端人才和创新团队匮乏，高质量的、具有真知灼见的研究成果不多，每年提交的咨询报告对重大决策产生影响还不理想。主要体现在五个方面。

一是高校管理者和学者思想认识保守。一些政府部门官员认为大学远离社会实践，大学老师习惯于纸上谈兵，不能有效解决社会现实问题，因此对高校智库提供的咨询报告或建议常不屑一顾。不少大学管理者和教师认为大学是神圣的知识殿堂和精神家园，必须保持与世俗社会的距离，大学老师应恪守传道、授业、解惑之职责，面对现实问题，狭隘地将“是什么”“为什么”视为己任，而将“怎么办”的问题抛给社会。这两种极端的保守认识导致大学学术与社会实践严重脱节。[①]

二是高校智库成果的政策匹配度较低。对此，应从三个层面突破：拓宽渠道，将智库成果报送至更多的决策部门；拓展思路，为市场提供更为专业的政策咨询，引导思想产品市场蓬勃发展；丰富智库成果的形态，不囿于资政报告等既有形态，拓展智库成果的类型和载体。

三是高校智库的评价体系不够完善。没有明确统一的评价标准，智库成果报送渠道就容易被堵塞。高校智库可以从政策咨询的能力、活力和潜力三个角度来完善评价体系：能力指研究课题与咨询报告服务国家决策的适用程度、水准高低；活力指智库及其成果在学界和媒体曝光度以及智库产品的数量及发布频率；潜力指权威排名、专家意见以及智库与国家未来发展方向、需求的吻合程度。

四是高校智库的“旋转门”缺乏活力。目前，中国智库的“旋转门”多是单向的，鲜有政府官员进入智库。高校智库应积极推动“旋转门”的双向流动，通过相关政策机制鼓励、吸引官员进入高校智库，打通政学资源。

五是高校智库对于学术独立性和政策应用性之间的关系存在认知偏差。这种偏差一方面来源于一些人对咨政工作的错误理解；另一方面来源于如何平衡学术人才和资政人才之间的关系。

出现这些问题的原因有多种，根本原因是问题意识不强、联系实际不足、

① 田晓明：《高校在智库建设中应有大作为》，载《群众·决策资讯》2014 年第 4 期。

评价机制不健全、改革和支持力度不够，还可能与管理体制的束缚、学术评价的偏差等有关系。在这些现实面前，高校服务社会功能的发挥受到观念、机制等方面的极大掣肘。作为大学服务现实社会的主要阵地，高校智库建设也可谓举步维艰。从政府运作机制看，由于高度行政化的管理机制，使大学应有的独立、自主、批判等优秀特质被有意无意地消解甚至埋没了，在“行政权力”与“学术权力”的争论和博弈过程中，大学在某种程度上被逐渐边缘化了。从高校的运行机制看，由于大学分类、分级等人为的管理模式干预，大学管理者不得不功利化，有时甚至背离学理、不遗余力地追求一些建设指标，如学科、项目、论文等的级别和数量，使大学与真正的学术以及社会需求渐行渐远。如何在精心守护精神家园的同时勇敢地推倒“物理围墙”，实现与社会的有效对接，还有很大的努力空间。对各级政府而言，如何还大学以高度的办学自主权，充分尊重知识和人才，并积极发挥大学应有的功能和作用，同样需要付出艰苦的努力。

第四节　高校智库应明确定位、理顺关系

在世界多极化、经济全球化、文化多样化、社会信息化深入发展的大背景下，中国肩负自身改革发展和推动世界共同发展的双重使命，迫切需要一批能够广泛参与全球合作与竞争的新型智库，为国家战略决策和经济社会发展提供智力支持。高校智库建设可谓正逢其时。

一、高校智库建设应理顺“三对重要关系”

（一）高校与高校智库：功能共融相通，并行不悖，建设智库能促进高校更好地履行使命，实现共享发展

高校和高校智库都应承担教学、科研和服务职能。两者在功能性质上是一致的，并不矛盾。高校智库只是高校功能的一部分，高校智库是中国特色新型智库体系中的一个组成部分，与党政军智库、地方智库、民间智库等共同为国家战略和社会发展提供智力支撑。

人才培养、科学研究和社会服务“三驾马车”是有机的整体，应该齐头并进，相辅相成，共同促进高校和智库发展。大学功能是随着时代的发展而变化的，我们应该用全面的、发展的、联系的、历史的观点来看待。建好高校智库，做好社会服务能使高校的人才培养和科学研究更接地气、更有底气、减少浮躁、扎实学风。

智库建设是高校服务社会的一个方面，是在高校建设的基础上生发的新型科研组织和功能，其本身可以反哺和推动高校整体的发展。浙江师范大学非洲研究院以“聚焦重大问题、服务国家战略”为导向，以“当代非洲发展问题”与“当代中非关系”为主线，致力于打造国家涉非问题研究的高校智库，已成为外交部“中非智库 10+10 合作伙伴计划”的成员智库。非洲研究院在智库建设过程中，不但有力促进了学校政策研究水平的提升，还产生了一系列反哺效应，体现在科学研究、学科建设、人才培养和国际交流等各方面，相关领域的专著、论文、课题、咨询报告、研讨会发言等数量和质量稳步提升；探索协同校内外资源，建立了有中国特色的“非洲学”本、硕、博学科体系；成为教育部、商务部的援外培训基地，培养培训中国的“非洲通”和非洲的“中国通”人才；有力促成学校国际化战略的落实以及促进了中非教育与人文交流等等。

（二）问题导向与学科（学术）导向：不能简单对立，问题导向的科研与学术工作、学科导向的学科建设应互相促进形成良性互动

问题意识是创新精神的源泉，也是人类社会发展进步的重要推动力。刘云山曾说：“树立问题意识、坚持问题导向，是新的时代条件下开创事业发展新局面的必然要求。”这一要求同样适用于高校发展和智库建设。高校的改革和发展、研究和培养都要直面现实，有发现问题的敏锐、正视问题的清醒和解决问题的自觉，用马克思主义的立场、观点和方法正确地认识问题。

坚持问题导向是否意味着抛弃了学科导向？其实不然，坚持问题导向必须以学科发展为支撑，以学科人才为关键，以学科成果转化为目标。离开了学科建设，不可能有人才培养，不可能有科学研究，也不可能有社会服务。

理想的高校智库研究应该是这样：社会现实中所产生的问题促使高校智库设立相应的研究项目，教师带领学生运用不同学科提供的概念、假定和方法等开展项目研究，在此基础上申报课题、撰写论文和咨询报告，课题论文在专业类期刊发表，咨询报告报送相关部门服务于决策。有些思想成果不能直接转化为生产力，但可以通过影响人们的观念、社会舆论甚至决策者的思维，从而形成软实力，间接地改变世界。在这个过程中教师队伍的学科创新能力得到提升，学生得到培养，成果得以转化应用，大学的知识创新、人才培养和服务社会真正有机地融合，形成“问题导向的科研与学术工作、学科导向的学科建设、人才培养互相促进、良性互动”的新局面。

（三）基础理论研究与应用对策研究：并重并举，互相促进；共同研究中国问题，讲好中国故事，建立具有中国气派、中国风格、中国特色的话语体系

国内学者基本认同把研究分为基础理论研究和应用对策研究。这两者既有联系也有区别。首先，两者并重，不可或缺。应用对策研究离不开基础理论研究，基础理论和现代科技的发展为政策分析提供了先进工具，大数据及数据挖掘等也为政策分析提供了有效手段，没有深厚的学术理论支撑，应用对策研究不可能深入、持续和有效；应用研究做得好，也可以刺激基础理论的研究和创新。其次，各有侧重，分工合作。基础理论研究的要义是解决“是什么”和“为什么”问题，应用对策研究的重点是解决“怎么办”的问题，涉及对政策的理解和把握，需要熟悉现代政策机制。新型智库不仅要提供应用对策研究，而且要提供新思想、新知识、大战略，使学术研究经世致用、为国献策、为民谋利。这就要求高校智库以重大理论和现实问题为主攻方向，同时更应以深厚思想和丰富知识为基础依托。

从对高校与智库、问题导向与学科导向、基础理论研究和应用对策研究三对关系的分析，结合当今大学现实，不难发现，高校科研存在引进来有余而走出去不足、西学有余而中学不足、关注理论有余而研究问题不足等问题。中国特色新型智库为高校的学术研究回归中国、面向世界，回归问题、面向实践提供了历史性机遇，对高校学术研究、人才培养与体制创新提出了新的更高的要求。

二、高校智库建设要注意“三个关键点”

智库研究不同于一般学术研究，必须贴近党和政府决策需求。要突出问题导向、问题意识，主动适应党和国家事业发展的战略需求，聚焦事关全局和长远的重大问题，为服务党和政府决策开展研究，拿出具有真知灼见、切实管用的研究成果，真正发挥“外脑”和“参谋”的作用。[①]但我国高校传统的研究范式是学理研究，注重理论自身的逻辑建构，其最终结果对社会现实“有没有用”、“有多大用”不是研究者首先考虑的问题。智库研究的主要范式是应用研究，最终目的不是进行理论的逻辑建构和理论创新，而是解决实际问题，通俗地讲就是“管用”“接地气”，能够解决经济社会发展中遇到的现实问题。这就要求高校智库以重大理论和现实问题为主攻方向，同时更应以深厚思想和丰富知识为基础依托。不是所有的高校都要建智库，更不能动辄就提“举全校之力建智库”；不是所有的学术机构都适合转型为智库，不是所有的学者都适合做智库学者；切忌“一窝蜂”“一刀切”“一把尺子量到底”“新瓶装旧酒”等固化思维、惯性做法。南京大学就是在数十个机构平台中有针对性地选择重点建设中国南海研究协同创新中心等国家急需、学科雄厚、团队实力强的研究机构，向专业化智库转型，成效显著。

第一个关键点是明确目标定位，建设一流智库、一流学科、一流大学。2015 年，国务院印发了《统筹推进世界一流大学和一流学科建设总体方案》，促使我们思考中国究竟要建什么样的世界一流大学。习近平总书记 2016 年在北京大学指出：要扎根中国大地办大学。中国的世界一流大学，一定是具有中国坐标的。高校智库的建设可以推动高校老师多关注真正的中国问题，推动高校科研体制机制的改革，为创建中国特色的知识体系和中国特色的世界一流大学贡献力量。

第二个关键点是形成学科保障体系，完善课程体系、培养体系、制度体系。高校服务于中国特色新型智库建设，也是激励自身实现教育与学术双转型

---

① 刘奇葆:《发挥高校独特优势　大力推进智库建设》，载《人民日报》2015 年 5 月 9 日，第 4 版。

的过程。高校在中国特色新型智库发展所需要的人才培养和队伍建设上应发挥引领作用，加强对复合型、综合型的区域国别研究人才培养，提升培养质量。在学科与课程设置方面，应针对时代所需、国家所需、地方所需，进一步明确课程目标，拓展课程内容，组织课程实施，完善课程评价。高校智库是知识生成器、观点孵化器和政策转化器。相应的，高校体制创新的指针就要有利于知识生成、有利于观点孵化、有利于政策转化。各级各类教育主管部门和高校要立足实际、打破陈规，根据国家级新型高校智库和协同创新中心建设需要，研究、改革和创新对智库的评价体系，完善绩效与考核制度，订立合理的科研绩效标准，奖罚分明，激发高校教师从事智库建设的积极性和主动性。

第三个关键点是体现全球视野和中国特色，创立中国话语、中国气派、中国风格。西方智库建设历史长、经验丰富，的确有值得我们学习借鉴的地方，但以西方标准为标准、以西方是非为是非这种现象值得警醒。所谓“白马非马”，打破西方话语高墙，创建中国气度的学问不能唯西方马首是瞻。中国社会科学应在全球化的时代背景下研究中国问题、开创中国学派、打造中国风格，从而具有中国特色。这也是中国特色新型智库对高校哲学社会科学研究提出的时代要求。

三、高校智库建设要注重“三个发展”

（一）高校智库建设应注重协同发展

与国家战略需求相关的重大理论和现实问题往往涉及社会科学的方方面面，不是靠某个学者、一个学科甚至一所学校的力量就能够真正解决的，需要开展多个研究机构的协同攻关，凝聚多方智慧，开展多学科的交叉研究，才能取得高水平的成果。因此，吸收协同创新的理论基础和实践经验，通过协同理念探索高校智库建设路径，通过制度协同加强高校智库的协同攻关能力，通过机构协同和人力资源协同整合资源、扩大智库影响力，是高校智库建设的有效途径。高校智库应从问题出发，提高优质研究资源的汇聚能力和各个研究主体之间的专业分工的协同能力，建设跨学科、多主体的研究平台，实现文理之间、高校之间、校地之间的有机协同，使不同的研究主体围绕共同研究的问题开展高水平的研究。[①]高校智库可建立"上下内外"四种协同平台：对上，与国家相关部委加强联系，服务国家战略，创建互动合作机制；对下，服务地方建设，深化校地协同模式；对内服务高校学科发展，强化多元学科融合，对外加强国际合作与交流，提升智库国际话语权与影响力，达到理念创新、内容创新、机制创新和保障创新，做到协同领域广泛、协同主体多元、协同平台扎实和协同路径多样。

（二）高校智库建设应重视内涵发展

外延式发展是中国特色新型智库发展的必经历史阶段，但是这种发展路径受到经费和专家数量的制约，不可持续。智库的专业化建设和实证研究方法体系建设是内涵式发展路径的主要内容，"提升研究质量，加强内容创新"的内涵式发展路径是中国特色新型智库建设的必然选择。[②]笔者以为：优秀的高校智库应具有以下五项内涵特质：一是体现鲜明的中国特色，坚持马克思主义立场观点方法，牢牢把握正确方向，既有国际视野，学习借鉴各国智库建设的成功经验，又能立足基本国情，服务于中国特色社会主义的伟大实践。二是体现高校优势和特色，紧扣国家需求，明确主攻方向，充分发挥战略研究、政策建言、人才培养、舆论引导等重要功能。三是有发展理念和组织管理方式的创新，通过深化课程改革，促进跨学科、跨部门、跨地区的优化组合，不断提高智库的创新活力。四是能拿出既有前瞻性、战略性，又有针对性、操作性的研究成果，成为服务党和国家思想政治工作决策的思想高地，形成有影响力的拳头产品和智库品牌。五是凝聚一批立场坚定，学术造诣高，善于理论联系实际，熟悉政策制定的高端人才，形成学科综合、素质优良、研究能力和运营能力过硬的研究队伍和智库管理队伍。要实现习总书记提出的"提高研究质量，加强内容创新"的要求，实现实质性的跨越式发展，最为核心和最重要的就是大力提升智库的研究质量，激发研究活力和创造力。为此，高校智库应树立战略意识和问题意识；聚焦研究方向、提升研究能力；加强专业化、复合型的智

① 朱庆葆：《高校智库建设协同创新的路径》，载《新华日报》2015年10月9日，第14版。

② 李刚：《外延扩张与内涵发展：新型智库的路径选择》，载《智库理论与实践》2016年第4期，第5—10页。

库人才队伍建设；强化学科内涵，加强学科融合；提升自身内涵，完善内部治理。

（三）高校智库建设应推动创新发展

创设有利于智库发展的高校制度环境，创新体制机制，是建设高水平高校智库的制度保障。国家层面要积极落实政府信息公开制度、完善重大决策意见征集制度、建立健全政策评估制度、建立政府购买决策咨询服务制度、健全舆论引导机制，为智库全方位、多方面介入公共决策创造条件、提供便利。各级各类教育主管部门和高校要立足实际、打破陈规，根据国家级新型高校智库和协同创新中心建设需要，研究、改革和创新智库评价体系、标准体系，完善绩效奖励制度、队伍培育制度、人才考核制度等，订立合理的科研与智库绩效标准，奖罚分明，激发高校教师从事智库建设的积极性和主动性。建立多元的智库评价体系是机制创新的关键。牢固树立质量第一的评价导向，实施科学合理的分类评价标准，把解决国家重大需求的实际贡献作为核心标准，完善以贡献和质量为导向的绩效评估办法，建立以政府、企业、社会等用户为主的评价机制。处理好定性与定量、排序与其他评价方法、问卷与其他调查方法、官方与社会评价的关系。[①] 同时，要协调推进组织管理、人才培养、资源配置等方面的综合改革，构建灵活高效的智库运行模式，形成有利于高校智库创新发展的长效机制。

高校智库建设是系统工程。高校要立足自身优势，实现整体规划和专业化发展统筹推进；围绕重大需求，实现基础研究与对策研究有机结合；深化综合改革，实现高校职能与智库功能的有机对接，推动中国特色新型高校智库的科学发展、特色发展、可持续地、健康地发展。

① 李刚：《提高智库评价科学性》，http://www.cssn.cn/sf/bwsf_lllwz/201703/t20170331_3473048.shtml.

第三章 比较：高校智库建设的国际经验及启示

当前，我国智库在国际关系、经济建设等领域已开始发挥重要作用。但是，相对而言，高校智库在中国的发展滞后于时代发展和现实需要，要真正成为影响公共决策的重要力量、成为思想创新的重要来源，还应做出更多的探索努力。欧美高校智库建设起步早、规模大、水平较高，近年呈现“智库种类齐全，综合化发展趋势强劲；问题导向明显，注重专业化建设；注重培养质量，坚持国际化战略”等发展特点，为我国高校智库的建设和发展提供了有益的经验和启示。因此，考察和借鉴国际知名高校智库的成长经验，促进高校智库转型和发展，是落实中央重大战略部署、推进高等教育事业发展的现实需要和必然选择。

第一节 世界一流高校智库建设经验及启示

一、全球智库发展近况

2017年1月25日，美国宾夕法尼亚大学发布的《全球智库报告2016》显示，2016年全球共有智库6846家，其中北美洲数量最多，1931家；欧洲其次，1770家；亚洲紧随其后，1262家。美国依然是世界上拥有智库数量最多的国家，1835家，6家入选前十强，其中布鲁金斯学会蝉联榜单首位。中国依然是世界第二智库大国，435家。英国和印度智库数量位列中国之后，分别拥有288家和280家。

2016年全球智库指数（GGTTI）提名和排名有近30项评估标准，包括：

智库领导层的才能和责任感；智库员工的质量和声望；研究成果的质量和声誉；招募和留住精英学者、研究员的能力；学术表现和声望；出版物的质量、数量及受众范围；智库的总体成果；网站和数字平台的展现；媒体声誉和智库的社会影响力；等等。《全球智库报告 2016》并不将研究成果作为衡量智库影响力的唯一方法，而是考虑了资源指标、利用率指标、成果指标、影响力指标等。

《全球智库报告 2016》共列出 52 个分项表单。其中，中国智库上榜的表单数量达到 41 个，与 2015 年相比增加了 13 个，反映出中国智库发展呈现良性态势。

在全球智库 175 强榜单中有 9 家中国智库，分别是：中国现代国际关系研究院（第 33 名）、中国社会科学院（第 36 名）、中国国际问题研究院（第 39 名）、国务院发展研究中心（第 52 名）、上海国际问题研究院（第 73 名）、北京大学国际战略研究院（第 79 名）、天则经济研究所（第 104 名）、中国与全球化智库（第 111 名）、人民大学重阳金融研究院（第 149 名）。这其中高校智库仅两家。[①] 亚洲大国（中国、印度、日本、韩国）智库排名 60 强中，18 家中国智库上榜。在最佳社会智库、最值得关注的智库以及多个研究领域（如教育政策、环境政策、国防和国家安全）智库排行榜中，中国智库均列名次。

二、全球高校智库发展概况

近几十年来，包括斯坦福大学胡佛战争、革命与和平研究所（简称“胡佛研究所”）在内的美国大学智库与其他智库一起，共同影响美国政治、经济、社会、军事、外交、科技等方面的重大决策。《全球智库报告》自 2010 年开始对全球最佳大学附属型智库进行排名，这一年没有中国高校智库入榜。2013 年，中国清华—布鲁金斯公共政策研究中心和北京大学国际关系学院跻身全球最佳大学附属型智库，分列第 7 位和第 13 位（见表 3–1）。这是中国高校智库首次入围《全球智库报告》最佳大学附属型智库。在 2016 年的榜单中，有 6

① 《全球权威智库排行发布：2016 年中国仍是世界第二智库大国》，http://edu.qq.com/a/20170125/015457.htm.

家中国高校智库入围（见表 3–2）。短短 3 年间增长率达到 200%，其建设成效可见一斑。

表 3-1　2013 全球最佳大学附属型智库

排名	智　库	所属高校	所属国家
1	贝尔弗中心	哈佛大学	美　国
2	创意、公共政策研究组	伦敦政治经济学院	英　国
3	国际政治研究中心	巴黎政治学院	法　国
4	胡佛研究所	斯坦福大学	美　国
5	地球研究所	哥伦比亚大学	美　国
6	防务研究中心	伦敦国王学院	英　国
7	布鲁金斯—清华公共政策研究中心	清华大学	中　国
8	国际安全与合作中心	斯坦福大学	美　国
9	金砖国家政策中心	里约热内卢天主教大学	巴　西
10	莫斯科国立国际关系学院	莫斯科国立国际关系学院	俄罗斯
11	莱斯大学杰姆斯贝克公共政策研究所	莱斯大学	美　国
12	萨塞克斯大学发展研究所	萨塞克斯大学	英　国
13	国际关系研究所	北京大学	中　国
–	–	–	
40	阿拉伯与国际研究中心	铝穆斯坦西里亚大学	伊拉克

资料来源：[美] 詹姆斯 · G. 麦甘：《2013 年全球智库报告》，上海社会科学院出版社 2014 年版，第 130 页。

表 3-2　2016 全球最佳大学附属型智库

序号	智　库	所属高校 / 机构	所属国家
1	贝尔弗中心	哈佛大学	美　国
2	国际发展中心（CID）	哈佛大学	美　国
3	思想 / 公共政策小组	伦敦经济与政治学院	英　国
4	公共政策研究所	赖克大学	美　国
5	萨塞克斯大学发展研究所（IDS）	萨塞克斯大学	英　国
6	国防研究中心（CDS）	伦敦国王学院	英　国
7	胡佛研究所	斯坦福大学	美　国
8	国际安全与合作中心（CISAC）	斯坦福大学	美　国
9	金砖国家政策中心	里约热内卢天主教大学（PUC–Rio）	巴　西
10	埃德温 · 赖肖尔东亚研究中心（SAIS）	约翰斯 · 霍普金斯大学	美　国

（续表）

序号	智　库	所属高校 / 机构	所属国家
11	国际战略研究院（IISS）	北京大学	中　国
12	国际战略研究中心（FKA）	莫斯科国际关系研究所	俄罗斯
13	亚洲竞争力研究所	新加坡国立大学李光耀公共政策学院	新加坡
14	清华—卡内基全球政策中心	清华大学	中　国
15	国际问题研究中心（CERI）	巴黎政治学院	法　国
16	清华公共政策中心（BTC）	清华大学	中　国
17	莫卡特斯中心（GMU）	乔治梅森大学	美　国
18	国际合作中心	纽约大学	美　国
19	国际研究所（FSI）	斯坦福大学	美　国
20	地球研究所	哥伦比亚大学	美　国
21	国际事务中心（WCFIA）	哈佛大学	美　国
22	发展研究中心	波恩大学	德　国
23	东亚研究所（EAI）	新加坡国立大学	新加坡
24	跨大西洋关系中心（SAIS）	约翰斯·霍普金斯大学	美　国
25	政策研究中心（CPS）	中欧大学（CEU）	匈牙利
26	非洲经济研究中心（CSAE）	牛津大学	英　国
27	拉丁美洲社会民主联盟	拉加经委会	哥斯达黎加
28	战略和国防研究中心	澳大利亚国立大学	澳大利亚
29	亚洲和全球化中心	新加坡国立大学李光耀公共政策学院	新加坡
30	重阳金融研究院（RDCY）	中国人民大学	中　国
31	东南亚研究所（ISEAS）	新加坡国立大学	新加坡
32	民主治理中心	哈佛大学	美　国
33	安全研究中心（CSS）	联邦理工学院（ETH）	瑞　士
34	外交关系与防御委员会（SVOP）	国家研究大学	俄罗斯
35	国际安全研究中心（CISS）	悉尼大学	澳大利亚
36	国防和战略研究所（IDSS）	南洋理工大学国际研究学院（RSIS）	新加坡
37	华盛顿东亚研究所（WEAI）	哥伦比亚大学	美　国
38	财政治理中心	赫特治理学院	德　国
39	战略研究中心（CSS）	维多利亚大学	新西兰
40	全球化研究中心	耶鲁大学	美　国
41	经济研究与研究生教育中心	经济研究所（CERGE-EI）	捷　克
42	人类安全报告项目（HSRP）	西蒙弗雷泽大学	加拿大

（续表）

序号	智 库	所属高校 / 机构	所属国家
43	移民与民族关系研究中心（ERCOMER）	乌得勒支大学	荷 兰
44	安全、经济和技术中心（CSET）	圣加仑大学	瑞 士
45	经济政策研究中心（EPRC）	马克雷雷大学	乌干达
46	政治分析中心	马克雷雷大学	乌干达
47	全球化和发展中心（GDC）	邦德大学	澳大利亚
48	国际和安全研究中心	马里兰大学	美 国
49	全球问题研究所（UBC）	不列颠哥伦比亚大学	加拿大
50	阿拉伯与国际研究中心	铝穆斯坦西里亚大学	伊拉克
51	中国研究中心	清华大学	中 国
52	亚太研究所	早稻田大学	日 本
53	布鲁姆伯格中心	约翰斯·霍普金斯大学	美 国
54	国际安全和合作中心（CISAC）	斯坦福大学	美 国
55	发展研究所	内罗毕大学	肯尼亚
56	全球能源政策中心	哥伦比亚大学	美 国
57	应用法律研究中心	威特沃特斯兰德大学	南 非
58	国际发展中心	德纳瓦拉大学	西班牙
59	国际研究中心	危地马拉大学	危地马拉
60	公共意见中心	墨西哥河谷大学	墨西哥
61	国际研究中心	哥伦比亚大学	哥伦比亚
62	社会学中心	墨西哥国立自治大学	墨西哥
63	戴维斯俄罗斯和欧亚研究中心	哈佛大学	美 国
64	经济和社会研究中心	巴西塞希尔大学	土耳其
65	莱纳德·戴维斯卫生经济学研究所	宾夕法尼亚大学	美 国
66	政策研究中心	巴基斯坦国立科技大学	巴基斯坦
67	科学政策研究中心	贾瓦哈拉尔·尼赫鲁大学	印 度
68	环境政策研究中心（FFU）	柏林自由大学	德 国
69	经济政策分析室	科特迪瓦经济与社会研究中心	科特迪瓦
70	能源、石油和矿产法律与政策中心	邓迪大学	英 国
71	全球政治趋势中心	库尔特大学	土耳其
72	印度高等研究中心	宾夕法尼亚大学	美 国
73	民主和经济分析研究所	捷克科学院	捷 克
74	欧洲研究学院	布鲁塞尔自由大学	比利时
75	欧洲、俄罗斯和欧亚研究学院	乔治·华盛顿大学	美 国
76	社会学研究所	国家大学	哥斯达黎加

（续表）

序号	智　库	所属高校 / 机构	所属国家
77	社会研究所	哥斯达黎加大学	哥斯达黎加
78	亚洲研究所	韩国大学	韩　国
79	澳中关系研究院	悉尼科技大学	澳大利亚
80	詹姆斯·马丁核不扩散研究中心	蒙特雷国际研究所	美　国
81	能源与环境政策研究中心	麻省理工学院	美　国
82	国家发展研究院	北京大学	中　国
83	政策研究学院	新加坡国立大学李光耀公共政策学院	新加坡
84	国家安全学院	澳大利亚国立大学	澳大利亚
85	尼古拉斯研究所	杜克大学	美　国
86	国际安全研究中心	马里兰大学	美　国
87	能源研究所	牛津大学	英　国
88	科学和全球安全计划	普林斯顿大学	美　国
89	科学政策研究所	苏塞克斯大学	英　国
90	社会经济研究所	金山大学	南　非

资料来源：James G. McGann, “2016 Global Go To Think Tank Index Report”, http://repository.upenn.edu/think_tanks/12/.

三、国外一流智库的成功要素和共同特点

西方智库经过一个世纪的发展，已经形成了全球最为发达的思想市场和成熟的运作机制。

（一）四个成就因素

智库的发展和兴盛，有其独特而深厚的土壤。从经济学的视角看，智库作为一个在思想的市场自由竞争的经济体，其产品是思想，其目标消费者是公共政策制定者和影响政策制定的群体。知名智库之所以能保证产品的强大舆论影响力，主要是因为四个成就因素。①

第一，良好的环境是智库得以生存、发展、繁荣的土壤，主要包括政治环境、经济环境和文化环境。政治上，西方分权与制衡的政治制度结构促成了

① 雷颖：《构建世界一流智库的国际经验与启示》，载《中国智库》2013 年第 3 辑。

权力的分散和决策机制的公开性和开放性，为智库的发展创造了有利的政治环境。经济上，商业产生了很多富可敌国的财团，企业家传统和慈善家传统以及宗教文化，为智库发展提供了稳定的资金支持。激烈的竞争理念和市场观念促成思想自由市场的形成，各种观点得以自由辩论、碰撞，各类智库形成互相竞争、优胜劣汰的格局。文化上，西方政治文化传统所倡导的个人主义、自由主义、实用主义和普世主义等，使知识分子和社会公众关注、参与政治，希望通过智库的创新思想提高政府的政策制定能力和水平。除此之外，建立在言论自由基础上的发达媒体，为智库舆论影响力的拓展提供了通道，客观上起到了传播和放大智库舆论影响力的作用。

第二，对思想与人才的需求造就了智库市场的繁荣。西方国家政治运行机制的开放性、决定了对智库的强烈需求，为智库各展所长、施加影响提供了可能。这种需求分三个层面：一是政府面临复杂的国内国际局势，需要智库提供思想支持；二是媒体需要智库以舆论领袖和舆论精英的身份提供政策解读和创新观点；三是广大社会公众对智库的需求。

第三，智库产品的质量取决于研究人员的素质、智库本身的独立性和有效的运行机制。智库的核心资产是智慧，是一种组织智慧。国外智库通过科学的研究管理、人员管理与激励制度实现有效的管理知识，促进创新。

第四，全方位的传播体系造就智库的影响力。作为生产舆论和思想的工厂，智库的目标受众是政府决策者和社会公众。国外智库最为看重的就是通过多种渠道影响社会舆论，从而引导社会思潮，以此对公共决策施加影响。国外智库采取的主要传播方式有人际传播、组织传播和大众传播，大多数情况下同时采用三种传播方式，互为补充和促进。随着全球化的进一步加剧，新技术革命打开大众获得信息的渠道，智库加强了对大众传播的重视。所有的智库都有专门网站、有专门负责信息传播的部门，借助纸媒、电子媒介、网络媒介、社交媒介等渠道设置政治议程、塑造公共舆论，进而影响到决策者，影响到外交政策。

（二）五个突出特征

尽管中西方社会背景不同，政府体制不同，智库发展的路径模式也不一样，但在全球化的背景下存在着若干共同的特征。

第一，明确的组织定位与研究特色。哈佛大学国际发展研究所（HIID）是基于大学的研究机构的代表，此类研究机构的研究质量和方向都依赖所在的大学，大多数高水平的研究成果是在最顶尖的大学完成的。比较知名的咨询类研究机构有剑桥能源研究协会（CERA）和摩立特集团（Monitor）等，这一类研究机构在相关领域具有较高的成就，由业界或世界知名学者领导。他们有明确的组织定位，并由此确定开展工作的领域、服务对象、价值立场以及所能发挥的作用。课题组织选题、立项到成果表现形式、公共传播等一系列环节都有较强的系统性。智库选题一般兼顾长期跟踪领域与近期热点研究，兼有委托课题项目，并有严格的体系对成果质量进行把关。

第二，强势研究领域与优势学科互为倚重。如胡佛研究所以环境研究、国内政策研究、国际事务研究见长，并依靠在这些强势领域研究的知名度和影响力而在全球智库排名前列。根据全美影响力最具权威性的《美国新闻与世界报道》发布的世界最佳大学排名，斯坦福大学的环境研究专业排名首位，经济专业排名前五，环境研究、国内政策研究、国际事务研究也正是斯坦福大学的优势学科。斯坦福大学与胡佛研究所强强联合、优势互补，胡佛研究所依托斯坦福大学的优势学科获得了研究相关领域的"活水之源"；斯坦福大学依托胡佛研究所的强势研究领域将其学科优势凸显外扩。胡佛研究所将国内经济政策研究、以中俄为主的国际事务研究作为研究主题，但其在研究方向上的保守主义不断受到指责。胡佛研究所不为所动，始终固守研究特色，并凭借研究特色受到重点关注。①

第三，稳定和具有极高国际学术声誉的领导人以及一流的研究人才储备。人力资源是智库核心竞争力。智库领导人的更替直接影响全球智库排名。由于研究需要持续性，智库领导人也需要稳定性，他们带领智库团队多年，其形象与智库品牌直接相关。一流的研究人才是一流智库的必备条件。知名智库研究

① 孙战伟：《高校智库建设：国际、国内经验及对江苏的启示》，载《扬州大学学报（高教研究版）》2016 年第 2 期，第 20—24 页。

人员来源渠道多、学科综合，一般都是管理能力与研究能力兼备的“两栖人才”，具有开放性、交流性、综合性的特点。智库要提升知名度和研究实力，扩大良性网络，提高政府与公众沟通的能力，往往通过多种形式邀请或聘请知名的学者、政府与企业的高管以不同的方式加入智库，使智库人才更具开放性与灵活性。高校智库在吸引人才方面，除了提供自由的研究空间、丰富的研究资源支持外，还提供比较丰富的人才合作方式，他们也高度重视与知名学术机构合作和建立完善的内部人才培养体系。

第四，积极融入院校人才培养体系，培养项目研究后备力量。胡佛研究所虽然不具备直接培养大学人才的资质，但其从斯坦福大学聘请的部分高级研究人员多承担学生培养、课程教学等任务。研究所在研究项目中提供实习岗位，供斯坦福大学有兴趣、有能力的大学生参与项目研究。实习学生不仅能够为项目提供基础研究使用的资料、数据等，也能在项目研究中提高研究能力，毕业后可以直接参与胡佛研究所的研究。研究所既借助斯坦福大学实现了项目研究，也为斯坦福大学人才培养作出了贡献。

第五，专业化的管理。国外智库在用人上享有完全的或高度的自主权，特别注重科研人员与行政人员、高级研究人员与中低级研究人员的比例，并有一套行之有效的人员培训、交流与考核、晋升、淘汰机制。与研究匹配，有一套完整的研究管理制度，对研究立项、中期检查、成果与研究质量进行严格的监督与管理。

国外知名高校智库还有其他一些特点，如丰富而多元的资金来源，既与政府保持适当联系，又坚持研究独立性、权威的公共影响力等。

四、国际经验对中国高校智库建设的启迪

（一）提升智库思想创新力

高校智库是由专家学者和知识分子组成的研究机构，其创新能力的高低直接决定着智库成果的质量及其影响力。高校研究机构与其他研究机构相比，在人才培养和学科研究相互结合的条件下，更容易启发思维创造知识，从而产生

出富有创造性的思想成果和政策，进而提供给政策决策者参考。① 高校智库成功的基础就是持续不断地生产出符合社会发展趋势、能够解决经济社会中重大战略问题的新思想、新观点、新理论和新知识。在创新思想引领机制下，高校智库通过国际合作、成果发表、人才培养等途径逐渐培育其在国际学术界的影响力。

（二）打造智库资源协同力

聚集校内研究力量，吸纳校外智力资源，开展校内外协同研究，是美国高校智库发展的重要特点之一。美国高校智库不仅汇聚了全校的优势研究力量，同时还借助校外的智力资源，聘请国内外知名高校或政府部门的专家学者作为专业智库的客座研究员，推动国际合作，实现优势组合，形成校内校外协同攻关。胡佛研究所有 141 名常驻研究人员，包括杰出学者 1 人、高级学者 77 人、高级研究员 4 人、研究员 59 人。这些常驻研究人员负责研究所的主要研究任务，在其研究领域拥有很高的知名度，其中有不少研究人员曾获得过相关领域的著名奖项。此外，胡佛研究所设置了杰出访问学者、访问学者和国家研究员、国家安全事务研究员等访问项目。目前研究所共有 21 名这类访问学者，他们不属于学校的正式教职员工，仅在受邀时来学校进行访问、讲座或参与研究工作。②

（三）扩大智库国际影响力

西方高校智库在国际话语权与外交博弈中发挥重要的作用，而这种权力的获得与其成果传播密切相关。除了定期出版期刊外，西方高校智库还利用早餐会、座谈会、研讨会等形式发布研究成果，与政府、企业、大众进行广泛的交流，使更多群体了解智库成果的目标和思想精髓所在，通过引导舆论和社会思潮最终达到影响政府决策的目的。另外，他们还开展企业咨询、出席国会听证会，推广了其研究成果，而且提高了其社会知名度，营造了自身品牌，从而促

① 鲁鹏：《浅析美国大学“智库”对美国外交政策的影响》，载《科技创业月刊》2013 年第 5 期，第 151—153 页。

② 陈英霞、刘昊：《美国一流高校智库人员配置与管理模式研究》，载《比较教育研究》2014 年第 2 期，第 66—71 页。

进了高校智库的市场化发展。通过网络新媒体途径，国外高校智库潜移默化地在全球范围内构建着国家的软实力和舆论传播网络。有效利用媒体资源、多渠道引导社会思潮，不仅仅是作为政府智囊而存在的价值，其存在的很大一部分价值在于引导社会思潮和舆论、培育社会公众的政治参与意识。高校智库对社会舆论的引导力主要是通过传播和推广其创新成果形成的。随着高校智库的新思想、新观点、新理论和新知识逐步被学术圈认可和接受，高校智库和学术界还可以通过各种媒体把这些创新成果介绍给社会普通民众和政府官员，这将对整个社会产生潜移默化的巨大影响。[①]

（四）加强智库机制保障力

高校智库的研究基础在于对各种相关信息的筛选比对和研判，掌握丰富、准确、翔实的第一手资料至为关键。图书馆的文献资源和情报分析网络为高校智库的研究工作提供了充足的保障。胡佛研究所拥有自己的图书档案馆，收集、保存并对外提供20世纪以来全球政治、经济、社会变化的珍贵资料。胡佛研究所的研究人员以此为基础，展开了多种多样的富有意义的研究工作。胡佛研究所图书档案馆提供了从地域、主题、形式等多种渠道检索信息的途径，并且聘请专业数据管理人员来对其资源进行采集、管理和分析，加快了研究工作的进程。国外知名智库在项目管理上建立的规范程序值得借鉴和参考。高校智库建设要坚持“内靠管理、外靠竞争”的思路，内部完善项目管理机制，严格遵守项目立项、前期准备、研究分析、报告完成、报告评审、报告提交等规范程序，注重研究报告前期指导、中期督查和后期凝练。为保证研究项目的质量及研究成果的权威性，高校智库可以建立同行专家评审机制，邀请业内专家、政府部门工作人员、社会第三方等组成评审委员会，加大政府和社会评价的权重，注重研究成果的决策效果和社会效益。研究成果通过评审后，要充分发挥高校与政府协同创新的功能，搭建高校智库研究成果落地转化桥梁。

① 赵勇、高思嘉：《美国高校智库的发展特点及其话语权提升之策》，载《社会观察》2016年第7期，第8—10页。

第二节　中国高校智库建设在全球的地位及作用

一、中国高校智库建设在全球的地位

中国高校智库建设在过去几年取得迅猛进展，尤其是 2014 年教育部出台《中国特色新型高校智库建设推进计划》以后有了实质性突破。2010 年全球最佳大学附属型智库前 25 强中没有中国高校一席之地，2013 年有 2 家中国高校智库进入榜单，2016 年则有 6 家（见表 3–3）。这六家智库集中在清华、北大、人大三家高校。难能可贵的是，浙江师范大学非洲研究院入选“2016 年度最佳区域研究中心（大学附属）”，位列第 19 名，在该榜单 22 家入围智库机构中，仅有 3 家中国智库机构上榜（见表 3–4）。这表明这家地方高校智库非洲研究院在全球思想市场上已开始具有一定的影响力，智库产品使用者、评价者对该智库产品认可度高。我国高校智库建设成效可谓显著。

表 3-3　入围 2016 年全球最佳大学附属型智库的中国高校智库

序号	智库名称	所属高校	排名
1	北京大学国际战略研究院	北京大学	11
2	清华—卡内基全球政策中心	清华大学	14
3	清华大学公共政策中心	清华大学	16
4	中国人民大学重阳金融研究所	中国人民大学	30
5	清华大学中国研究中心	清华大学	51
6	北京大学国家发展研究院	北京大学	82

表 3-4　2016 年最佳区域研究中心（大学附属）

排名	智库名称	所属国家
1	清华大学清华—布鲁金斯公共政策研究中心	中　国
2	伦敦经济和政治学院欧洲研究所	英　国
3	国际问题研究中心	法　国
4	清华大学中国研究中心	中　国
5	乔治·华盛顿大学欧洲、俄罗斯和欧亚研究所	美　国
6	京都大学东京研究中心	日　本

（续表）

排名	智库名称	所属国家
7	哈佛大学戴维斯俄罗斯和欧亚研究中心	美　国
8	哥伦比亚大学东亚研究所	美　国
9	哈佛大学中国研究中心	美　国
10	牛津大学非洲经济研究中心	英　国
11	新加坡国立大学李光耀公共政策学院亚洲和全球化中心	新加坡
12	伯明翰大学俄罗斯、欧洲和欧亚研究中心	英　国
13	华威大学全球化和区域主义研究中心	英　国
14	格里菲斯大学亚洲研究所	澳大利亚
15	华沙大学欧洲区域和地方研究中心	波　兰
16	布兰迪斯大学中古研究中心	美　国
17	悉尼科技大学澳中关系研究院	澳大利亚
18	澳大利亚国立大学中国研究所	澳大利亚
19	浙江师范大学非洲研究院	中　国
20	莫斯科国立大学亚洲和非洲研究所	俄罗斯
21	约旦大学安全研究中心	约　旦
22	乔治敦大学国际和区域研究中心（CIRS）	卡塔尔

资料来源：James G. McGann, “2016 Global Go To Think Tank Index Report”, http://repository.upenn.edu/think_tanks/12/.

二、中国高校智库建设成效

近年来，教育部《中国特色新型高校智库建设推进计划》进入深化落实阶段，全国高校在组织、思想和行动等各方面为智库建设做好了充分准备。我国高校智库在体制机制创新、决策成果转化、专门人才培养等方面取得了全方位进步。“十二五”期间，以“2011 协同创新中心”和教育部人文社会科学重点研究基地为依托，北京大学、清华大学、中国人民大学、复旦大学、武汉大学、中山大学六所高校智库入选首批国家高端智库建设计划，中国特色新型高校智库初见规模。[①]

① 王斯敏：《2015 中国智库年度发展报告》，社会科学文献出版社 2016 年版。

（一）资政研究成果丰富

2015 年，高校智库从供给端发力塑造智库实用性，致力于打造多层次的智库成果，累计提供咨询报告 4.3 万余份，其中 2.2 万余份被采纳，决策影响力明显提升。

北京大学国家发展研究院的研究报告系列《“中美双边投资协定”对中国制造业的潜在影响》《中国国有企业改革：国内与国际视角》，引起很大的反响。清华大学国情研究院继续推出《国情报告》，报告涵盖中国经济和社会、中国政治与治理、中国资源环境与可持续发展、中国与世界等内容，广受各界好评。中国人民大学重阳金融研究院推出 60 多期研究动态、40 多期金融简报，紧扣国家经济动态，分析金融市场与政策走向。武汉大学国际法研究所主办的《武大国际法评论》，跟踪国际法学术动态，为国家建言献策。复旦发展研究院报送的专家建议年均增长 30%，编发《中国观》《发展政策报告》等刊物和内参近 260 篇，在聚焦上海发展的同时也为国家的内政外交提出了具有针对性的政策建议。浙江大学金融研究院着眼于本省发展，发布《2014 浙江金融发展报告》蓝皮书；中国—东盟区域发展协同创新中心通过资源整合，已经取得了显著成效，200 多项应用成果被党和政府采纳，400 多项高水平理论成果为我国智库的理论创新和话语体系构建作出了突出贡献。华中师范大学中国农村研究院实施“百村十年”观察项目，着力打造中国农村博物馆、农村数据库等平台。浙江师范大学非洲研究院连续六年发布《非洲地区发展报告》，同时建设“中非联合研究交流计划”信息网、数据库。

（二）品牌活动特色鲜明

高校智库依托所在高校的学科和平台优势，举办各类特色活动，社会影响力与日俱增。在“中国道路与中国化马克思主义协同创新中心”的基础上，北京大学举办了首届“世界马克思主义大会”，旨在直面当今国际社会面临的共同问题，立足中国特色社会主义的理论和实践，探讨中国道路的世界意义，推动中国进步和世界文明发展，彰显马克思主义的时代价值和历史使命。

浙江师范大学非洲研究院 2011 年创立的中非智库论坛已在中国与非洲举办六届会议，极大地激荡和汇聚了中非官员和智库学者的智慧，服务中非关系进入“升级版”“快车道”。复旦大学承办的中国大学智库论坛已举行三届，每届论坛邀请各级党政部门领导与来自100余家智库的专家学者，围绕“2020：在‘四个全面’战略布局中谋划中国发展”等主题展开研讨。论坛集中展示了高校社科界的最新研究成果，充分彰显了高校智库服务党和政府的实力，并进一步深化了高校智库对“四个全面”战略布局及国家“十三五”规划建议的认识，进一步明确了中国特色新型高校智库的建设目标、发展方向和主要任务。

（三）国际交往日趋活跃

随着高校第五大职能即国际交流的拓展，高校智库国际合作领域不断开拓，国际影响力不断提升。

在重大国家战略领域，“一带一路”智库合作联盟成立，复旦大学作为联盟成立的共同发起方，与其他众多高校智库一起为“一带一路”战略提供了丰富的智库成果，并广泛吸纳沿线国家智库共同参与，扩大联盟影响力。在重大国际会议领域，中国人民大学重阳金融研究院作为二十国集团智库峰会（T20）的共同牵头智库，在习近平主席出席二十国集团峰会前夕，为党和政府做好参谋，打好前站，赢得了广泛赞誉。在国际学术论坛领域，北京大学、复旦大学、南京大学、南开大学、山东大学等高校分别举办北京论坛、上海论坛、南京论坛、天津论坛、山东论坛等，把高校智库建设融入国家和地方发展实践，将“请进来”和“走出去”紧密结合，并与国内外政商学媒紧密互动，持续发声；西安交通大学承办了2015欧亚经济论坛智库会议并发布《2015欧亚经济论坛发展报告》，在该领域形成了持续的影响；“人口与社会政策研究中心”与斯坦福大学紧密合作，取得丰硕成果，两篇文章在国际著名刊物《美国科学院院刊》发表，“人口与社会政策大讲堂”已连续举办15期，产生良好影响。

（四）人才梯队成长迅速

人才是智库建设的第一资源。2014年，浙江师范大学非洲研究院创始院长刘鸿武获评国际政治领域的第一位教育部长江学者特聘教授称号。在2015年11月公布的“十三五”国家发展规划专家委员会名单中，高校哲学社会科学领域的学者占据了半壁江山。

高校智库不断拓展智库人才的内涵和外延。一方面，形成了年龄结构合理、学科分布广泛的学者队伍，既有知名专家把握战略发展方向、引领跨学科建设，又有中青年学者施展才华、汇聚智慧，还有博士后紧贴现实问题、锐意创新。另一方面，各高校纷纷设立项目，引入知华、亲华、友华的访问学者，提高智库的国际化程度，并通过互派访问学者或项目人员与海外智库开展深度交流，在合作中透视中国发展热点、难点、痛点，廓清国外对于中国发展战略与理念的误解。上海高校智库研究和管理中心创设的“智库访问学者项目”已实施六期，共有15所高校和科研机构的26位智库管理、研究和行政人员参与其中，经过两年的运行及改进，访问学者项目的工作体系和机制渐趋成熟，已经成为促进上海高校智库网络建设和协同发展的重要推手，成为上海高校智库建设实践和经验交流分享平台。复旦发展研究院以建立社团、招募助管助研等方式吸纳本校学生，同时设置“智库学术助理项目”吸纳其他高校学生。浙江师范大学非洲研究院依托在非洲的三家孔子学院，鼓励学生赴非洲见习实习、调查研究、就业创业；通过对青年后备力量开展扎实有效的决策咨询研究训练、丰富多彩的活动和参与决策咨询的实践，激发年轻人将职业规划融入祖国命运的热情，培养年轻人的问题意识和资政理念，为未来国家各类智库建设储备人才。

（五）机制改革逐步深化

经过数年的探索和运作，高校智库逐渐形成了各具特色的运营机制。从“手工作坊”到“研究和分享平台”，从“校级大平台”到“市场化机构”，高校智库运营方式新意迭出。总结经验，就是坚持党管智库原则，坚持体制机制创新，保障人才为要、成果为先。

中国人民大学国家发展和战略研究院立足国家治理，致力于智库研究平台、转化平台、推广平台的形塑，形成了“十大核心团队”和“十大智库产品体系”。北京师范大学积极响应国家加强社会建设、创新社会治理和推进国家治理现代化战略部署，成立中国社会管理研究院/社会学院，实行“两块牌子，一个实体”的管理机制，为中国社会治理建言献策。南开大学每年安排300万元专项经费，自主设立五项左右的重大课题，并着力推动项目组织方式、绩效管理机制的创新，充分激活南开智力资源，助力区域发展，为天津滨海新区开发献计献策。厦门大学充分发挥团体作战优势，坚持应用研究与基础研究的统一，以项目为牵引，在对台研究等方面提出具有前瞻性的政策建议。复旦发展研究院本着“开门办智库”的理念，与深圳等地方政府以及多家海外智库开展合作，并突破对实体化的既有理解，构建“专家学者—访问学者—博士后—运营团队—后备力量”的智库人才梯队，彰显了“多元、开放、前沿”的育人特色。①

第三节　非洲智库发展与中非智库合作②

今天，发展中国家的现代复兴已经有了重大进展，人类也走到了一个新的，前景更加光明、挑战也更为严峻的十字路口。在未来相当长的时期中，全球体系的碰撞与南北关系的调整将引发持续的人类思想与观念的竞逐、交锋与分化。而在此阶段，发展中国家的思想自立与知识创新显得尤为重要，南方国家之间的思想合作与知识交流也有了新的时代意义。作为世界上的古老国家和当今最大的发展中国家，今日与未来，中国的和平发展与民族复兴能否顺利推进，中国的和平发展战略及建构和谐世界的理想能否实现，在很大程度上也取决于中国在思想创造与知识产生方面的国际地位，取决于中国参与未来世界思想创新与知识创造的广度与深度。既充分消化西方的思想智慧与合理内核，又跨越西方阻遏中国复兴崛起所设置的思想高墙，是当今中国在思想领域必须同时完成的双重历史任务，也是中非合作能真正获得可持续的长久发展、中国影响力在非洲大陆不断扩大加深的必由之路。中国与非洲是世界两大文明体系，具有悠久的历史和丰富的文化，因此，中非双方的思想界和学术界应该共同努力，推进人类不同文明的对话，增进南南共识、南北共识、东西共识，使我们共同生活的世界更加和谐、和平、安全。③

---

① 黄昊、张怡、沈郊、姚旭：《改革创新　加速前行——2015年高校智库发展报告》，载《光明日报》2016年4月27日，第16版。

② 王珩：《非洲智库发展与中非智库合作》，载《光明日报》2016年8月24日，第16版。

③ 刘鸿武：《从战略高度推进中非智库合作建设》，载《非洲研究》2012年第1卷。

中非智库交流合作意义重大，前景广阔，但也任重道远。

一、非洲智库发展概况

非洲智库起步较晚，近年综合实力、全球影响力不断攀升。在数量、质量、地域分布、研究领域等方面存在不均衡性，也存在自身独特的一面：非洲智库参与全球治理的作用越来越大，在推动非洲经济发展与地区一体化进程、解决非洲各国面临的共同问题方面发挥的作用日益明显；研究人员有在西方受教育的背景，在语言和思维模式上受西方影响比较大；正以多种方式参与中非关系。全球化、信息技术革命、非洲本土思想兴起、中非关系升级等时代发展趋势为非洲智库发展带来新的机遇与挑战。非洲智库发展将呈现更加创新、独立自主、开放包容的趋势，为促进非洲发展、提升中非关系提供有力的思想动力和智力支撑。

当前，全球掀起智库建设与研究热潮。中国与非洲国家都高度重视智库建设。非洲智库作为思想与智力提供者，在非洲一体化和平发展事务中扮演着关键性角色。它不仅影响着非洲大陆内部的各项重大政策动向，而且影响着非洲舆情动态以及外部关系。中非智库间合作已成为中非人文交流合作的关键内容。自2010年中国主动开启对非智库合作以来，双方智库合作初见成效，但在推动双方思想与知识交流、打破西方在中非关系事务特别是全球性事务的话语垄断权、争取中非自身话语权方面还存在巨大的潜力空间。为此，研究和分析非洲智库发展的现状、特点与趋势，总结中非智库合作的经验得失，探索中非智库协同创新机制，进一步提升合作的实效性，发挥其对中非关系的思想与智力驱动作用，具有重要的理论和实践意义。

（一）非洲智库起步较晚

非洲历史悠久，是人类文明的发祥地之一。目前有54个国家，总面积约3020万平方公里。非洲在第二次世界大战后开始民族独立运动。20世纪60年代，非洲民族解放运动进入高潮，早期的智库在此阶段酝酿形成。非洲智库成立比较早的是在20世纪60年代，比如尼日利亚国际事务研究所（NIIA）成立于1961年，设在塞内加尔首都达喀尔的非洲经济发展和计划所（AIEDP）成立于 1962 年。而更多是在 20 世纪 90 年代实行多党民主化以来建立起来的民间智库。非洲智库包括政府创办的研究机构，也包括大量的民间机构，一般都是非营利组织，其中相当一部分属于非政府组织。2016 年撒哈拉以南非洲智库数量 615 家，占全球智库总数的 9%（见表 3–5）。

表 3-5　2016 年智库全球分布情况

（单位：个，%）

地区	智库数量	占比
亚　洲	1262	18.4
中美与南美洲	774	11.3
欧　洲	1770	25.9
中东和北非	398	5.8
北　美	1931	28.2
撒哈拉以南非洲	615	9.0
大洋洲	96	1.4
合　计	6846	100

资料来源：University of Pennsylvania, “2016 Global Go To Think Tank Index Report”, p.25.

（二）非洲智库影响力不断提升

提到非洲国家，人们的印象往往是贫穷落后不发达，但近年部分非洲国家的智库成长迅速，影响力不断提升。从全球智库的横向比较来看，非洲智库的竞争力、影响力较强。在宾夕法尼亚大学发布的 2016 年全球智库前 175 名中，非洲智库占 16 席（见表 3–6），占 9.1%。同一榜单上中国智库有 9 家入围，占 5.1%。

表 3-6　2016 年全球顶级非洲智库

序号	智库名称	所在国家
1	粮食、农业和自然资源政策分析网络（FANRPAN）	南　非
2	金字塔政治和战略研究中心（ACPSS）	埃　及
3	非洲建设性争端解决中心（ACCORD）	南　非
4	非洲经济研究联合会（AERC）	肯尼亚
5	南非国际事务研究所（SAIIA）	南　非
6	解决冲突中心（CCR）	南　非
7	非洲技术政策研究网（ATPS）	肯尼亚

（续表）

序号	智库名称	所在国家
8	伊曼尼政策和教育研究中心（IMANI）	加　纳
9	安全问题研究所（ISS）	南　非
10	自由市场基金会（FMF）	南　非
11	非洲社会科学研究发展理事会（CODESRIA）	塞内加尔
12	肯尼亚公共政策分析研究所（KIPPRA）	肯尼亚
13	经济政策研究中心（EPRC）	乌干达
14	非洲东南部社会科学研究组织（OSSREA）	埃塞俄比亚
15	埃塞俄比亚发展研究所（EDRI）	埃塞俄比亚
16	统计、社会和经济研究院（ISSER）	加　纳

资料来源：University of Pennsylvania, “2016 Global Go To Think Tank Index Report”, pp.45-48.

从智库擅长的研究领域看，在 13 个按研究领域划分的最优智库排行榜中均能见到非洲国家智库的“身影”。这些最优智库的分类包括国防与国家安全、国民经济政策、教育政策、能源与资源政策、环境、国际关系与外交政策、国民健康政策、全球公共卫生、国际发展、国际经济政策、科学技术、社会政策、最佳治理等。有的智库在多个领域名列全球智库前茅，多个智库在公共政策、生态环境、健康研究等专业领域崭露头角。如埃及的开罗区域战略研究中心和金字塔政治和战略研究中心、加纳的建设和平西部非洲网络等智库，在非洲国防和国家安全领域研究方面水平拔尖；金字塔政治和战略研究中心、加纳科菲·安南和平和国际培训中心、南非国际事务研究所和加纳民主发展中心，在外交政策和国际事务方面有所专长；在公共政策研究方面产生重大影响的非洲智库有肯尼亚非洲技术政策研究网、金字塔政治和战略研究中心、开罗区域战略研究中心、伊曼尼政策和教育研究中心、南非国际事务研究所和非洲社会科学发展研究理事会等。尼日利亚人口和环境发展中心在能源和资源政策方面影响力超群，同时还在环境研究方面颇有影响力，与肯尼亚联合国环境规划署、肯尼亚非洲野生动物基金会、肯尼亚非洲技术研究中心和博茨瓦纳应用研究中心一起，成为环境研究智库的领先智库。在医疗卫生研究领域，则数埃塞俄比亚的非洲东南部社会科学研究组织、摩洛哥生物科学研究中心和肯尼亚非洲技术政策研究网最有权威和影响力。2016 年，伊曼尼政策和教育研究中心、非洲东南部社会科学研究组织上榜全球最佳教育政策智库，实现非洲教育智库的突破。

（三）非洲智库发展非常不均衡

非洲智库在数量、质量、地域分布、研究领域等方面发展不均衡。从智库数量看，截至 2015 年 12 月，全球各地共有智库 6846 家，非洲 54 国智库总数量为 652 家，占全球数量的 9.52%。这一数字较之 2013 年的 758 家减少了 106 家，降幅达到 16%。浙江师范大学自 2013 年开始连续三年发布《非洲地区发展报告》，其中分析了导致该地区智库数量下降的主要原因：一些国家政治及制度环境改变产生的影响；公共及私人对政策研究资助规模的下降；公共及私人资助方向从思想或创意和机构本身转向对短期及专门项目资助的支持；机构因自身能力欠缺和无法适应变化而终止运营；来自其他机构、公司及电子媒体的竞争；机构因发展需要而发生了转型；等等。[①]

就地区分布来说，撒哈拉以南非洲智库有 615 家，北非智库 37 家。非洲智库仍主要集中在经济基础和政治环境比较好的地区和大国，如南非、肯尼亚、尼日利亚、加纳、埃及、乌干达、津巴布韦和埃塞俄比亚，这 8 个国家共有智库 338 家，占全非智库总量的一半以上，达到 55%。智库数量在 10 个以上的国家有 21 个（见表 3-7）。

表 3-7 智库数量在 10 个以上的非洲国家一览

国　家	智库数量
南　非	86
肯尼亚	53
尼日利亚	48
加　纳	37
埃　及	35
乌干达	28
津巴布韦	26

① 刘鸿武主编：《非洲地区年度发展报告（2014—2015）》，中国社会科学出版社 2015 年版。

（续表）

国　家	智库数量
埃塞俄比亚	25
喀麦隆	21
突尼斯	18
布基纳法索	16
塞内加尔	16
贝　宁	15
马拉维	15
纳米比亚	15
坦桑尼亚	15
摩洛哥	15
博茨瓦纳	13
赞比亚	13
科特迪瓦	12
马　里	12

资料来源：University of Pennsylvania, “2015 Global Go To Think Tank Index Report”.

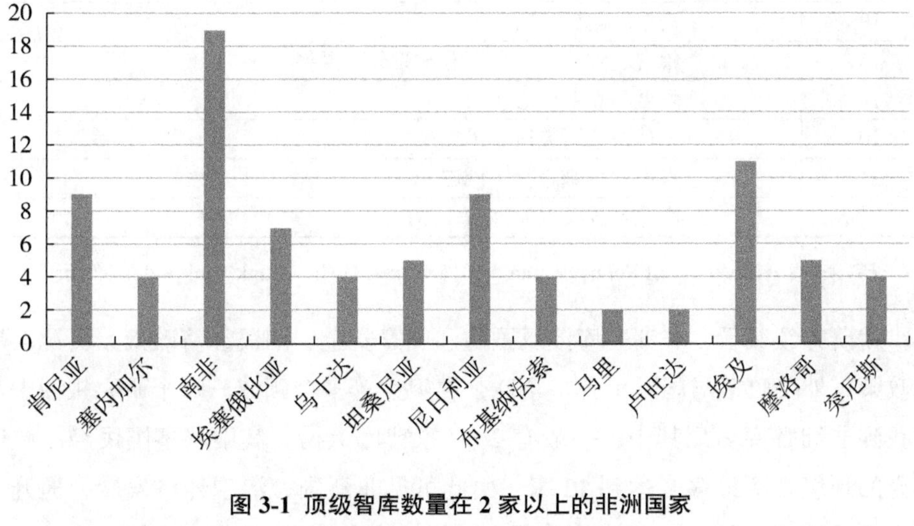

图 3-1 顶级智库数量在 2 家以上的非洲国家

资料来源：University of Pennsylvania, “2015 Global Go To Think Tank Index Report”.

顶级智库的国家分布也极不平衡。在全球智库数量最多的前 25 个国家中，南非、肯尼亚两个非洲国家分别以 86 家、53 家名列第 13 和第 24 位。南非经济比较发达，政治成熟度也较其他非洲国家更为先进，因此，历年来该国智库数量始终位列全非大陆各国智库数量之首。从智库影响力来看，在 2014 年撒哈拉以南非洲地区排前 30 位的知名智库中，有 1/3 设在南非。顶级智库数量在 2 家以上的非洲国家如图 3–1 所示，南非 19 家，位居第一；埃及 11 家，列第二。只有一家智库入围非洲顶级智库的有贝宁、莫桑比克、南苏丹、索马里、喀麦隆等 13 个国家；一半以上的非洲国家没有智库入围榜单。造成这些不平衡的原因，既有外部的国际关系、国家政治经济历史文化等方面的因素，也有智库自身内部的原因。

表 3-8　2014 年撒哈拉以南非洲地区前 30 位的南非智库

排名	智库名称
5	非洲建设性争端解决中心
6	南非国际事务研究所
7	南非非洲研究所
8	解决冲突中心（CCR）
10	安全问题研究所
13	粮食、农业及自然资源政策分析网络
14	发展与企业中心（CDE）
20	全球对话研究所（IGD）
21	自由市场基金会（FMF）
26	南非种族关系研究所（IRR）

资料来源：University of Pennsylvania, “2014 Global Go To Think Tank Index Report”.

就研究领域看，非洲智库涉及国防和国家安全、国民经济政策、资源与环境政策、外交政策与国际事务、全球公共卫生等多个领域。每个研究领域中都能找到非洲智库名列其中，一般有 2—7 家智库上榜。其中从事国民经济政策研究的顶级智库最多，达到 12 家，由此可见非洲国家渴望经济发展、提升生活水平的期待与努力。环境政策研究顶级智库有 7 家。到 2015 年为止，没有非洲教育智库入围顶级智库，这可能与大部分非洲国家长期遭受思想和文化殖民、教育基础薄弱、长期接受教育援助、还未能形成明晰的教育思想和理念等因素相关。

表 3-9　2015 年非洲部分顶级智库研究领域及影响力一览

研究领域	排名	智库名称	所属国家
国防和国家安全	18/107	地区战略研究中心（RCSS）	埃　及
	23/107	金字塔政治和战略研究中心（ACPSS）	埃　及
	65/107	西非和平网络（WANEP）	加　纳
国民经济政策	47/133	埃及经济研究中心（ECES）	埃　及
	53/133	肯尼亚公共政策研究所（KIPPRA）	肯尼亚
	58/133	伊曼尼政策和教育研究中心（IMANI）	加　纳
	65/133	经济政策研究中心（EPRC）	乌干达
	81/133	非洲技术政策研究网（ATPS）	肯尼亚
	83/133	非洲经济研究联合会（AERC）	肯尼亚
	85/133	博茨瓦纳发展政策分析研究所（BIDPA）	博茨瓦纳
	90/133	政治和经济分析研究中心	刚　果
	91/133	马达加斯加经济分析和支持研究中心（CREAM）	马达加斯加
	96/133	经济和社会研究基金会（ESRF）	坦桑尼亚
	121/133	经济事务研究所（IEA）	加　纳
	128/133	经济事务研究所（IEA）	肯尼亚
	129/133	社会研究学院（MISR）	乌干达
资源与能源政策	24/55	人口与环境发展中心（CPED）	尼日利亚
	47/55	国家 OCP 政策中心	摩洛哥
环境政策	17/95	联合国环境规划署（UNEP）	肯尼亚
	22/95	非洲野生动物基金会（AWF）	肯尼亚
	35/95	人口与环境发展中心（CPED）	尼日利亚
	47/95	非洲技术研究中心（ACTS）	肯尼亚
	50/95	应用研究中心（CAR）	博茨瓦纳
	82/95	非洲环境经济学和政策中心（CEEPA）	南　非
	93/95	环境研究所（IES）	津巴布韦
外交政策与国际事务	21/132	金字塔政治和战略研究中心（ACPSS）	埃　及
	74/132	科菲·安南国际维和培训中心	加　纳
	89/132	南非国际事务研究所（SAIIA）	南　非
	90/132	安全问题研究所（ISS）	南　非
	94/132	民主发展中心（CDD）	加　纳
全球公共卫生政策	19/35	非洲东南部社会科学研究组织（OSSREA）	埃塞俄比亚
	21/35	社会科学研究中心（CERSS）	摩洛哥
	23/35	非洲技术政策研究网（ATPS）	肯尼亚
	28/35	非洲人口与健康研究中心（APHRC）	肯尼亚

非洲智库发展过程中也存在其他问题。一项针对英语国家非洲智库班学者的调研发现，60.9% 的人认为制约非洲智库发展的最大瓶颈是运行经费不足，学术研究质量有待提高，研究领域不够广泛和智库管理机制不完善也被认为是影响非洲智库发展的重要原因。

二、非洲智库发展的特点

非洲智库既具有一般智库的特点，又具有自己的特点，在非洲思想知识界发挥着巨大的作用。

（一）全球化

当前，全球性问题日益成为人类共同面临的严峻挑战，全球治理日益迫切，在此过程中不仅要发挥政府的作用，也要发挥非政府组织和民间团体的作用。因此，非洲智库参与全球治理的作用日益被看重，并成为西方政府与非政府组织重点争取的对象。非洲智库的全球化、国际化程度也呈现出蓬勃发展的态势。这种趋势包括经营理念的全球化、研究人员的国际化、研究视角的区域化和智库业务的多元化等。和许多国家的智库一样，非洲国家也通过不断引入国际资源、加强国际合作，将“知”与“智”放到国际社会中进行推敲，以提高智库研究成果的质量，提升智库的国际影响。非洲智库跨国研究、国际协同活动日益增多，科研项目的国际化倾向突出。有的智库还开始尝试到海外设立分支机构，构建面向全球的研究网络，真正起到了增进交流、形成网络、助推公共外交的作用。

（二）网络化

非洲智库紧跟时代潮流，网络化特征日趋明显。南非国际事务研究所是全球最佳利用媒体（印刷或电子）的智库之一，肯尼亚非洲技术政策研究网、埃塞俄比亚的非洲东南部社会科学研究组织、塞内加尔非洲社会科学发展研究理事会、埃及地区战略研究中心等入围“全球最善于利用互联网智库和项目”，南非的非洲建设性解决争端中心、安全问题研究所、国际事务研究所、开罗地区中心战略研究所、伊曼尼政策和教育研究中心以及肯尼亚公共政策分析研究所则是“使用社交网络最佳智库”。在智库自建网络方面，肯尼亚非洲技术政策研究网、加纳伊曼尼政策和教育研究中心和南非的几家知名智库都走在国际前沿。非洲智库网络化路径一般有四种：一是加强网站建设，及时通过网络公布、宣传最新学术思想、观点、研究成果和政策主张；二是利用网络视频开展研讨会；三是通过网络进行民意调查、发动相关政策讨论，为智库研究提供新的思想源泉；四是建立网络化研究平台和数据库，借助网络塑造公共舆论和政治议程，进而影响政府决策。

（三）综合化

大型的综合型智库着眼于建设综合性集成能力，拓宽研究领域，形成宽视野、全方位、跨学科、体系化的发展格局，其研究实力、规模和影响力越来越大。如南非自由市场基金会，坚持综合性的发展路线，将“多样性”作为智库发展的一项基本原则，研究领域没有明确界限，凡是对人类发展有影响的问题都属于其研究范围，包括农业、文化和制度、犯罪问题、教育、对外援助、医疗、信息技术、法律、货币、产权、烟草等。非洲智库也正朝全方位、跨学科、综合化的方向发展，涉及多个领域的研究项目由不同学科、不同专长的学者采取各种集体研究的方法来完成。

（四）活跃性

非洲智库参与全球治理的作用越来越大，在推动非洲经济发展与地区一体化进程、解决非洲各国面临的共同问题方面发挥的作用日益明显。伴随着非洲智库影响力的逐步提高，其对精英学者和分析家的吸引力也有所提高，其中包括政策制定者、媒体和学术圈。从研究领域看，传统的非洲智库主要关注军事态势、国际局势、外交政治等事关国家生存的政治性议题。随着当前国际政治形势总体上趋于稳定，全球经济发展和社会问题风险的不断积累，一些与非洲国家繁荣与发展密切相关的社会政策议题逐渐被提到国际智库的研究议程上来，并且开始占据越来越重要的地位。因此，当前非洲智库的研究领域已有很大拓展，涉及经济社会发展的方方面面，从传统的内政、外交、军事扩展到经济、科技、劳工、教育、人口、资源、犯罪、生态、安全、医疗、土地改革、服务等领域。

（五）自主性

非洲智库受西方影响比较大，许多研究人员有在西方接受教育的背景，在语言和思维模式上受西方影响比较大，与西方研究机构与人员的交流也比较频繁。不少非洲智库尤其是民间智库接受西方国家和非政府组织的资金资助，甚至有的就是它们的分支机构。索罗斯基金会、洛克菲勒基金会等西方非政府组织在非洲都有分支机构。在西方基金会的支持下，这些分支机构以各种方式影响非洲国家的政治、经济与社会生活。由于西方多年的经济扶持与思想渗透，非洲智库在意识形态、议程设置等方面西化倾向比较严重，造成中国和非洲各国在人权、民主、治理等方面观念存在重大分歧，已经构成了中非关系深化发展的“隐蔽高墙”。

（六）互动性

非洲智库正以多种方式参与中非关系。“中非联合研究交流计划”“中非智库论坛”“中非智库 10+10 合作伙伴计划”等成为中非智库交流合作的机制化平台。当前，中非智库参与全球治理的作用越来越大，在推动非洲经济发展与地区一体化进程、解决非洲各国面临的共同问题方面发挥的作用日益明显，对中非关系的潜在影响力也日益显现。

启动于 2010 年的“中非联合研究交流计划”，旨在通过加强中非学者和智库的交流与合作，共享研究成果，促进中非人民的相互了解和认知。主要依托中非学术机构实施，重点围绕中非事务、涉非问题和中非关系等开展学术研究和交流，下设课题研究、学术交流、研讨会和著作出版共四大类项目。自 2010 年正式启动至今，该计划已支持中非 30 余家学术机构开展项目数百个，推动中非学术交流数千人次，还建立了中非联合研究交流计划信息网（http://pdas.zjnu.edu.cn/）。

2011 年创立的“中非智库论坛”，已被纳入中非合作论坛框架内的民间对话的固定机制。该论坛以“民间为主、政府参与、坦诚对话、凝聚共识”为宗旨，促进对非研究，增进中非了解，扩大双方共识，服务中国企业走向非洲和非洲企业进入中国，同时为新形势下发展中非关系建言献策。自 2011 年以来分别在中国与非洲召开了六次会议。

2013 年启动的“中非智库 10+10 合作伙伴计划”，为中非智库交流搭建了机制化平台，进一步提升了双方智库交流与合作水平。结对建立合作关系的 10 家中方智库与 10 家非方智库分别为：浙江师范大学非洲研究院和尼日利亚国际事务研究所，中国社会科学院西亚非洲研究所和塞内加尔非洲社会科学研究发展理事会，北京大学非洲研究中心和摩洛哥穆罕默德五世大学非洲研究所，外交学院非洲研究中心和喀麦隆国际关系研究所，中国国际问题研究院和南非国际问题研究所，上海国际问题研究院和南非斯坦陵布什大学中国研究中心，中共中央党校国际战略研究所和埃塞俄比亚的斯亚贝巴大学和平与安全研究所，云南大学非洲研究中心和肯尼亚非洲经济研究所，上海师范大学非洲研究中心和津巴布韦南部非洲研究与文献中心，中国现代国际关系研究院与南非安全问题研究所。

三、非洲智库发展的未来趋势

当前，非洲智库面临前所未有的发展机遇，也面临诸多挑战。智库要理解全球发展趋势，具备前瞻意识，积极顺应潮流，提升思想创新能力，为非洲国家发展提供更多的创新性的决策建议。

（一）伴随着全球化与信息技术革命非洲智库将兴起思想和技术创新的浪潮

在过去的 15—20 年里，全球智库数量迅猛增长，宾夕法尼亚大学智库项目负责人麦甘分析其主要原因：一是信息技术革命、互联网等工具使得信息可以在全球范围内共享；二是公共行政对信息垄断的局面已经停止；三是很多政策性的问题和技术层面的困难有所增加；四是在全球范围内对政府的信任危机出现；五是全球化的发展使得信息交换成为可能。全球化背景下，智库的角色应该进一步提高公共价值，提升公众价值认知，从而更好地找到政府与公众的价值契合点。全球化对非洲智库的研究领域提出了新的要求，智库要致力于研究和解决包括恐怖主义、极端主义组织、大规模破坏性武器扩散、网络侵犯、金融震荡等在内的国际国内各方面问题。另一方面，全球化进程加上技术的进步，为非洲智库发展提供了新优势。信息海啸使得世界上一个国家和地区发生的事情以非常快的速度传播到全球，智库不可能预测所有将发生的事件，但可以帮助政府、社会更好地应对。信息技术的传播力对于公共政策的影响很大，政策的决策者、智库必须理解这种新科技带来的影响，做到思想和技术的全面创新，做到更聪明、更快、更好，同时还要保证不破坏智库研究结果的质量，保持独立性和正直性。

（二）伴随着思想意识觉醒非洲智库研究将更加务实多元、独立自主

当前，学术竞争与思想创新日益成为国家与民族间展开竞争与合作的巨大舞台，而在国际学术竞争与思想创新的背后，其实包含着巨大的国家发展与安全利益。非洲发展，非洲智库发展，必然以文化的复兴、思想的自立为基础。发展中国家的软、硬实力发展严重不均衡。在国际学术高地，在全球知识、思想、话语建构方面能力极为弱小，自主性、民族性严重缺失，已经成为严重抑制亚非世界复兴发展的巨大障碍。因此，摆脱西方文化和视角的束缚，实现思想自立和精神独立，对于发展中国家或南方国家具有根本意义。非洲智库应积极改革研究内容、创新资源获取方式、提升思想自主性。既要有传统的学术积淀、理论基础，更要有相关性的、有效针对当前当地实际情况的政策建议。非洲智库成长要确保资源多元化，通过创新的方式和路径获取资金和资源，提升智库信息化水平，建立可以共享的非洲国家数据库公共资源，以促进非洲工业化建设、区域一体化建设。同时，智库与决策者的交流方式也可以更加多元，如视频的方式、大数据的方式、媒体的方式等。非洲智库应充分利用国际援助资源，发展壮大民族自立意识和独立思想，致力于非洲经济和思想两个复兴，增强研究的独立性，提供切实可行的政策建议，帮助决策者正确决策，促进非洲国家独立自主发展。

（三）非洲智库将进一步走向开放、中非智库合作与交流将进入“升级版”

2015 年 12 月，中国国家主席习近平在中非合作论坛约翰内斯堡峰会上全面阐述中国对非关系政策理念，宣布未来三年中国对非合作重大举措，提出把中非关系提升为“全面战略合作伙伴关系”。为推进中非全面战略合作伙伴关系建设，宣布中方将在未来三年同非方重点实施“十大合作计划”，包括中非工业化合作计划、中非农业现代化合作计划、中非基础设施合作计划、中非金融合作计划、中非绿色发展合作计划、中非贸易和投资便利化合作计划、中非减贫惠民合作计划、中非公共卫生合作计划、中非人文合作计划、中非和平与安全合作计划。峰会后发表的《中国对非政策文件》为中非智库合作与交流提供了新的契机，明确鼓励中非高校开展合作研究，壮大中非学术研究力量，倡导积极实施“中非联合研究交流计划”和“中非智库10+10合作伙伴计划”，积极支持中非学术研究机构和智库开展课题研究、学术交流、研讨会、著作出版等多种形式的交流与合作，优先支持双方开展治国理政、发展道路、产能合作、文化与法律异同等促进中非友好合作的课题研究与成果分享。为促进中非智库协同创新，推进智库建设，提升第三世界国家的软实力，中非双方智库应加强理论创新，明晰智库定位；促进内容创新，丰富协同领域；开展形式创新，拓展协同平台；实现制度创新，提供中非智库协同创新的有力支撑，为共同实现“非洲梦”和“中国梦”而努力。

第四章　创新：加强高校特色智库建设

高校智库由于所依托的高校学科特色和育人特色，可大力挖掘智库建设内涵，丰富智库建设内容，比如建设教育智库和思政智库两类特色高校智库。教育智库作为一种专业智库，对服务国家教育决策、促进教育事业科学发展具有重要意义。当前教育智库建设面临新挑战，国外先进教育智库发展呈现新特征。高校思想政治教育智库是中国特色新型智库的有机组成部分，加强思政智库建设有利于高校思政工作的理念创新、方法创新、内容创新、平台创新和机制创新，进一步增强高校思政工作的针对性、实效性，促进高校思政教育事业的科学发展。

第一节　教育智库：服务高等教育发展的有效抓手

一、中国高校教育智库有待成长

当前高校教育智库建设面临新挑战。首先，新科技革命和产业革命的兴起对教育智库建设提出了更高要求，教育和教育科研对抢占知识、技术与人才的制高点有着非常强大的支持作用，并成为新一轮竞争超前部署和谋划的优先领域。其次，经济发展方式的加快转变和创新驱动发展战略的深入推进对教育智库建设提出了新要求。再次，人民群众对教育的新期盼和新要求以及教育改革面临的新任务、新挑战给教育智库发展带来新的挑战和机遇。

在教育政策研究领域，世界顶级智库前10强中，美国占6席并囊括前5名，分别是布鲁金斯学会、卡托研究所、布朗教育政策中心、教育政策研究中心、城市研究所；莫斯科国立区域社会经济人文学院和俄罗斯教育政策研究中心分列第 6 和第 8；日本国家教育政策研究所和捷克社会和经济分析中心各占一席

（见表 4–1）。全球教育政策顶级智库前 50 名中没有中国智库。

表 4-1　2014 全球教育政策研究领域的十强顶级智库

排名	智库名称	所属国家
1	布鲁金斯学会	美　国
2	卡托研究所	美　国
3	布朗教育政策中心	美　国
4	教育政策研究中心	美　国
5	城市研究所	美　国
6	莫斯科国立区域社会经济人文学院	俄罗斯
7	美国发展研究中心	美　国
8	俄罗斯教育政策研究中心	俄罗斯
9	日本国家教育政策研究所	日　本
10	捷克社会和经济分析中心	捷　克

资料来源：University of Pennsylvania, "2014 Global Go To Think Tank Index Report", http://bbs.pinggu.org/thread-3551148-1-1.html, 2015-01-24.

就国内来看，上海社科院提供的《2014 年中国智库报告》排名前十的国内智库中高校智库仅占三席，分别是北京大学、清华大学和复旦大学，这些智库的研究领域主要是国际关系，基本不涉及教育政策研究。综上可知，我国智库虽然数量居全球第二，但发展质量、影响力等发展状态与国家地位极不相称，高校智库的优势尚未发挥，教育智库更是与世界先进水平存在较大差距，因此，借鉴国外高校教育智库建设国际经验，促进高校智库特别是教育智库健康成长值得思考，迫在眉睫。

二、国外成熟教育智库的发展特点

虽然国外教育智库在发展模式上有所不同，但在教育全球化的背景下，存在着若干发展的共性特点，如综合化、专业化、国际化等。

（一）重视学科交叉，注重综合化发展

全球教育政策研究顶级智库前十强中，综合类智库占六成，专业类智库占四成。以美国为例，全国共有高等院校 3500 多所，教育政策研究主要集中在研究型大学。根据隶属关系和经费来源，美国教育智库可以分为四类：政府性

质的智库（如美国联邦教育部的国家教育科学研究所），公司性质的智库（如兰德公司），社团性质的智库（如布鲁金斯研究所、卡内基基金会），高校智库（如美国教育政策研究联盟）。这些智库在美国教育政策制定过程中发挥着重要作用，对决策者和大众都产生了广泛的影响力。[①]

教育智库综合化发展呈现三大特点。

一是智库性质的综合化。综合性智库参与教育研究，能从更广阔的国际视野、更高的战略层次、更多元的思维角度审视教育发展，有利于形成高层次高水平的教育研究成果。如美国最大、最有影响的综合性智库兰德公司，下设教育研究部，侧重研究教育评估、学校改革评估和教师教学等方面。布鲁金斯研究所包括经济研究所、政府研究所和对外政策研究所，其中政府研究所下设的布朗教育政策研究中心是较早开展教育政策研究的智库机构，主要研究初等和中等教育，重点关注课程、学术标准、测验、学校和班级规模等，主要目的是查找美国教育制度存在的问题并找到解决问题的实践方法。

二是研究手段的跨学科性。智库研究本身所包含的多样化内容自然而然地要求其研究方法偏重于多学科方法。智库在专家云集的氛围之下，各学科之间的交流有力地推动着跨学科方法的推广。日本早稻田大学亚太研究院有 14 个研究小组，其中经济教育研究小组、国际教育开发研究小组、比较教育研究小组从不同角度开展研究。经济教育研究小组在金融危机背景下为提高学生经济素养而举行经济理解能力考试，举办亚太地区国际会议，进行比较研究，针对问题提出建议。国际教育开发研究小组在整体把握国际教育活动（援助、交流、合作）的基础上，分析国际机构与各国政府的国际教育政策与教育战略，为日本政府提供政策分析框架，使政府的教育理念既符合日本国民和国家利益，又能为全球教育开发提供研究成果和人类社会共同的智慧财富。该小组使用国际政治学和国际经济学理论框架，并将社会科学与政策科学的理论和实证研究用于国际教育的政策研究中，成果不仅服务于日本的教育政策制定，也着眼于服

① 黄忠敬：《美国教育的“智库”及其影响力》，载《教育理论与实践》2009 年第 5 期，第 20—23 页。

务联合国教科文组织、联合国儿童基金会、世界银行等国际机构。

三是研究活动和人员的多样性。智库汇聚了官员、学者、专家、教师等人员，给教育人才的交流与互动提供了很好的平台。智库经常举办各种专题研讨班、讲座、教育培训，邀请白宫、国务院官员、国会议员等政界名流出席或作报告，并就当前一些教育热点问题进行讨论。这些活动一方面为政府部门的领导者提供研讨和进修机会，让他们了解或汲取研究成果，另一方面，也为智库影响政府的决策提供很好的沟通渠道。美国智库还实行“旋转门”制度，聘请一些前政府官员来智库任职，利用政府官员在任期间形成的人脉关系开展工作。

（二）问题导向明显，注重专业化建设

澳大利亚教育研究委员会（ACER，以下简称“委员会”）成立于1930年，是国际国内教育界领先的研究机构，现有340余人。委员会以教育科研服务决策为导向，以位于国内外的七个研究分院（澳洲、印尼、印度、沙特等）为基地，向全国乃至中东、南亚、东南亚地区的国家各级政府提供一流的教育决策服务。“独立于政府，盈利用于研究发展”、“目标极明确，项目基于实证研究”和“走专业道路，促进人才持续成长”，是该教育智库稳步发展的三条经验。[①]

教育智库的专业化体现在三个方面。

一是研究内容专业化。服务教育决策的方式主要是通过开展大型调查研究、教育测评、开发教育质量标准、实施学业成就测试等来实现。以委员会为主的国家教育智库主持了国际大型教育测试并开展全国性调查评估项目，建立了以结果为导向的全国教育质量测评标准体系。

二是人才队伍专业化。委员会通过多种方式和渠道招聘和培养了一支高度专业化的人才队伍。引进多位国际知名、国内一流的研究专家，作为学术领军人物，比如教育评价方面的杰夫和沃尔夫勒姆，教师教育和教师标准研究专家劳伦斯等。员工的聘用以合同制为主，有长期稳定的员工，也有因项目需求招聘的临时雇员和外聘顾问、兼职人员。有适度的岗位流动，给员工尝试不同岗

① 曾天山、王小飞、吴霓：《澳新两国国家教育智库及其服务政府决策研究——澳大利亚、新西兰教育科研考察报告》，载《比较教育研究》2013年第8期，第35—40页。

位的机会。智库通常采用项目中心的组合方式，以项目为基准考核工作。鼓励跨部门、跨单位甚至跨国界合作。为促进研究人员的专业化成长，提供专题讲座、课程、工作坊等多种培训和实践的途径和方式。此外，智库还有效利用外脑，与国际国内相关教育研究机构建立了长期稳定的合作关系，直接借助其智慧保障和提升项目质量。

三是专业机构细分化。日本国立教育政策研究所下设研究企划开发部、教育政策与评价研究部、终身学习政策研究部、初等中等教育研究部、高等教育研究部、国际研究协作部、教育研究信息中心、教育课程研究中心、社会教育实践研究中心、学生指导研究中心等机构，从事专业研究。① 美国国家教育科学研究所的主要职能是教育研究、教育统计、教育评价、成果推广、信息传播，其目的是为决策者和实践者服务，为决策者制定有影响的决策及时提供最有价值的专业论证和资料。该研究所按专业领域分为四个分中心，即国家教育研究中心、国家教育统计中心、国家教育评价和地区协助中心以及国家特殊教育研究中心。

（三）注重培养质量，坚持国际化战略

国外高校教育智库富有特色的一个方面，是确保高质量的研究生培养体系正常运转。法国高师集团是法国高级人才的培养重地，包括巴黎高等师范学校、加香高等师范学校和里昂高等师范学校。法国高师集团致力于培养优秀教育和研究人才，实行精英教育，入学考试难度高、招生人数少、学位论文要求高。不过，法国高师集团毕业生待遇高，在校学生和国家签署十年合同，享受公务员薪酬，到期可选择做公务员或转岗。优厚的待遇吸引了全国最优秀的学员和高层次的师资队伍。学校的教学特色是文理渗透、重视外语教学、推崇知识自由，学生还可以参与最前沿的科学研究。

国外高校智库还高度重视国际协同与合作，在国际化办学方面有诸多经验。教育智库国际化路径主要包括承担国际项目、聘用国际人才、承办国际会

① 王晓燕：《日本国家级教育政策研究机构的改革与职能定位——基于日本国立教育政策研究所的分析》，载《教育研究》2011 年第 7 期，第 99—104 页。

议、设立海外机构等。澳大利亚教育研究委员会承接的国际项目包括经合组织（OECD）的国际学生评估项目（PISA）、国际教育成就评价协会的国际公民及素养调查研究（ICCS）以及英国、沙特阿拉伯、巴基斯坦、印度等国的国际项目。在人才交流方面，除了通过常规的国际访问学者制度、国际奖学金制度、国际学生交流制度、国际学术活动以及面向全球的专业人员和教授的招聘制度，吸引来自世界各国的精英，推动思想和成果的互动，还通过在海外建立分校的做法，直接扩大学校影响，构建起全球网络。

在协同方面，美国教育政策研究联盟的做法值得借鉴。该联盟整合了斯坦福大学、哈佛大学、宾夕法尼亚大学、哥伦比亚大学、密歇根大学、西北大学、威斯康星大学麦迪逊分校等七所大学，致力于问责制、教育管理、增强知识与能力、改善教学、学校财政与资源分配以及教师质量和报酬等问题的联合研究，实现了智库的跨校合作。①

三、推进我国高校教育智库发展的思考与建议

当前，我国高校凭借研究实力雄厚、信息资料丰富、对外交流广泛等优势，不断产生高质量应用对策研究成果，智库型研究机构影响力不断提升，成果转化平台不断显现，人才队伍不断壮大，高校成为新型智库建设的重要力量。但因高校远离政府决策中心，加之学术化、学科本位和活动个体化等特点，现有的一些高校政策研究机构在政府事务中的影响力十分有限，还存在目标定位不清、协同合作不够、成果转化不力、机制体制不顺等问题，影响高校教师从事咨政研究的积极性，制约了教育智库潜力的发挥。

（一）明晰教育智库的目标与定位

教育智库是公共科研机构，以教育专家为主、跨学科专家为辅组成，为各级各类教育决策者处理教育类问题提供专业的思想、理论、策略或方法等。以国家教育科研机构（官方或民间设立的国家级研究机构）为主的教育智库日益

① 黄忠敬：《美国教育的“智库”及其影响力》，载《教育理论与实践》2009 年第 5 期，第 20—23 页。

崛起，正在成为影响政府教育决策的重要力量。①

从研究内容看，教育智库可分为学前教育智库、基础教育智库、中等教育智库、高等教育智库等类型；从研究性质看，教育智库可分为官方教育智库（如中国教育科学研究院）、地方教育智库（如各省的教育科学研究院）、高校智库（如各高校高等教育研究所、国际比较教育研究所等）、民间教育智库（如21世纪教育发展研究院）。目前，中国教育政策研究院、21世纪教育发展研究院和长江教育研究院等智库，在中国教育政策研究和制定的过程中已经开始发挥作用。

教育智库自身应有准确的定位。教育智库即各级各类教育研究机构的研究成果应力争成为国家教育政策的出台的重要决策依据，为教育决策提供合理的意见与建议，促进教育的科学发展，使教育为经济社会的发展提供合格的人力资源支持。国家教育部门可采用项目委托方式鼓励教育智库参与教育决策服务。澳大利亚、新西兰的很多重大教育研究项目都是由教育部以项目的形式委托相应的智库（如高校、国家教育研究委员会以及相关教育咨询公司）完成。目前，我国的重大教育决策服务也正在向这方面转型，越来越多的高校以及中国教育科学研究院这样的科研单位参与到国家教育决策服务项目中。

教育智库的职责与功能与其他智库有所不同，除了服务教育决策、引导社会舆论、参与公共外交，还承担培养教育方面专业人才的任务。因此，教育智库应强化战略意识，提升责任感和使命感；强化合作意识，形成工作合力；强化创新意识，激发发展活力；强化问题意识，提升服务能力。教育领域的内容纷繁复杂，因此，智库要坚持明确的主攻方向，走专业化发展道路，不断积累、发展和创新，形成自身的品牌与特色，探索自己的专业领域和拳头产品，打造核心优势，聚焦主攻方向，并长期积累相关研究经验和能力，在不断发展中彰显自己的见识、能力和影响力。

① 曾天山、王小飞、吴霓：《澳新两国国家教育智库及其服务政府决策研究——澳大利亚、新西兰教育科研考察报告》，载《比较教育研究》2013年第8期，第35—40页。

（二）建立健全教育智库层级网络

应该鼓励并允许各类教育智库存在，加强总体协调性，促进共同繁荣。建立健全官方教育智库、地方教育智库、高校教育智库和民间教育智库，形成有效沟通、互动协作的教育智库网络，促进高校教育智库间的交流与沟通。

首先，应强化官方教育智库的研究功能。官方教育智库是侧重于教育重大理论和现实问题研究的国家科研机构，要根据国家发展战略需要，聚焦重大理论和现实问题，对教育领域综合改革开展前瞻性的思考和实践探索，推进教育改革和发展。

其次，应重视地方教育智库的转型升级。作为地方改革发展的新型思想库和智囊团，省市级教育研究机构主要侧重于区域教育改革和发展研究，在为省级行政决策服务、推动地方教育事业改革和发展方面发挥着重要作用。地方教育智库应以理论创新为基础，以服务科学决策为目的，以前瞻性研究为重点，以成果应用转化为标准，承担起为决策提供科学依据、帮助公众理解公共政策、对中长期发展问题提出“预警”、对具体问题提出解决方案以及开展国内外比较研究等多项功能。①

再次，应发挥高校教育智库的研究优势。高校智库是侧重基础研究、学科建设以及校本问题研究的学校科研机构，具有人才密集、学科领先且综合性较强、资料丰富、信息灵通和自由的学术研究氛围等优势。高校教育智库要对现有科研布局进行改造，从学科取向转向需求取向、问题导向，将基础理论的侧重点放在对国家发展具有重要意义的教育研究上，将研究的重点转移到国家经济社会文化发展的战略决策性问题上，并最终形成教育政策研究的特色和优势，进而形成以现实社会和教育问题研究为主、以教育决策服务为导向的智库。

最后，要激发民间教育智库的研究活力。美国民间智库（如布鲁金斯研究所、卡内基基金会、传统基金会、福特基金会等）的经费来源主要是基金会、公司或个人的捐助。研究人员有较大的课题选择自主权，独立性与专业性都较

① 刘国瑞等：《推进省级教育研究机构向教育智库转型的若干思考》，载《现代教育管理》2014年第4期。

强，研究成果的可信度与公信力也较强，因而对政府决策的影响往往较大。衡量智库水平的重要标准是其社会影响力的大小。[①] 民间教育智库要承受的行政压力较小，拥有更加超脱的地位和更加自由的思想，也往往能够产生更加智慧的政策主张与对策建议。因此，应积极鼓励、大力扶持民间教育智库的发展。我国现行的民间教育智库数量少，经费不足，缺乏足够的影响力。为了使其政策研究和咨询功能得到真正的发挥，就必须采取多种方法加大扶持。可借鉴西方经验，在政策研究课题的分配上引进竞争机制，抛开传统的拨款制或下放制，逐步转变为招标制，以此来增强政策研究的透明度、课题分配的合理性和政策研究的科学性。

（三）构建协同创新的良好氛围和运行机制

教育部提出建立“2011 协同创新中心”，目前公布的名单中尚无教育研究类协同中心。国内教育学术机构可尝试探索创建各种跨学科研究中心，把教育学和经济学、地理学、社会学、人类学、法学等多种学科领域进行交叉研究，形成更加深刻广泛的研究成果。形成协同领域广泛、协同主体多元、协同平台扎实、协同路径多样的新格局。[②] 教育智库要与高校内外、国内外、行业内外的政府（部门）、学校、企业、行业（协会）、科研院所等开展全方位协同，丰富智库论坛、国际研讨会、专业刊物、智库简报等平台或载体；拓展与国家部委、地方政府、同类院校、研究院所的合作路径，与行业或企业达成深度融合。同时还要加强国际协同。

为适应现代智库的建设，还应重视信息资源网络化和评价机制一体化。国外智库为了保证信息的可靠性和准确性，都有各自的图书馆或专门的情报信息网，政府也很重视并给予支持。建立丰富的学术资源库，从性质上看意味着为研究者提供权威的、充分的和前沿的研究资讯，为专家的研究奠定基础。高校教育智库在协同创立国家教育信息资源平台方面可有所作为。从横向上看，可

---

① 李晓军：《美国教育政策研究机构的分类、功能及发展趋势》，载《教育发展研究》2007 年第 11 期。

② 王珩、刘鸿武：《新型高校智库开展协同创新的探索与思考——以浙江师范大学非洲研究院为个案》，载《浙江师范大学学报（社会科学版）》2014 年第 3 期。

把全国的教育数据信息上网入库。从纵向上看，可把从幼儿园到大学、甚至社会教育的最优秀的课程全部上网，教师与学生、学生与学生在网络上就可以互动交流，共享教育资源。

教育智库还要注重内部建设。一要理顺管理体制，制订智库章程，成立理事会，完善相关科研或学科发展平台的相关组织架构。保持智库的相对独立性，健全运行机制。二要加强队伍建设。建设一支专兼职结合、职称和学位结构合理、素质优秀的教育科研与教育管理队伍。探索兼职队伍、流动岗位科研人员的聘任和合作机制，形成专兼结合、稳定与流动、校内与校外相结合的教育科研创新团队。三要完善评价体系，建立科学合理的科研绩效标准，完善绩效与考核、奖惩激励机制，实行目标管理与过程管理相结合，充分调动科研人员的积极性。四要建立人才培养机制，加强学科建设，合力培养教育研究各个领域的高层次专门人才。

第二节　思政智库：创新高校思政工作的有效路径

全国高校思想政治工作会议 2016 年 12 月 7—8 日在北京召开。中共中央总书记、国家主席、中央军委主席习近平出席会议并发表重要讲话。他强调，高校思想政治工作关系高校培养什么样的人、如何培养人以及为谁培养人的根本问题。要坚持把立德树人作为中心环节，把思想政治工作贯穿教育教学全过程，实现全程育人、全方位育人，努力开创我国高等教育事业发展新局面。

高校思政智库是中国特色新型智库的有机组成部分。作为研究机构，高校思政智库由思想政治教育及其相关领域的专家和学者组成，从专业的角度客观科学地对思想政治工作领域出现的相关问题展开深入研究，并向教育部门或学校提出政策建议。当前，智库在国际关系、经济建设等领域已开始发挥重要作用，但在思想政治教育和工作领域智库建设尚处于起步阶段。思想政治工作是经济工作和其他一切工作的生命线，发挥高校学科与人才优势，促进高校思政智库建设与内涵提升，使之成为影响思想政治教育决策的重要力量和思想政治工作创新的思想源泉，是落实中央重大战略部署、深化社会主义核心价值观培育践行的现实需要和必然选择。

一、为什么说智库建设是高校思想政治工作创新的有效路径?

(一)建设智库是对当前高校思想政治工作复杂形势的新应对

当前我国改革开放和社会主义事业的蓬勃发展,为思想政治工作的开展提供了难得的发展机遇,但同时,由于经济全球化和西方文化的渗透,国内多元价值观和道德观念的嬗变以及信息革命、大数据对传统观念的冲击,使高校思想政治工作面临一系列挑战。新的形势对思政工作的理念创新提出了新的迫切要求。

(二)建设智库是对思政学科内涵的新诠释

思想政治教育学科经过 30 多年发展,其学科定位逐步明确,学科体系日趋完善,人才培养日趋优化,队伍建设不断加强。同时,其学科建设的理论与实践也面临诸多考验和挑战。思政智库建设能有效帮助完善学科架构,进行思政学科整体设计和系统规划,推动建设协同创新平台,推进学科建设与思想政治教育工作实践的有机结合;还有助于优化学科建设环境,发挥学科阵地、学术平台的导向和引领功能,提升学科发展质量,正确处理思想政治教育相关学科的互动关系。①

(三)建设智库是对高校思想政治工作本质内涵的新遵循

改革开放以来,思想政治工作不断走向科学化,思想政治教育学科专业得以建立和迅速发展。思想政治教育的内生机制源于人的内在需要,特别是人的思想更新的需要。思想政治教育学科的内在规律要求高校系统开展思想政治教育研究范式的研究,并推动其优化建构,这正是思政智库的方法创新所在。

(四)智库建设也是思政工作和队伍职业化、专业化的新向度

数十年来,我国高校思政队伍建设实现了由非专业化到专业化的转换。进入新时期,随着教育改革的深化和强化高素质创新型人才的培养,对大学生教

① 冯刚:《不断探索思想政治教育学科建设与发展的科学路径》,载《思想教育理论导刊》2014 年第 4 期。

育引导的专业性要求更加突出。思政智库是思想智慧和人才的聚集地，能充分发挥学术组织的桥梁纽带和智库作用，为思政工作者开展学术研究、提升职业素质和专业能力提供平台，为马克思主义理论和思想政治教育学科的繁荣发展，为促进大学生健康成长成才作出新的贡献。这充分体现了思政智库的路径创新或平台创新。

二、高校思政智库建设的现状

目前，在高校思想政治工作领域中明确提出建设智库的不多。经过多年的努力，我国实际上已初步形成国家级（全国高校思想政治教育研究会）、省级（各省高校思想政治教育研究会）和校级（各高校思想政治教育研究所）三个层面的思想库雏形。当然，并不是所有从事思想政治教育的学术机构都是智库，只有那些对政府公共政策和社会公共生活产生影响的专业研究机构才称得上智库。

在国家层面，成立于 1984 年的全国高等学校思想政治教育研究会是典型的思政智库代表。它是中宣部、教育部领导下的全国性群众学术团体，后加入中国高等教育学会，成为其团体会员，现拥有 30 个省（市、区）和中国人民解放军高等学校系统团体会员 31 个。该智库在推动思想政治教育理论研究、学科建设、思想教育课程建设、思政队伍的专业化、思想政治教育实践的科学化以及沟通信息、总结交流经验、团结队伍等方面发挥了积极作用。在实践中，全国高等学校思想政治教育研究会逐渐形成了坚持正确的政治方向、理论联系实际、团结、合作、实干的良好作风，锻炼和扶植了一支有较高水准的研究队伍。

各省高校思政教育研究会一般是在省委教育工委、省教育厅指导下开展工作，以省内高校从事思想政治教育和马克思主义理论课、思想品德课的思想理论工作者和教师为团体会员的群众性学术研究组织，一般设有理事会，定期召开会议，讨论决定研究会的重大事项。有条件的高校一般在校党委宣传部或马克思主义学院设思想政治教育研究所，如西安交通大学思想政治教育研究所成立于 1986 年，10 余名教职工主要从事大学生思想道德修养与法律基础和形势政策课程的教学科研工作，重点研究大学生思想道德和法律素质教育。

总之，我国智库发展质量、影响力水平与国家地位不相称；高校智库优势尚未发挥；思政智库的重要地位没有受到普遍重视，高质量思政智库缺乏；智库建设缺乏整体规划；学科领军人物和杰出人才缺乏，研究力量分散，高质量成果不多、针对性不强。要解决这些问题，必须从立德树人、培育和践行社会主义核心价值观的战略高度，把中国特色高校思政智库建设作为一项重大而紧迫的任务，采取有力措施，切实抓好建好。

三、高校思政智库的功能和定位

思政智库肩负一般高校智库的功能，同时也有自身的特殊价值和作用，概括起来，大致有战略研究、政策建言、舆论引导、人才培养等四项功能。

（一）战略研究

思政智库应发挥战略研究功能，各级研究会、研究所和高校思政队伍应发挥高校基础研究实力雄厚的优势，着重开展事关国家长远发展的战略性基础理论研究，为科学民主决策提供坚实的理论支撑。

（二）政策建言

思政智库应承担政策建言的任务，发挥思想政治教育学科数十年积累的学科优势，围绕全球化、社会主义核心价值观培养等国内外重大现实问题，开展跨学科综合研究，提出具有针对性和操作性的政策建议。

（三）舆论引导

思政智库应主动发挥舆论引导的功能，发挥高校各学科处于学术前沿的优势，针对经济社会发展中的热点难点问题积极向师生释疑解惑，引导校园文化和社会舆论。如解答师生关于“一带一路”、亚投行、TPP 等世界发展形势与政策方面的疑问，引导师生客观看待全球发展中的问题，理性爱国。

（四）人才培养

思政智库应承担人才培养的职责，依托思想政治教育学科培养思政专业教育者和研究者，依托高校思想政治工作各个载体努力培养高素质的社会主义现代化建设事业接班人。依托思政队伍培养研究型、专家型的智库人才，为中国特色新型思政智库建设提供有力的人才保障。

面对新形势新要求，高校思想政治教育智库要进一步明确定位，其基本导向是“立德树人”，即将社会主义核心价值观的内涵融入“德”的要求中；基本理念是“育人为本、德育为先、能力为重、全面发展”，注重把握理论创新过程中政治性和学术性的高度统一；主要任务是指导、服务思想政治教育和工作实践；基本内容是围绕贯彻落实党的十八大和三中、四中、五中、六中全会精神开展研究，密切关注高校意识形态领域的复杂尖锐斗争，回应思想政治教育工作中的重大理论现实问题，积极为深化高等教育综合改革建言献策。

四、加强高校思政智库建设，促进思政工作创新

高校思政智库建设是深化高等教育思想政治教育改革、推进高校思想政治工作创新的总揽性抓手，对于高校思政工作的机构建设、队伍建设、平台建设都有重大的推动作用，其建设目标是以培育和践行社会主义核心价值观为根本，进一步提升大学生思想政治教育质量，开创高校思想政治工作新局面。

（一）树立战略意识和问题意识，力求思政工作理念创新

高校思想政治工作，关乎社会主义核心价值观的培育和践行，关乎高举旗帜这一大事，关乎培养好接班人这一重任，具有极端重要性。因此，思政智库建设要有战略意识，遵循“高”“大”“全”的工作原则。“高”即高度重视，重点建设，充分发挥智库职能，使智库发挥更加积极的作用，成为联系和团结高校思想政治教育工作者的学术家园，成为服务高校人才培养的智囊团，成为弘扬校园正能量的思想库。“大”即解放思想，形成“大”思想政治工作格局，科研机构、各级党校、企事业相关机构、民间组织、离退休干部、文体明星、各级宣传部门的专家等要参与智库建设。“全”即思政智库应“全程、全员、全方位”指导思想政治教育实践，充分发挥其学术研究优势，深化思想政治教育理论创新，提升思政工作的前瞻性、有效性和针对性。同时，思想政治教育是理论性、现实性、政策性、实践性很强的综合性的社会教育活动，涉及的问题极具广泛性和复杂性，要培养思政人员的问题意识，围绕思想政治工作中的重大基本问题，即一定时期思想政治教育实践中遇到的重大的、普遍的、关键

的、集中的并带有战略性、全局性、紧迫性的一系列问题开展深入调研，引导师生认识其产生原因及规律，探索其解决路径。

（二）聚焦研究方向、提升研究能力，力争思政工作方法创新

真正具有前瞻性、科学性、实用性的对策建议，必须有厚重的理论、多学科的视角和先进的方法作支撑。高校思政智库不仅要出对策，更要出思想、谋战略，特别是在一些前沿应用问题和重要理论问题的研究范式上取得突破。第一，高校思政智库要聚焦研究方向。如在社会主义核心价值观培养方面，要组织专家学者重点围绕其历史脉络、核心要素、精神实质和实现路径开展研究，形成符合学校特色、文化传统和师生实际的培育理念、工作思路和践行机制，制订切实可行的工作实施纲要。第二，高校思政智库要形成研究合力，充分发挥党政干部、专业教师、思政干部、一线辅导员和青年学生等几支队伍的主动性和创造性，整合研究资源，形成研究团队，凝聚研究力量。第三，高校思政智库要设立研究专项。在教育部和各地各高校的哲学社会科学研究课题和项目中设立“社会主义核心价值观培育践行”“立德树人”“实践育人”“网络舆情”等专题，重点支持相关课题研究、学术研讨、著作出版，推动成果转化，为工作实践提供理论支撑和指导。第四，高校思政智库要注重调查研究，丰富研究内涵。坚持基础研究和应用研究并重，定期组织开展高校师生思想状况滚动调查，准确把握高校师生思想动态和需求。第五，高校思政智库要创新研究方法，提升研究质量。着力推动跨学科研究，促进哲学社会科学与自然科学、哲学社会科学不同学科之间的交叉渗透，大力推进新兴学科发展，为应用对策研究提供更为有力的学科支撑；推动科研方法创新，借鉴自然科学的研究方法，充分利用现代信息技术，创新和丰富思想政治教育的路径和载体。

（三）加强队伍建设的专业化、职业化，力推平台创新

人才是智库的第一资源和建设核心。近年来，高校思政队伍职业化、专业化、标准化建设取得了一定成效，如教育部制定了《高等学校辅导员职业能力标准（暂行）》，定期开展专业培训，为思政智库建设奠定了人力资源基础。思政智库要凝聚一批立场坚定，学术造诣高，善于理论联系实际，熟悉政策制定的高端人才，发挥资深专家的示范引领作用，瞄准前沿、紧贴实际，围绕全局性、战略性问题，以及难点热点问题开展研究，为推进实践育人工作提供理论支撑，用鲜活的实践经验滋养理论的持续发展。要注重培养青年后备力量，实施“思想政治教育中青年杰出人才支持计划”、青年思政干部研修培养计划等，在理论和实践队伍中重点培养一批有影响力、有示范引领作用的思想政治教育中青年骨干人才。另外还要通过聘请有较高理论素养的党委宣传部门、学工部门等领导干部参加智库研究，推荐智库核心人才到实际部门挂职锻炼等重点举措，推动智库人才交流。要完善这三个层面的队伍的力量协同机制，鼓励和引导广大实践工作者主持和参与重大理论和现实问题的攻关研究，强化理论研究队伍关注实践的自觉意识，坚持理论联系实际，坚持在实践中形成理论、运用理论、发展理论。

（四）坚持内外协同、整合资源，力促机制创新

建设新型智库必须从对内和对外两个方面着手。对内着力推动管理和组织形式创新，建好思政智库平台；对外深化协同创新，实现网络化互动、国际化交流。各级各类管理部门应从健全管理体制、完善政策配套支持、加强经费支持等方面提供有力保障。

在外部协同方面，要强化学校与地方政府、学校与学校、学校与思政研究会等的合作，建立强强联合、优势互补、深度融合的协作机制，改变封闭分散、各自为战的局面。在思政智库内部建设方面，一要理顺管理体制，制订智库章程，成立理事会，完善相关科研或学科发展平台的相关组织架构，保持智库的相对独立性，健全运行机制；二要完善评价体系，改进科研评价，建立以政府、企业、社会等用户为主的评价机制，改革科研绩效标准，完善绩效与考核、奖惩激励机制，实行目标管理与过程管理相结合，充分调动思政人员从事智库研究的积极性；三要办好智库平台，办好辅导员研修基地、青少年学生思想政治状况研究中心等平台；支持办好党建、思想政治教育类杂志，支持相关研究会、思政工作研究中心等开展工作；四要加强国际协同，提升网络思政教育能力。通过鼓励对外开展合作研究、支持举办高层智库论坛等，加强中外高校学生事务交流平台的建设。建立图书资料库和专门的情报信息网，构建高校网络建设与管理工作新格局，推动网络思想政治教育创新发展。

第五章　调研：浙江智库建设的区域样本

浙江是中国经济社会发展最快的东部省份，高等教育、科技文化的发展也走在全国前列。近年来，浙江立足本省实际，围绕区域经济社会发展重大问题推进地方智库的建设，取得一些成效。但是与浙江省在全国的经济发展地位相比，浙江省的智库、学术、教育的发展还有很大的改进空间。

第一节　智库建设的浙江实践

2017年1月25日，美国宾夕法尼亚大学向全球发布《全球智库报告2016》。浙江师范大学非洲研究院入选“全球最佳区域研究中心”，国内仅浙江师范大学和清华大学两家。这是浙江省第一家列入《全球智库报告》的智库，标志着浙江高校智库建设取得新突破。

一、浙江高度重视高校智库建设

浙江省高度重视高校智库建设。浙江省第十三次党代会报告指出：以高度的文化自觉和文化自信，繁荣发展哲学社会科学，加快文化“走出去”步伐，推动文化大发展大繁荣，加快建设文化强省，为实现物质富裕精神富有的社会主义现代化浙江而奋斗。浙江省第十四次党代会报告指出，要“建设一批专业化高水平新型智库，提升决策咨询服务水平”，要“在提升文化软实力上更进一步、更快一步，努力建设文化浙江”；突出开放强省，增创国际竞争新优势。以“一带一路”统领新一轮对外开放，谋划实施一批最体现浙江资源禀赋、最契合国家战略使命的重大开放举措，加快城市国际化、企业国际化、人才国际化，努力成为参与“一带一路”建设的排头兵，不断增强统筹利用国际国内两个市场、两种资源的能力。时任省委书记夏宝龙说，全省上下要认真学习贯彻习近平总书记重要讲话精神，自觉肩负起“干在实处永无止境、走在前列要谋新篇”的新使命，努力把我省社科界建设成为高举中国特色社会主义伟大旗帜的理论阵地、回答改革发展重大现实问题的实践基地、集聚名师大家的智慧高地，建设成为具有重要影响力的新型智库。他指出，哲学社会科学是“耕耘思想”的事业。必须把马克思主义的立场、观点和方法贯穿到哲学社会科学工作中，不断提升哲学社会科学工作的生命力、战斗力和感召力。增强政治意识、政权意识、阵地意识；坚持理论与实际相结合，坚持为人民服务、为社会主义服务，围绕中心、主动作为，以重大现实问题为主攻方向，做到立足浙江、研究浙江、服务浙江，奏响浙江思想理论研究宣传的最强音。他鼓励广大社科组织和工作者高度重视自身建设，不断登攀道德高峰和学术高峰，要求各级党委、政府把社科工作摆到更加重要位置，重视运用哲学社会科学研究成果，完善社科人才评价和激励机制，推动我省哲学社会科学事业再上新台阶。时任省长李强强调，浙江智库建设“要加大改革创新力度，加强与研究机构的合作互动，深化重大战略问题研究，努力打造一流新型智库，当好省委、省政府的参谋助手，不断提高我省决策科学化、民主化水平”。

二、浙江智库建设起步早、进展快

浙江省早已设立省委政策研究室等党政智库。其发展大致可分为四个阶段：改革开放前是智库萌芽期，浙江省政府参事室、中科院浙江分院哲学社会科学研究所等官方智库的雏形出现。改革开放后到20世纪80年代进入成长期，一批省直事业属性的研究机构相继成立，各级政府相继建立内部政策咨询机构，省市政府的经济等重要部门都建立起经济研究中心、决策咨询委员会等机构或组织，初步形成政策咨询体系。20世纪90年代后进入多元化发展期，研究领域向学术研究、政策分析、产业规划、企业咨询等多方面拓展，机构类型日趋多元，大致形成了国家事业单位法人研究机构、企业型研究机构、民办非企业单位法人型研究机构和高校下属型研究机构等。值得关注的是，伴随着高等教育大发展，这一阶段高等院校下属的（准）智库机构开始迅速发展起来。进入新世纪后迎来新的机遇期。一批颇具实力的高校智库型研究机构发展势头迅猛、作用显著；其他政策研究机构，包括省社会科学院、省委党校等研究机构，纷纷明确提出把智库建设作为努力方向，智库迎来了新的发展机遇期。①

近五年来，浙江积极探索中国特色新型智库建设的理论和实践，在智库数量增长、研究质量提升、研究成果转化、智库功能拓展等方面积累了丰富的经验和做法，取得了明显成效。

三、浙江智库网络体系较为完善

（一）党政智库强劲引领

浙江省委政研室、省政府参事室等智库立足浙江省的建设目标，着力研究事关全局和长远、事关浙江发展的战略重点问题，提出了具有前瞻性、战略性、针对性的思路和对策建议，深化探索具有中国特色、浙江特点、时代特征的科学发展之路，服务省委省政府决策的职能不断强化。省委政研室率先提出“打造党委核心智库”的目标，统筹研究实体专业市场与网络虚拟市场问题，积极研究传统实体专业市场的转型升级，重视研究现代电子商务的健康发展，提出推动实体专业市场与虚拟专业市场互动发展、融合提升的对策建议，不断巩固传统实体专业市场的竞争优势，把浙江省建设成为国际电子商务中心，促进了服务经济发展取得战略性突破。中央提出“四个全面”战略布局后，浙江省委决定把浦江县作为全省协调推进“四个全面”战略布局试点县，浙江省委党校第一时间响应，在省级部门中率先与浦江县签订了全面战略合作协议，学校抽调骨干组成多个调研组，深入浦江“五水共治”“三改一拆”“转型升级”“基层社会治理”等实践一线，开展调查研究，围绕浦江实践撰写专著 1 部，调研报告 20 余篇，报送的决策报告中有 5 期得到了省委领导和省协调推进“四个全面”战略布局试点建设协调小组领导的批示肯定，为浦江发展和省委省政府决策提供了很好的参考。近几年，联合攻关、协同创新成为党政智库的新发展趋势，以政研部门为核心、各方面研究机构紧密协作的现代智库体系正在逐步

① 谢利根：《浙江特色新型智库建设的总体目标和发展定位》，http://news.eastday.com/eastday/13news/auto/news/china/u7ai4818165_K4.html, 2015-10-30.

形成。成立于 1991 年 4 月的浙江省人民政府咨询委员会，是浙江省委、省政府领导全省经济社会发展的参谋，是听取专家意见、吸纳民意的桥梁，是综合性、战略性和政策性的决策咨询服务平台，主要聘任大学和科研机构中具有较高知名度的学科带头人、专业研究人员以及长期在省级党政部门从事领导工作、经验丰富的人员。设立学术委员会和战略发展部、综合经济部、城镇化发展部、三农发展部、社会发展部五个专业部，对全省国民经济和社会发展战略、政策和重大问题、中长期规划、涉及全省经济和社会发展的难点和热点问题进行咨询研究。近五年，各党政智库坚持科学、客观、公正的工作原则，从国家和区域整体利益出发，深入调查研究，积极发挥群体智慧，为省委、省政府提供了大量切实可行、操作性强的决策咨询建议意见，为我省科学发展和经济社会发展继续走在前列提供了强有力的智力支持。

（二）高校智库蓬勃发展

高校智库是中国特色新型智库的重要组成部分。浙江省教育厅相关负责人表示到 2020 年，要在全省建设 30 个左右新型高校智库，形成定位明晰、特色鲜明、布局合理、彰显浙江特色的省内高校系统新型智库体系，不断提升浙江高校在全省、全国乃至全球的话语权和影响力。2016 年，浙江省教育厅启动新型高校智库申报认定工作，全省 44 家智库（不含省级 2011 协同创新中心）踊跃申报。最终，浙江大学创新管理与持续竞争力研究中心等 15 家高校智库入围（见表 5–1）。

表 5-1　2016 年度浙江省新型高校智库名单

序号	牵头高校	智库名称
1	浙江大学	创新管理与持续竞争力研究中心
2	浙江大学	国科教战略研究院
3	浙江大学	土地与国家发展研究院
4	中国美术学院	文化创新与视觉传播研究院
5	浙江工业大学	民营企业开放创新研究中心
6	浙江工业大学	浙江省舆情研究中心
7	浙江师范大学	教育改革与发展研究院
8	宁波大学	中国非公有制经济人士研究基地
9	宁波大学	东海研究院

（续表）

序号	牵头高校	智库名称
10	浙江理工大学	浙江省绿色发展研究中心
11	杭州电子科技大学	浙江省信息化发展研究中心
12	浙江工商大学	浙商研究院
13	浙江农林大学	浙江“三农”发展智库
14	浙江财经大学	地方财政研究院
15	杭州师范大学	浙江省教育现代化研究与评价中心

资料来源：http://www.zjedu.gov.cn/news/149247883211981946.htm.

2016 年，浙江省教育厅对全省 29 家高校智库建设的总体状态作了调研，内容涉及进展、数量、质量、人员、组织、管理、服务、宣传合作和影响力等方面。结果显示，浙江省高校智库建设基础扎实、学科优势明显、成果丰硕；智库国际化、特色化、网络化发展趋势明显，但也存在问题与短板。大部分调研对象对高校智库的未来充满信心。

2011 年，浙江省哲社重点研究基地——浙江师范大学非洲研究院设立的“中非智库论坛”在杭州市举办了首届会议。2012 年，该论坛被纳入“中非合作论坛”机制框架。2013 年，浙江师范大学非洲研究院成为外交部“中非智库 10+10 合作伙伴计划”成员，2016 年成为中联部金砖国家智库合作中方理事单位。浙江师范大学非洲研究院被誉为“国家用得上、部委信得过、建议用得上”的对非事务高校智库、涉非研究学术重镇和涉非人才培养的重要基地。

2015 年 5 月，浙江工业大学全球智库研究中心揭牌成立，集研究、评估和咨询三大职能于一体，探索中国大学智库研究、中国智库研究、全球智库研究的“三步走”战略，致力于每一年度“搭建一个研究平台，建设一支研究队伍，完成一份年度报告，发布一个智库排行榜，出版一份学术刊物，开设一个网站，举办一个智库论坛，建立一个智库数据库，出版一批译著，形成一系列研究成果”。浙江工业大学主编的《浙江工业大学智库集成（2012—2014）》，收录了该校近年来在智库工作方面的代表性成果。

浙江大学坚持“顶天立地”和“高水平、强辐射”理念，通过“建设基础平台，推进研究方法转型；构建智库网络，培育决策机构成长；突出智库地位，调动智库建设积极性；回应国家需求，提升决策咨询影响力”等路径，积极推进智库建设，在人文社科研究范式转变、方法转型、成果转化等方面实现重大突破。浙江大学近年承担决策咨询类项目500余项，100多项咨询报告获得省部级以上领导人批示；“新农村建设”“公共服务均等化”“教育扶贫”等成果相继被各级政府采纳并直接转化为政府决策，造福民众。

2016年，浙江大学和浙江师范大学双双入围“中国智库索引”和智库国际影响力排行榜，充分展示了浙江高校智库建设的水平和实力。

（三）社会智库和地方智库势头强劲

中央全面深化改革领导小组会议突出强调“要坚持用党的理论和路线方针政策引领社会智库建设”。浙江省社会科学界联合会、浙江社科院走在社会智库建设前列。

2016年11月7日，浙江省社会科学界联合会与杭州国际城市学研究中心联合举办了浙江省新型智库建设论坛“中国新型智库的崛起及对浙江的启示”。省社会科学界联合会副主席邵清分析了浙江智库在实践中积累的三大发展优势：一是浙江历史文化积淀深厚，特别是改革开放30多年来浙江的干部群众勇于探索、勇于创新、勇立潮头，使浙江民资、民智都很活跃，经济社会发展走在了全国前列；二是“八八战略”“美丽乡村”“平安浙江”“法治浙江”等的建设，“腾笼换鸟、凤凰涅槃”“绿水青山就是金山银山”等重要论断的提出与实践，极大地增强了浙江为国家提供“浙江体会”“浙江方案”的自觉和信心；三是浙江哲学社会科学界的共同努力使全省研究基础和实力不断提升，省哲社重点研究基地等智库型的研究团队和研究机制已初步形成。

浙江省城市治理研究中心作为地方智库较早提出了建设“立足杭州、服务浙江、面向全国”的城市学专业智库定位，将学派建设与智库服务相结合，建立了研究会、基金会等社会组织，补充新型智库建设所需的人才资源（兼职专家、学会会员）和资金来源，搭建“事业单位实体＋理事会＋研究会＋基金会”的组织架构，围绕推进城市治理理论研究中心、决策咨询中心、学术交流中心、人才培养中心开展工作，他们在创新体制机制方面作的积极尝试，为地方传统智库转型提供了典型样本。

温州创设的民间智库“网络问政平台”入选省“十大公共管理创新案例”，积极打造具有温州特色的新型智库，助推温州“赶超发展、再创辉煌”。

浙江智库的快速发展，得益于顶层设计和战略规划，得益于基础扎实、重点突出，得益于意识领先、协同创新。未来的浙江智库，必将站在为民造福、促进人的全面发展的高度，切实加强以民生为重点的社会领域研究，为增进民生福祉出谋划策，为推进“四个全面”战略思想和战略布局在浙江的实践提供有力的思想保证、精神动力和智力支持。

第二节 浙江省高校智库建设的现状与特点

为全面了解浙江省高校智库建设现状，笔者设计了调查问卷，面向部分高校智库及科研人员进行了预测试，并根据预测试的反馈意见对问卷进行了修改完善，随后以浙江省高校为调查对象开展了大范围问卷调查和访谈。调研内容涉及高校智库建设的总体状态，包括进展、数量、质量、人员、组织、管理、服务、宣传合作和影响力等方面。调研对象涉及 29 所高校，既有“985”“211”重点大学，又有普通高校，包含财经、理工、农医、师范、艺术等专业类型的大学，还有高职院校；既有应用对策型科研机构，也有注重基础理论研究的科研机构；除了高校智库，还有官方智库、民间智库等。由于高校智库建设开始受到各方面关注和重视，支持力度加大，大部分调研对象对高校智库的未来发展充满信心。调研结果显示，浙江省高校智库建设有成就，也有短板。

一、高校智库建设基础扎实，优势明显

浙江省高校智库建设工作由省委宣传部主管，由省社会科学界联合会协助落实。全省高校智库建设的学科基础、人才基础、经费基础较为扎实。近五年，各高校和智库运用各类研究平台开展基础理论和应用对策研究，提升了研究能力和水平，取得了许多优秀成果。

全省仅 2014 年就获得项目 212 项，获得资助经费达 5600 多万元，创历史新高，目前稳居全国第一方阵。省社会科学界联合会围绕省委、省政府中心

工作，组织开展了“浙江经济社会领域各项综合改革现状跟踪与突破深化研究”“全面从严治党，提升执政能力的浙江思考研究”等30多项重大课题和专题研究，为省委、省政府重大决策提供理论参考。通过联合开展“社会重大舆情调研”“十三五浙江经济社会发展规划前期研究”“协商民主研究”等招标、委托课题研究，主动服务浙江省的改革发展实践。完成“浙江文化研究工程”第一期研究任务，共立项各类课题800多项，出版专著550余部，推出了一批在全国具有一定影响的高水平成果。各高校智库注重队伍建设，人才资源丰富，平均每个高校智库拥有约45名人员，其中大部分为兼职，专兼职比例为47∶63。在智库平台方面，几乎每个高校智库都拥有省级以上平台，如省级协同创新中心、省哲社重点研究基地，有的甚至是教育部重点研究基地、国家级协同创新中心等，还有部分智库与国家部委、省委、省政府联合成立研究机构，研究实力和智库核心竞争力较强。

二、高校智库在资政建言、社会服务、人才培养等方面成效显著

浙江省高校智库一般通过战略研究、政策建言，为全省经济社会发展提供决策咨询服务，促进地方经济发展。

调研发现，对所在的智库功能发挥的评价方面，受调查者对高校智库履行服务国家战略、服务地方经济发展和学校学科建设等功能的认同度分别达到74%、91%和91%。也就是说，被调查者普遍认为，浙江省高校智库在服务区域经济发展和高校学科特色发展方面表现突出，而在服务国家战略方面，除了浙江师范大学非洲研究院等个别智库表现较突出外，其他智库在这方面的功能体现不够明显。这与浙江是经济大省的省情有关，与浙江省的政治、经济、文化、社会各方面的发展基础密切相关，也与高校或智库本身的定位、优势学科、研究专长等紧密联系。

调研还发现，高校智库建设的过程不但有力促进了应用对策研究水平的提升，还产生了一系列智库反哺学科效应，体现在科学研究、学科建设、人才培养和国际交流等各方面，如浙江师范大学非洲研究院近年获得19项国家社科基金课题，建立了“非洲教育与社会发展”博士点，培养的涉非理论研究与实

践人才数以千计，获得省级教学成果一等奖，极大地促进了中非人文交流。

三、高校智库国际化、特色化趋势强劲，传播能力较强

当前，实施国际化战略、提升国际化水平、加快国际化发展，成为各国科研机构、高校和企业应对科技全球化挑战的共同选择。

浙江高校智库国际化的路径主要有三：一是国际协同，多数智库与国内外高校、科研机构、智库单位等建立了紧密型合作关系，并争取多方经费，为双方研究人员的访学进修、调研采访、学术交流等提供帮助。温州大学在海外设立了智库分支机构——普拉托温州人研究中心，同时与韩国中央大学电子贸易研究所、印度中国研究中心等国外机构建立了紧密的合作伙伴关系。宁波大学的“浙江省海洋文化与经济研究中心”与法国昂热大学、韩国独岛研究所联系紧密。浙江省城市治理研究中心与英国城市学会、法国国家科研中心和莱斯特大学等国外高校智库建立了交流与合作关系。二是举办国际会议或论坛。近年，浙江省高校智库平均每年举办国际论坛 1.5—2 场，平均规模达到 100 人以上，形成了中非智库论坛、全球生态文明论坛等品牌。每年参加国际论坛的学者近 100 人（次），极大地提升了智库的国际化水平。三是加强国际学术交流。近年浙江省智库接待来访的外国专家、学者和研究生日益增多。各家智库在“请进来”的同时，还积极实施“走出去”的发展战略，积极选派学生赴国外留学，资助研究生和导师赴国外开展调研、学术交流与合作研究，选派中青年学者赴国际组织机构任职、参与国际课题与项目、到国外智库发表专题演讲等，这些在一定程度上体现了高校智库开始在国际上扩大影响力与知名度。

在特色化发展方面，金华职业技术学院的成果奖励机制、温州大学的智库成员晋升机制和杭州电子科技大学的信息经济智库的人才培养保障机制颇有亮点。同时，浙江省高校智库传播路径总体上较为通畅。有 71.4% 的智库有专属网页，57.1% 的智库有自办的学术刊物和简报（有的称成果要报、信息动态等），这些平台对于智库成果的传播具有重要的作用。但只有 28.6% 的智库开通了微信公众号，在云传播的信息时代，浙江省高校智库的信息化程度和水平明显不足。

此外，被调查者认为，影响高校智库发展的因素有很多，按重要性排列

依次是：体制机制、队伍建设、经费投入以及学科带头人等。被调查者认为当前智库发展面临的最大困难或问题是：传统制度不适应智库建设，高校传统科研机构向智库转型困难，智库规模小、评价机制和激励机制不合理以及重视不够、经费不足等。

第三节　加强浙江省高校智库建设的思考与建议

作为中国特色新型智库的重要组成部分，高校智库有其独特的发展历史、理念内涵、特色特质、优势功能。针对存在的问题，高校智库应明晰认识，精准定位；选择适合自己的发展路径、重点领域、组织结构及其评价标准等，充分发挥高校在基础理论研究方面的雄厚积累，着重开展中长期的、战略性的研究，提供更具整体性与宏观性的有关国家发展战略与治理理念的思想成果与理论方案，提升核心能力。智库所在高校应着力构建学科、平台、人才、制度等方面协同创新的实践体系，为中国改革发展提供强大的智力支持。

一、社会各界与高校智库应统一认识，明确分工

社会各界要明晰对高校智库的认识。当前，社会各界对高校智库建设普遍重视不够、认识不清、研究不够。笔者以为，高校可以建智库，也应该建智库。与从属于政府部门、更多考虑政府需求的官方智库或自立于民间而更多靠市场运作的民间智库相比，高校建智库有相当明显独特的优势，因此应予以高度重视。浙江省应加强高校智库建设的顶层设计和长远规划，建立领导小组，由省委政研室、省人大研究室、省政府研究室、省政协研究室、省委宣传部、省科技厅、省教育厅、省政府参事室、省社科联、省科协分管领导作为领导小组成员。

高校智库要根据自身基础、条件、优势和专长、明晰研究方向，聚焦重大理论问题和现实问题，充分利用高校基础理论研究的深厚积累，开展有针对性的应用对策研究。高校智库要注意处理好四对关系：高校与智库、问题导向与学科导向、基础理论研究与应用对策研究、地方研究和国家研究的关系。浙江高校智库要立足和扎根浙江政治经济社会发展实践，发挥浙江地方特色和地域

优势，连接浙江发展战略和国家发展战略，提升核心竞争力。同时，要将浙江经济社会发展遇到的难点、问题置于全国大局加以考察和研究，将浙江经验提升为全国性经验，为浙江发声，掌握话语权，扩大浙江影响力；有条件的智库机构直接为国家发展服务。①

二、学科创新是基础，要完善课程体系、人才培养体系

高校服务于中国特色新型智库建设，也是激励自身实现教育与学术双转型的过程。高校在中国特色新型智库发展所需要的人才培养和队伍建设上，应发挥引领作用，加强对复合型、综合型的区域国别研究人才培养，提升培养质量。比如“一带一路”研究，就需要高校智库综合利用法学、哲学、经济学、历史人文及信息管理等学科资源，依托海洋研究院等机构，通过整合优势学科资源，打造服务于“一带一路”建设的高端智库，并借参与“一带一路”研究，促进学科建设特别是交叉学科的发展。高校智库在学科与课程设置方面，应针对时代所需、国家所需、地方所需，进一步明确课程目标，拓展课程内容，组织课程实施，完善课程评价。智库依托的学科既有传统学科，也有新兴学科和交叉学科，“要突出优势、拓展领域、补齐短板、完善体系”，“加快完善对哲学社会科学具有支撑作用的学科”，“注重发展优势重点学科”，“加快发展具有重要现实意义的新兴学科和交叉学科”，做到“基础学科健全扎实、重点学科优势突出、新兴学科和交叉学科创新发展、冷门学科代有传承、基础研究和应用研究相辅相成、学术研究和成果应用相互促进”。②

三、能力创新是关键，要提升高校智库研究能力、加强成果转化

浙江高校智库要加强顶层设计，立足优势领域，加强资源整合，重点建设若干有影响力的高端智库。明确要求高端智库根据国家战略需求“出思想、出

① 谢利根：《浙江特色新型智库建设的总体目标和发展定位》，http://ldhn.rednet.cn/c/2015/10/30/3826653.html.

② 习近平：《在哲学社会科学工作座谈会上的讲话》，http://politics.people.com.cn/n1/2016/0518/c1024-28361421-2.html.

理论、出对策”，不仅要“急国家之所急”“想国家之所想”，而且要“想国家之未想”，建成政治可靠、特色鲜明、专业水平高、服务国家战略需求并具有较大国际影响力的高端智库。

研究成果的质量是智库生存发展的根本。提高研究成果质量应把握六个重要方面：一是把握方向性。主动服务党和国家工作大局，在大局下思考、谋划、行动，这样拿出的成果才可能是建设性的、实用的。二是富有前瞻性。站高望远，顺应时代进步潮流，把握国内外发展大势，正确把握和运用发展规律，敢于出主意、早出主意、出大主意，做到先见、先知、先谋。三是问题导向性。从实际问题出发，要善于观察和发现问题，特别是要重视倾向性、苗头性、潜在性问题的研究。四是材料真实性。深入调查研究，了解真实情况，掌握第一手材料，做到求真务实。既要调查，又要研究，善于分析，去伪存真，去粗取精。五是见解创新性。运用创新思维、辩证思维、底线思维独立思考，揭示问题的本质，提出创新性、可操作的方案或见解。六是注重特色性。各展其长，充分发挥自身优势。要找准各个智库的定位，最大限度地发挥自身优势和长处。每个智库都有自己的性质定位、专业领域、机构状况、队伍组成等方面特点。这就要从自己的实际情况出发，善于对自己智库研究的领域作全面研究、系统研究、跟踪研究、长期研究，不断拓宽研究的广度和深度，努力形成自己的特色和品牌。①

注重研究成果转化应用。智库研究成果要体现多样性和时效性，因此，可分批次、多形式、及时地提交有关研究成果。目前，大学智库研究成果上报决策机关的渠道不够畅通。各有关机构应当帮助解决这方面问题，最好搭建供需双方的“直通车”。相关省级部门要积极拓展成果应用渠道，或者直接向有关部门报送，或者举办论坛、召开研讨会等方式发布、推介研究成果，或者出版系列研究报告。要从各个智库实际情况出发，建立灵活有效、形式多样的研究成果转化体制机制。

① 魏礼群：《大学智库的使命担当》，载《光明日报》2016年2月24日，第16版。

四、机制创新是保障，要创立高校智库“学科特区”、健全制度体系

当前，高校智库还面临管理体制机制、评价与激励机制等障碍与困难。上级主管部门与高校应立足实际、打破陈规，探索建立“学科特区”“学术自贸区”。根据国家级新型高校智库和协同创新中心建设需要，致力于研究、改革和创新高校智库评价体系，理顺体制机制，强化智库建设支持力度。

首先，建立能适应和推进智库国际化发展的评价与奖励制度，畅通智库咨政建议的报送渠道，加大对咨询报告、政策建议等的奖励力度，提升奖励等级，在职称评定、科研考核中增加对智库成果的认可和激励。如认可国家部委司级课题等同教育部一般项目，认同咨询报告、媒体报道、参考资料等形式的劳动成果。

其次，建立与国际化、智库建设目标相适应的学术竞争机制与考核机制，督促智库多出成果、出好成果。支持智库学者开展国际交流，鼓励学者在国际期刊发表成果，在国际论坛上发出“中国好声音”。

再次，建立相对灵活的人事制度，为引进高质量智库人才，应突破常规体制，用好“旋转门”机制，加强智库专门人才培养，建立人才梯队和招聘信息网络，强化智库管理和运营人员培养。

最后，加大投入，完善财务制度。应加大对高校智库的投入，加强宏观管理。为鼓励智库人员开展国际交流、进行田野调查，上级主管部门和高校在管理体制和机制方面应给予一定政策倾斜。

建设高校智库不仅需要智库自身大力提高素质和研究水平，更需要主管部门、决策部门自觉重视智库研究在决策程序中的不可或缺的地位。只有各方协同努力，才能形成高校智库建设的理论和实践体系，指导和推动高校智库又好又快地发展。

第六章　评价：建立高校智库建设的科学导向

2017年6月，浙江工业大学全球智库研究中心发布了基于百度检索指数分析的中国高校智库网络活跃度与影响力研究报告。根据此项研究，浙江师范大学非洲研究院的网络活跃度与影响力在中国高校中位居前30名，而且在排名前100名高校智库中是五所非“985”、非“211”高校智库之一。[①]这是目前在探索的高校智库评价方式之一。事实上，智库评价体系建设事关中国特色新型智库发展大局。一个科学合理的评价体系能激励智库做好本职工作，为党和政府决策提供高质量、高水平的咨询服务。通过评价体系可以加强智库认同感、激励智库自觉性和提高智库认可度，可以起到应有的规范、引导和激励中国智库行业健康发展的作用，实现智库建设与智库评价的良性互动，推动中国智库向更高水平发展。[②]

第一节　国内外主要智库评价标准

目前，中国智库评价“已经形成多家竞争的新格局”，[③]呈现多元发展态势。各家智库评价报告从不同的角度、采用不同的评价标准和客观指标，对智库进行评价排名。概括起来，主要有五大评价体系受到较多关注，其中针对全球智

① 陈国营等：《中国高校智库网络活跃度与影响力研究：基于百度检索指数分析》，载《智库理论与实践》2017年第2期，第15—23页。

② 王文、李振：《中国智库评价体系的现状与展望》，载《智库理论与实践》2016年第4期，第20—24页。

③ 唐果媛：《中美三份智库评价报告的比较分析》，载《智库理论与实践》2016年第4期，第88—96页。

库和针对中国智库各有两个代表性评价体系。国际上对智库影响力评价体系的设定可大致分为两大派系。一派是以唐纳德·阿贝尔森为代表的客观评价法，主张采用媒体引用率和出席国会听证会的次数等核心指标对智库的影响力加以评判；另一派是以美国宾夕法尼亚大学的麦甘及其主持的《全球智库报告》为代表，主要基于主观评价法，通过电子网络收集智库提名、形成排名。南京大学中国智库研究与评价中心和光明日报智库研究与发布中心联合课题组研发的《CTTI 来源智库 MAPA 测评报告》收集的中国高校智库信息数据最丰富，评价体系较为科学、全面。国内发布全球智库评价的还有中国社会科学院。针对中国智库的评价体系主要有上海社科院的《中国智库报告》和零点公司以及四川社科院的智库影响力报告。

一、针对全球智库的评价

（一）美国宾夕法尼亚大学《全球智库报告》

美国宾夕法尼亚大学智库研究项目（TTCSP）编写的《全球智库报告》，自 2007 年至今已连续发布十年，目前是较为权威的智库评价报告。

表 6-1 《全球智库报告》的智库评价指标体系

评价方面	具体特征
资源指标	吸引与保留领先学者和分析家的能力 财务支持水平、质量和稳定性 与政策制定者和其他政策精英的关系 人员从事严谨研究、提供及时和精准分析的能力 机构的筹资能力 网络的质量和可靠性 在政策学术界的重点联系及其与媒体的关系
效用指标	在该国媒体和政治精英中的声誉 媒体曝光率、被引用数量和质量 网站点击率 提交给立法和行政机构的专家证词的数量和质量 政府部门的简报 政府任命 书籍的销售量

（续表）

评价方面	具体特征
	研究报告的传播情况 在学术刊物与大众出版物上的被引用情况 举办会议的参加情况 组织的研讨会
产出指标	政策建议与创新理念的数量与质量 出版物（包括图书、期刊文章、政策简报等）的状况 新闻访谈情况 会议和研讨会的组织情况 所属人员被任命为顾问或到政府部门任职的情况
影响力指标	政策建议被决策者和社会组织采纳的情况 网络的聚焦状况 在政党、竞选人、过渡团队中起到的咨询作用 获得的荣誉 在学术期刊、公共证词和媒体关注的政策辩论会上的成果 列表和网站的优势 挑战传统智慧的成功 在政府运行和民选官员中的作用

资料来源：[美]詹姆斯·G. 麦甘：《2013 年全球智库报告》，上海社会科学院出版社 2014 年版。

《全球智库报告》在得到多方肯定的同时，也受到诟病和质疑。荆林波等学者认为该报告主要存在六大问题：一是评价方法欠缺客观性，有待进一步完善。“主观整体印象评价法”优点是简便易行，可以快速地对大量客观主体进行评价，但缺点也十分明显，如主观导向的影响过大，评价者所处的地域、所研究的领域、所持有的观点都会对全球智库的评价产生不同程度的影响，并影响到其结果的准确性。二是研究力量有待充实。项目组的数据收集、研究和分析，不是借助实地调研或由专业人员进行，而是依靠宾夕法尼亚大学和费城地区其他高校的实习学生进行的，大部分人本身没有经过严格的学术训练，对于智库的理解也比较粗浅，有的学生只把该项目作为暑期实习以获得经历，调研质量堪忧。三是专家遴选机制有待规范化与透明化。麦甘通过在互联网平台上公开民主推荐国际咨询委员会（IAC）和专家小组（EP 成员）的方式，吸收来自各地区和各研究领域的专家小组成员、跨领域的记者与学者、现任和前任智库负责人、智库的捐助人、社会民众的代表以及其他智库相关人员等组成了专家小组。然而，麦甘并没有给出专家小组成员的专业领域、地区所属、职务职称等具体分布情况，专家构成直接影响到调查样本对该地区智库的认知熟悉程度。四是报告存在较多漏洞，难以令人信服，有许多值得商榷的地方。五是工作态度不够严谨，如 2010 年该项目组在短短十天之内（分别在 1 月 21 日、25 日和 31 日）公开发布了三个不同版本的报告。智利某智库在第一个版本中被排在拉丁美洲和加勒比海地区的第一名，但在另两个版本中这一机构没有出现在前 40 名。还出现了一个机构在同一表格中被排出两个不同名次的错误。《2014 年全球智库报告》中，“世界顶级智库（含美国）”150 强榜单中，排在第 48 名和第 99 名的智库都是中国“国务院发展研究中心”。六是该报告尚未取得全球范围的普遍认可，其新闻通报的宣传内容存在不实之处。因此，建议对此类研究报告必须慎重对待、严加甄别，不可过高评估其价值。[①]

（二）全球智库综合评价 AMI 指标体系

2015 年 11 月，中国社会科学院中国社会科学评价中心发布《全球智库评价报告》，这是首次由中国研究机构对全球智库发展情况做出评价排名。为了体现排名的客观公正，该报告未把中国社会科学院纳入评价之中。该报告从吸引力、管理力和影响力三个方面，对 359 家最具影响力的全球智库开展评价，根据最终总分评出全球前 100 名智库。该指标体系把定性评价与定量分析放在了同等重要的位置，重视专家评议和第三方评估的作用。

全球智库综合评价指标体系主要从吸引力、管理力和影响力三个方面对全球智库进行评价。吸引力（attractive power）指全球智库的外部环境，良好的外部环境能够吸引更多的资源，提升评价客体的吸引力；管理力（management power）指全球智库的管理者管理评价客体的能力和促进评价客体发展的能力；影响力（impact power）指全球智库的直接表现，是吸引力和管理力水平的最终体现。综合评价指标体系由五级指标构成，总分值为 355 分，三个一级指标

① 荆林波等：《全球智库评价报告》，中国社会科学出版社 2016 年版。

吸引力、管理力和影响力的分值分别为 105 分、70 分和 180 分。[①]

二、针对中国智库的评价

（一）上海社会科学院《中国智库报告》

上海社会科学院开创了我国智库评价的先河，2014 年 1 月在国内最早推出了有关智库评价的报告，明确提出具有中国特色的以影响力为核心的指标体系，成为中国智库评价多元化的起点。此后连续三年发布的《中国智库报告》，主要采用以调查问卷为主的主观排序法，以专家评议作为辅助，并参考一些客观指标，从综合影响力、分项影响力、系统影响力和专业影响力四个方面对中国智库进行评价。

上海社会科学院把中国智库分为党政军智库、社会科学院智库、高校智库和民间智库四大类，并对比分析其性质、组织形态、经费来源和研究方向。

上海社会科学院智库研究中心认为，智库影响力是其决策影响力、学术影响力、媒体影响力、公众影响力和国际影响力的综合体现，加上智库影响力实现的一整套渠道和机制，即智库的成长与营销能力等，共同构成中国智库影响力的评价标准。

表 6-2　上海社会科学院中国智库影响力评价标准

评价方面	具体特征
决策影响力	智库研究成果荣获各级领导批示 智库专家参与决策咨询或给决策者授课的次数及层次 智库专家在政府部门的任职比例以及智库人员在政府部门的任职比例（“旋转门”机制）
学术影响力	智库人员在国内外核心期刊发表、被转载的论文数量 智库人员应邀参加国内外学术会议的数量及层次 公开出版学术专著、会议论文集和连续型研究报告等
媒体影响力	智库对媒体舆论的引导能力 智库专家接受媒体采访、报道或在媒体上发表成果的频率 智库网站建设，包括智库专家拥有博客、微博等自媒体的数量

① 荆林波等：《全球智库评价报告》，中国社会科学出版社 2016 年版。

（续表）

评价方面	具体特征
公众影响力	智库对公众意识的引导能力 智库研究对社会弱势群体政策需求的关怀与行动效果
国际影响力	国际知名度、国际声誉 与国外同类机构合作交流的频率 对国际重大事件的持续关注与分析能力
智库成长与营销能力	智库成立时间与存续有较长的历史时期 智库的研究经费投入 留住顶级专家和精英学者的能力

资料来源：上海社会科学院智库研究中心：《2014 年中国智库报告——影响力排名与政策建议》，上海社会科学院出版社 2015 年版。

上海社会科学院的《中国智库报告》中存在的不足主要有：一是对智库的界定有待进一步明确，对高校智库的遴选，在综合影响力和系统影响力的评选时，以所在大学为单位；在专业影响力评选时，以高校下属的二级学院和研究中心为单位。如何界定高校智库涉及智库数量和规模等问题，值得进一步探讨。[①] 二是评价方法有待完善。目前上海社会科学院采用的是“提名 + 评选 + 排名”的主观评价方法，应逐步改用“主观 + 客观”的评价方法。

（二）零点国际发展研究院与中国网发布的《2014 中国智库影响力报告》与《中华智库影响力报告 2015》

2015 年 1 月，零点国际发展研究院与中国网联合发布《2014 中国智库影响力报告》，形成中国首份以客观指标数据为主进行排名的智库评价体系。该体系仍采用影响力标准，分为专业影响力、政府影响力、社会影响力和国际影响力四类指标，并根据这四类客观指标结合主观指数得到最终智库分值及排名。从评价主体来看，由民间智库零点国际发展研究院和新媒体中国网开展合作研究，一方面，两大机构的民间特性会对民间智库投以更大的关注，另一方面，智库和媒体合作研究开启了崭新的运作模式。

① 上海社会科学院智库研究中心：《2013 年中国智库报告——影响力排名与政策建议》，上海社会科学院出版社 2014 年版，第 43 页。

2015 年 11 月，四川省社会科学院和中国科学院成都文献情报中心联合发布《中华智库影响力报告 2015》，在中国第一次将大数据理念引入智库评价。该报告在使用传统的主客观问卷调查方法的同时，利用互联网信息抓取技术，获取 276 家智库数据，从决策影响力、社会影响力、舆论影响力、专业影响力和国际影响力五个维度，进行分项评价、综合评价和分类评价。

三、针对中国高校智库的评价：CTTI

2015 年 4 月，南京大学中国智库研究与评价中心成立。该中心由江苏省委宣传部和南京大学共建，专门从事智库数据收集保存、智库机构评估、智库研究和研究生培养。南京大学中国智库研究与评价中心和光明日报智库研究与发布中心合作开发的“中国智库索引”（Chinese Think Tank Index，CTTI），致力于解决我国智库数据的收集、整理、鉴定、保存、检索和利用问题，既可作为智库统计平台，又可作为信息查询平台，为我国新型智库治理和利用提供有力的数据支撑。[①]

2016 年 7 月，光明日报智库研究与发布中心和南京大学智库网络影响力评价课题组共同发布了《中国智库网络影响力评价报告》，成为中国首份对智库网络影响力开展专项评价的报告。该报告首创智库网络影响力“RSC”雪球评价模型，用智库网络资源指标（resources）、智库网络传播能力指标（spread）和智库网络交流能力指标（communication）代表雪球在空间的三个维度。报告认为，在单维度或双维度“滚雪球”，智库网络影响力会呈现长条化或扁平化，影响力会受到限制；在三个维度同时“滚雪球”，智库网络影响力才会不断增强，并在此基础上评价智库网络影响力，丰富了智库评价的方法，率先开启了国内针对专项精准评价的探索。

中国智库索引来源智库名单（2017—2018）共收录党政部门智库 66 家、高校智库 254 家、社科院智库 46 家、党校行政学院智库 44 家、科研院所智库

① 李刚、王斯敏、关琳、丁炫凯：《“中国智库索引”（CTTI）研制报告》，载《光明日报》2016 年 9 月 28 日，第 16 版。

24 家、企业智库 2 家、社会智库 36 家、媒体智库 11 家。

"中国智库索引"认为，一般而言，一所大学从事战略研究和政策研究的院系和科研机构越多，它的智库能力就越强。不难发现，经济学院、政府管理学院、国际关系学院、法学院等特色院系实力比较强的大学在智库能力和智库影响力方面也相对越强。大学智库指数就是对大学的智库能力和智库影响力的描述和评价。

"中国智库索引"大学智库指数是把来源智库中直属于同一所大学的各个智库的综合测评分值进行求和，得出该大学的智库总值，定义该值为"Uts"。在计算过程中，将"Uts"的最大值标记为"maxUts"，以所有其他大学"Uts"平均值除以"maxUts"所得比值一定小于等于 1，将此比值乘以 100 所得到的就是该大学智库指数，即"indexUT"。[①]

在中国特色新型智库建设热潮带动下，国内其他机构也开始尝试进行智库评价，如浙江工业大学 2015 年成立全球智库评价中心，计划发布《中国大学智库发展报告 2016》。由于我国智库评价体系建设刚刚起步，尚不完善，在评价标准、方法和程序等方面存在较大分歧。

总体上讲，中国高校智库评价体系的科学性、客观性、权威性建立可能还需要时日。

四、高校智库评价的困境

有学者概括当前我国智库评价体系构建面临的问题有六个方面。

第一，智库评价机构这个主体尚缺乏一定的独立性和权威性。智库的评价和排名由谁来测定，这是保证评价公正、客观的关键，独立的第三方可以规避利益导向，应是比较好的选择，但也必须是对智库本身有研究的相关机构。目前我国尚缺乏具有独立性、权威性的智库评价机构，这可能是我国下一步智库建设要解决的问题。

---

① indexUT=Uts/maxUts × 100。李刚、王斯敏：《中国智库索引：助力新型智库共同体建设》，载《光明日报》2016 年 12 月 21 日，第 16 版。

第二，智库评价的客体内容缺乏统一、公开、标准化的信息渠道。按照国外智库评价分析框架，评价智库主要分为资源、效用、产出和影响力等四个方面。目前反映中国智库这些客体内容的信息渠道非常有限，如果说，资源、效用以及部分公开出版物等可以通过数据库建设的办法进行收集整理，但政策建议等内参数量和质量，以及被政府政策决策所采纳的情况等指标数据则不仅非常难以获取，而且目前尚缺乏科学规范的智库成果评价机制。

第三，智库评价标准、方法和指标体系的科学性尚待完善。评价标准是否客观公正、评价的方法手段是否科学规范、评价的程序是否公开透明、评价指标体系是否合理，是智库评价的核心问题。但因智库是生产思想产品的机构，本身是专业性很强、隐形因素影响较多的复杂工作，所以评价标准、方法和路径等需要进行深化研究。而且由于智库类别多、性质复杂，专业性、区域性、结构性等差异较大，有综合型与专业型、平台型与轨道型、媒体型和论坛型等。评价的标准、指标和方法以及相应的权重、样本等，不仅要体现统一性、系统性，也要反映其独特性。可见，构建中国特色新型智库的评价体系不可能一蹴而就，也不是一家机构能包打天下，还需要评价机构之间的分工合作和协同研究。①

第四，评价方式不够多元。很多评价体系把智库评价仅限于"第三方的外部被动参与评价"，一味编制各种名目的排行榜，这样实际上就是把智库评价工作狭隘化、单一化。如果把智库排行榜绝对化，那么这种排行榜就有可能变成某种话语暴力，影响中国特色新型智库的健康多元发展。②

第五，评价主体客体的参与度不够。智库作为提供战略研究和公共政策分析产品与服务的机构，既是评价工作的主体，也是各种社会评价的客体。上述评价体系中，大部分智库是被动参与的，评价主体并不需要事先得到智库授权或者同意。这种评价的常见形式是智库评价报告，各种排行榜是此类评价报告的最大看点。评价体系、指标、权重等是智库评价关注的热点。这种"外部被

① 杨亚琴：《构建中国特色新型智库评价体系》，载《文汇报》2016 年 1 月 28 日。
② 李刚：《建立智库全层次全要素评价体系》，载《决策探索》2017 年第 4 期，第 45—46 页。

动参与评价"是有价值的。尽管中国智库界对美国宾夕法尼亚大学的《全球智库报告》存在不同看法，有的明确指出其"不科学、不严谨、不规范"之处，但也有学者认为，其最大价值不仅在于提供了排名，更在于较早催生了中国新型智库的行业自觉。

第六，评价结果的社会认可度不高。无论是外部评价还是内部评价、被动参与评价还是主动参与评价，当前高校智库评价的结果受到的质疑大于认可。更有一些智库只接受对本智库给予好评的评价体系，对于未能上榜的评价办法不能客观、全面、理性地对待。

综上所述，中国智库评价还存在诸多问题和挑战，智库排名有待完善，但不能简单否定智库评价的作用。对于智库评价，应该保持谨慎的态度，明确智库的界定，看清各类评价体系的优点和局限性，确定智库影响力的衡量标准，并积极利用评价体系推动中国智库的良性发展。

第二节　构建中国高校智库评价体系

科学的智库评价能明确标准，是新型高校智库建设的"指挥棒"；能汇聚信息，是新型高校智库建设的"听诊器"；能改进效能，是新型高校智库建设的"过滤网"。构建智库评价的中国版本时，智库评价首先要按照国际标准和中央有关智库建设的指导意见，把评价的类别和对象界定清楚。只有评价类别和对象明确了，从强调智库的决策咨询功能定位（辅助国家决策、促进社会发展、引导媒体舆论、传播公共知识、提升中国国际地位等）出发，从强调智库的共性和独特性的角色出发，设定的评价指标才能更有针对性。特别要避免把高校及科研单位的科研考核指标体系简单拷贝过来用于评价智库，也不能用具体制定执行政策的标准来评价智库。同时，以主观评价法为主，辅之以客观评价方法，这不仅需要在方法论上加以创新，还应立足中国特色新型智库的发展实际，构建一套符合中国特色新型智库发展要求和内在规律的评价体系与标准，引导中国智库健康有序地发展。

一、可借鉴的智库评价理论及方法

南京大学智库评价中心首席专家李刚认为，评价本质上是评价主体和评价客体之间沟通对话的持续性互动过程，其目的是促进智库共同体内部的会话与沟通，从而促进共同体内部的思想创新、知识创新、话语创新、政策创新、管理创新。智库评价应深刻把握智库共同体运行的内在规律，把纵向“三位一体”评价和横向“六要素联动”评价相结合，把基于数据、证据的定量评价和专家经验判断的定性评价相结合，形成智库的全层次全要素评价体系，推动中国特色新型智库迈向内涵式发展新范式。“六要素联动”的内部评价体系包括智库人才评价、产出评价、项目管理评价、财务评价、研究咨询评价、传播沟通评价。

李刚认为德国智库评价方法值得借鉴。莱布尼茨协会是德国各专业领域研究机构（智库）的联合协会，拥有法律所赋予的对全国研究机构和智库尤其是国家级和州级研究机构进行评价的权力。作为德国著名的科研评价机构，莱布尼茨协会制定了完善的评估标准和体系以及科学的评估流程和原则，组织专业力量对智库进行评价。[①] 李刚建议成立“中国智库研究会”，规划、协调全国的智库学研究，逐渐建立我国智库学的学科体系、学术体系、话语体系和知识体系。

上海社会科学院运用“社会结构”范式建构中国智库影响力的评价框架也值得关注。该模型建立了四个维度的评价框架。首先是智库的政策影响力，体现为智库介入公共政策过程的深度和广度。其次是智库的学术影响力，体现为智库传播和使用公共知识的能力。再次是智库的社会影响力，体现为智库引导媒体和公众舆论的能力。最后是智库的国际影响力，体现为智库在国际社会能否拥有足够的话语权。[②]

① 李刚：《建立智库全层次全要素评价体系》，载《决策探索》2017 年第 4 期，第 45—46 页。
② 杨亚琴：《构建中国特色新型智库评价体系》，载《文汇报》2016 年 1 月 28 日。

二、构建中国高校智库评价体系框架的尝试

为加快中国特色新型智库建设，首先应构建一整套完备的评价体系和科学标准。面对高校智库评价近乎空白的建设现状，如何构建具有中国特色新型高校智库的科学评价体系，是当前我国高校智库建设的一个重要内容。

（一）高校智库影响力是一种文化软实力

高校智库影响力与其他类型智库影响力一样，本质上是一种文化软实力，但高校智库所处的环境及其运行机制、特别是高校智库的文化环境及内外部文化要素之间的作用机制，与一般智库有非常大的区别。高校智库文化环境及内外部文化要素相互作用，形成高校智库文化这样一种独特现象。对高校智库影响力评价的科学性、公正性，取决于人们对高校智库文化特性的认知。高校智库文化是一国或一地区政治文化、学术文化、专业服务文化与物质依存性文化相互融合于决策咨询与专业服务活动的产物。高校智库文化是一种集政治性、学术性、专业服务性和物质依存性为一体的复合型文化。

（二）高校智库评价的原则

在新型高校智库评价体系的构建过程中需要把握一些原则：在评价标准上，注重结果评价和系统评价相结合；在评价内容上，注重投入评价与产出评价相结合；在评价对象上，注重机构评价与项目评价相结合；在评价主体上，注重同行评价与社会评价相结合；在评价方法上，定量评价与定性评价相结合。

（三）高校智库影响力评价概念模型①

高校智库文化软实力也就是其影响力，可以从四个测度计量。

1. 高校智库物质依存性影响力

高校智库物质依存性影响力指直接依赖于高校智库文化的硬件设施和物化条件的对外影响力。指标内涵和数据采集方法包括：（1）藏书。藏书是高校知识传递与再生产的物质基础，智库藏书具有专门性、前沿性和咨询服务性

① 鲍嵘、刘宁宁：《高校智库影响力评测体系初探》，载《非洲研究》2016 年第 1 期。浙江省 2011 协同创新中心“非洲研究与中非合作协同创新中心”资助项目成果（项目编号：14FZZX18YB ）。

的特点，其数量与质量不仅决定了高校智库工作条件好坏，而且是智库文化建设的重要内容。具体数据采集自藏书、数据库和电子资源及相关信息服务等方面。（2）专门博物馆。并非所有高校智库都设有专门博物馆，也并非所有的高校博物馆都有智库背景，不过毫无疑问，设有专门博物馆的高校智库在其影响力的拓展方面获得了强有力的物质支撑，专门博物馆之于高校智库的作用如虎添翼。具体数据采集包括博物馆藏品的数量、质量和博物馆访客数量。（3）宣传平台。数据采集自智库网站点击量、新媒体和传统媒介向关键读者传递信息量。

2. 高校智库政治性影响力

高校智库的政治性影响力反映高校智库在参与型政治文化背景下，对社会政治态度、信念、情绪和价值等方面的影响力，特别是以政策建言方式反映出来的影响力，皆属于微观政治权力。指标内涵和数据采集方法包括：（1）决策影响力。数据采集自政策咨询报告得到领导批示频次、智库为政府决策层授课次数和层次、获得政策研究委托项目数。（2）国际影响力。反映高校智库对国际重大事件持续关注与分析的能力、主导国际舆论的能力，数据采集自智库举办国际会议频次、在国际机构中任职人数、与国际同类型机构合作交流频次与质量。（3）政学互动能力。数据采集自高校智库与政府官员互动接触频次、具备政府任职经历人员数量等。（4）第三方影响力。反映智库作为第三方机构对政府政策进行评估和介入公共治理的能力。

3. 高校智库学术性影响力

高校智库学术性影响力的指标内涵和数据采集方法包括：（1）学科体系的构建能力。主要反映多学科参与情况和跨学科统整能力，这是高校智库进行知识创新的基础。（2）智库中顶级专家和学者数量及其个人影响力。数据采集自对专家学者学历、职称、政学经历以及社会网络活跃程度的量化。（3）学术产出。包括学术论文、学术专著和特殊性研究报告的数量、质量以及课题承担数量和层次。（4）人才培养。高校智库的人才培养包括硕士研究生、博士研究生的培养数量及培养质量。

4. 高校智库专业服务性影响力

高校智库的专业服务性影响力的指标内涵和数据采集方法包括：（1）智库产品促进国民生活质量（包括公民享受到的环境、政治权益等）重大改变的量化、对舆论的引导能力的量化。（2）产学结合情况的量化，包括高校智库与企业建立人才培养合作机制、为企业社区和民间组织提供情报信息等。（3）为教育系统提供服务或者为校内各部门之间的互动及相互支持提供服务。

根据高校智库的文化特质、文化软实力指标体系的制定原则以及当前研究现状，笔者初步设计了高校智库影响力评价指标体系。该指标体系以高校智库物质依存性影响力、高校智库政治性影响力、高校智库学术性影响力、高校智库专业服务性影响力为一级指标，以媒介传播文化软实力、第三方影响力等为二级指标；二级指标和三级指标的选取以能够反映上一级指标为原则，采用经验方法获得。在此基础上约请五位分别在政治学、经济学、高校行政管理等领域卓有建树和有智库经验的专家进行了两轮咨询，最终获得一个指标体系（见表 6–3）。

表 6-3 高校智库影响力指标体系结构

一级	二级	三级	内容说明
物质依存性影响力	藏书文化	书　籍	图书、报刊的数量
		网络资源	数据库、电子资源
	博物馆文化	馆藏品	博物馆藏品的数量、质量
		博物馆访客	博物馆访客的数量、层次
	媒介传播文化	智库网站	智库网站维护
		媒体报道	利用新媒体、传统媒介向关键读者传播的能力
政治性影响力	决策影响力	领导信任力	领导批示或指示或为决策层授课的次数、层次
		政策咨询力	为政府决策提供咨询的能力
		成果应用力	成果进入政府机构 / 部门简报 / 立法参与
	国际影响力	国际关注度	对国际重大事件持续关注与分析能力
		国际知名度	主办国际会议、在国际机构任职的经历
		国际交流	与国际同类型机构合作交流的频次、质量
	政学互动能力	参政机会	与政府官员互动接触的次数及层次
		政治背景	在政府部门的任职经历
	第三方影响力	评估能力	对政府政策进行评估的能力
		治理能力	作为第三方机构介入公共治理

（续表）

一级	二级	三级	内容说明
学术性影响力	学科体系构建能力	学科数量	多学科参与
		学科构建	跨学科统整能力
	顶级专家与精英学者	专家背景	学历、职称、政学转换
		学者的参与度	社会网络的活跃程度
	学术产出	智力产品	学术论文、学术专著和研究报告的数量和质量
		政府课题	课题承担数量、层次
	人才培养	硕士生的培养	硕士研究生数量及培养质量
		博士生的培养	博士研究生数量及培养质量
专业服务性影响力	社会影响	居民生活	智库产品促进国民生活质量（包括公民享受到的环境、政治权益等的）重大改变
		舆论影响	舆论引导能力
	产学结合	与企业合作培养人才	与企业建立人才培养合作机制
		为企业提供信息服务	为企业社区和民间组织提供情报信息
	为本校或教育系统服务	为教育系统服务	为教育系统提供服务
		为本校部门互动服务	为部门之间的互动及合作提供支持

以上高校智库评价体系的特点是：（1）评价模型以自创生系统论为理论基础，把高校智库看作一国文化软实力的重要组成部分，而且是一个具有自创生能力、能动而独立的系统，因而是在较为全面反映它的运行机理的前提下对其影响力予以评价；（2）绝大部分指标力求量化，从而避免过分主观评价所造成的弊端；（3）全面反映高校智库的性质与使命，对高校智库实务运作可以起到引领作用；（4）为数据采集及评价过程的公开透明提供帮助，为计量模型及指数获取奠定基础。

（四）高校智库影响力指数计量模型初构

综合对高校智库影响力本质的探讨及智库影响力（软实力）测度分析，以高校智库评价指标体系为基础，可以初步构建高校智库影响力指数概念模型与计量模型。

表 6-4　高校智库影响力指数概念模型

主要假设	
假设一	智库影响力是智库系统反映环境要素的结果
假设二	智库影响力与物质文化、学术文化、政治文化和专业服务文化相关
假设三	高校智库影响力总和为 100
假设四	存在一个标杆高校，它的智库影响力各项指标均为第一
假设五	标杆高校智库的各项文化指标的影响力指数为 100
假设六	标杆高校智库文化影响力指数是各项指标的影响指数的加权平均值，等于 100
假设七	文化影响力是相对的，可以通过与标杆高校智库的比较来衡量
主要推论	
模型一	某个高校智库文化影响力的单个指标的影响指数是它的数值与标杆高校数值相比的相对值
模型二	某个高校智库文化影响力指数是参与评价的文化指标的单个指数的加权平均值

由于四个测度均含有三级指标，因此，在计算时建立的评价模型是一致的，评价模型如下：

公式 1：$C_{ij}=100\times(T_j / T_{jb})$

公式 2：$C_{ib}=\sum C_j / n$

公式 3：$C_s=\sum(W_i\times C_b)/100$

公式中，C_{ij} 表示 j 号指标的影响指数；T_j 表示 j 号三级指标的实际值；T_{jb} 表示 j 号三级指标的标杆值；C_{ib} 表示二级 b 类指标的影响指标；n 表示 b 类指标的三级指标个数；C_s 表示一级指标影响力大小；CCI 为高校智库文化影响力指标；W_i 为二级指标的权重；W_s 为一级指标的权重。

公式 1 表示，当 i=1 时，表示物质依存性影响力对应的 j 号指标的影响指数；当 i=2 时，表示政治性影响力对应的 j 号指标的影响指数；当 i=3 时，表示学术性影响力对应的 j 号指标的影响指数；当 i=4 时，表示专业服务性影响力对应的 j 号指标的影响指数。

由公式 2 算出二级指标的影响指数，进而由公式 3 计算出一级指标影响指数，最终得出高校智库文化影响力指数：$CCI=\sum(W_s\times C_s)/100$。

这个高校智库的评价指标体系和影响力指数模型依据文化影响力评估方法和系统论原理建立，对于突破目前高校智库在一般性智库评价体系中被边缘化困境有一定帮助。但是，面临的困难也不小。首先是观念上，尽管智库影响力评估从进入 21 世纪的千禧年就开始逐渐风行，但人们对高校智库的独特性及其影响力科学评估体系的认识仍然在摸索之中，对于是否必要、是否可能走向计量分析人们还存在疑虑，有保留意见。其次是指标构权的技术问题，到目前为止，无论是主观构权法，还是客观构权法，抑或是综合构权法，都难以得到令所有人满意和信服的权重分配办法。具体到本研究，由于专家咨询范围较小，对于专家在指标赋权中的分歧拟合还无法获得具有统计学意义的结果。最后是相关数据的质量问题，高校信息的公开程度和完备程度影响到数据获取的质量。尽管如此，笔者仍然相信在大数据时代信息化、智慧化引领下，数据挖掘技术的应用和教育云服务平台的构建将会推动高校智库运营理念和管理体系产生深刻的变化，高校智库影响力评估不仅能得到更多的技术支持，而且其系统集成内涵将得到进一步拓展和丰富，从而更好地服务于高校智库发展。

第七章 案例：浙江师范大学非洲研究院

中华人民共和国成立后，中国为实现民族复兴大业，必须在国际上寻求合作伙伴，认知了解外部世界。作为支持新中国与非洲国家关系发展的战略举措，20 世纪 50 年代中后期，中国的非洲研究开始起步，并且在一开始就具有资政献策的某种“智库”功能。进入 21 世纪以来，随着中非合作关系全面快速发展，中国的非洲研究也进入快速发展时期，涌现了一批新兴学术机构。本章选取浙江师范大学非洲研究院作为典型案例，对当前中国高校智库建设的新趋势、新特点作深入分析。

第一节 推进中国的非洲研究战略智库建设的时代背景

一、中国的非洲研究智库建设历史进程

中国非洲研究的智库建设肇始于 20 世纪 50 年代中期，尽管当时在中国尚无智库的概念，但是中国最初建立的一批研究机构对非洲问题的动态研究或对策研究一开始便有明显的智库特征，扮演着智库的角色，发挥着智库的功能。根据国内学者张宏明的研究，中国非洲问题的智库研究大致经历了起步、徘徊与勃兴三个阶段，其历史沿革不仅反映了中国对非政策的演化轨迹及中非关系的发展脉络与时代特征，而且折射出不同时期非洲在中国外交或发展战略中的地位和作用的变化。[①]

① 张宏明：《中国非洲问题的“智库研究”：历程、成效和问题》，载《西亚非洲》2015 年第 3 期，第 119—160 页。

（一）起步阶段：20 世纪 50 年代中期至 70 年代末

就目前掌握的资讯或文献资料而言，截至 1955 年亚非会议（即万隆会议）召开之时，中国对非政策的决策过程尚无学界的参与，实际上，当时国内也不存在从事非洲问题研究的科研机构，非洲问题研究由政府职能部门直接担当。例如，作为中国政府代表团参加亚非会议准备工作的一部分，外交部编撰了《非洲概况》和《亚非问题参考资料》。万隆会议之后，情况发生了变化，当时陆续成立了一些从事非洲问题研究的科研机构。如北京大学亚非研究所（1964 年成立）、南京大学非洲经济地理研究室（1964 年成立）。1978 年，湘潭大学非洲问题研究室成立。最先从事此项工作的是中国科学院国际关系研究所八个地区研究组之一的“西亚非洲研究组”。1960 年由 4 人组成的“西亚非洲研究组”整体被并入筹建中的中国科学院亚非研究所。

1961 年 4 月 27 日，毛泽东主席在会见非洲外宾时讲道：“我们对于非洲的情况，就我来说，不算清楚。应该搞个非洲研究所。”[①] 毛泽东主席的这番谈话是促使筹建中的亚非研究所建所步伐加快的一个重要因素。1961 年 7 月 4 日，中国科学院亚非研究所成立，1964 年 10 月 30 日更名为中国科学院西亚非洲研究所，1981 年由中共中央联络部划归中国社会科学院后，更名为中国社会科学院西亚非洲研究所。之后，在整个 20 世纪 60 年代和 70 年代，国内只有这一家科研机构专事非洲现实问题的动态研究或对策研究。这一时期的发展特点，一是具有鲜明的政治意识形态取向；二是具有浓厚的官方背景；战略性、前瞻性及理论创新方面的研究缺失；三是科研工作缺乏主观能动性，服务功能单一。

（二）徘徊阶段：20 世纪 80 年代初期至 20 世纪末

进入 20 世纪 80 年代，中国的内外环境都发生了非常大的变化：一方面，随着中美关系的改善，中国外交活动的重心转向西方；另一方面，20 世纪 80 年代初至 90 年代上半叶是中非关系转型发展的蓄势期，中国对非援助是这一

---

① 中华人民共和国外交部、中共中央文献研究室编：《毛泽东外交文选》，中央文献出版社、世界知识出版社 2011 年版，第 465 页。

时期中非经贸合作的主要内容和形式。加之20世纪80年代是“非洲失去的十年”，中国一时在非洲难有大的作为，因而非洲难以进入中国的战略视野。

这一阶段中国从事非洲问题动态研究或对策研究的科研机构虽略有增加，但总体处于进退维谷、徘徊不前的蛰伏状态。较之这一时期国内非洲问题基础理论研究的稳步推进，应用对策研究相形见绌。

从20世纪90年代中期起，中国政府逐步加大对非工作力度。除了社科院西亚非洲研究所，这一时期从事非洲问题应用对策研究的其他科研机构，还有隶属于外交部的中国国际问题研究所、隶属于外经贸部的国际贸易研究所和国际经济合作研究所、隶属于安全部的中国现代国际关系研究所（1980年成立）、国务院发展研究中心亚非发展研究所（1994年成立）等。在当时的大环境下，非洲问题研究在科研力量的配备方面大多处于劣势，在上述研究机构中所占的比例和分量都非常小，有关非洲问题对策研究的上报材料也屈指可数。

（三）勃兴阶段：进入21世纪后至今

2000年中非合作论坛机制启动后，特别是2006年首届中非合作论坛北京峰会之后，中国非洲问题的智库研究迎来了难得的发展机遇。进入21世纪第二个十年，非洲问题研究重拾升势、渐入佳境的发展势头更为凸显。具体表现在：从事政策研究或决策咨询的科研机构、学术社团抑或学者的人数有所增加；作为智库研究工作一个重要方面的信息研究和报送工作日益受到学界的重视；报送信息在内容日益丰富、数量不断提升的同时，其质量特别是在准确性、时效性、实用性和思想性方面也有所提升。不少科研机构或学术社团都在制定规划或采取具体的步骤，加大自身的改革或调整力度，以适应智库研究的需要。

这一时期中国非洲问题智库研究的驱动力主要来自三个方面，按照其重要程度依次为：中央决策层对智库及智库研究工作重要性的认识不断提升；政府职能部门和实际部门对智库产品的客观需求不断增大；相关科研机构或学术社团参与政府决策过程的积极作为。

进入21世纪后，政府职能部门和实际部门对非洲问题智库研究的需求增加，一方面折射出非洲在中国外交战略特别是发展战略中的地位和作用在提升，另一方面表明随着中国对非洲需求的增多及在非洲利益趋于多元化，中国在非洲面临的问题也日益增多并日趋复杂。特别是在过去10年，伴随中国在非洲活动的增加，中非合作在国际层次、地区层次、国家层次、民间社会层次及合作主体层次面临的问题越来越多，且越来越具挑战性，各方尤其是官方对“智库研究”的需求相应不断增大。

这一阶段非洲问题智库研究的特点，一是功能定位逐步由学术机构向学术型智库转型；二是工作重心逐步从学术研究向智库研究转型。经常涉猎这方面研究的科研机构主要有中国社会科学院西亚非洲研究所、中国现代国际关系研究院非洲研究所、商务部国际贸易经济合作研究院亚洲与非洲研究所、中国国际问题研究院发展中国家研究所、上海国际问题研究院西亚非洲研究中心、浙江师范大学非洲研究院、云南大学非洲研究中心等。

二、推进国家非洲战略智库建设面临新的重大机遇

中国与非洲国家之间有着传统的友好合作关系，在新形势下加强磋商与协调、促进团结与合作符合双方的共同愿望。根据一些非洲国家的建议，由中国政府倡议并主办的“中非合作论坛——北京2000年部长级会议”于2000年10月10—12日在北京召开。会议的议题是：面向21世纪如何推动建立公正合理的国际政治经济新秩序，以维护发展中国家的共同利益；新形势下如何进一步加强中非在经贸等实质性领域的合作。会议宗旨是：平等磋商、扩大共识、增进了解、加强友谊、促进合作。会议发表了两个文件，即《北京宣言》和《中非经济和社会发展合作纲领》。这是中非双方在世纪之交开展集体对话、谋求共同发展的一次重要尝试。在中非关系史和新中国外交史上均属首次，论坛的召开对进一步巩固和深化中非间业已存在的友好合作关系、推动南南合作的发展以及建立公正合理的国际政治经济新秩序产生了积极影响。

在此时代大背景下，2007年9月1日，中国高校首个综合性、实体性的非洲研究机构——浙江师范大学非洲研究院在这样的形势下应运而生，并迎来了中非合作全面升级、智库建设全面提速的黄金时代。

2014年年初，教育部印发《中国特色新型高校智库建设推进计划》。

2015年1月20日，中共中央办公厅、国务院办公厅印发《关于加强中国

特色新型智库建设的意见》，对加强智库建设提出了更加明确的要求和指导。

2015 年 12 月，中非合作论坛约翰内斯堡峰会提出把中非关系提升为“全面战略合作伙伴关系”，通过了《中非合作论坛约翰内斯堡峰会宣言》和《中非合作论坛——约翰内斯堡行动计划（2016—2018）》，共同致力于做强和夯实政治上平等互信、经济上合作共赢、文明上交流互鉴、安全上守望相助、国际事务中团结协作“五大支柱”，重点实施涉及工业化、农业现代化、基础设施、金融、绿色发展、贸易和投资便利化、减贫惠民、公共卫生、人文、和平与安全的“十大合作计划”，“密切文化与艺术、教育、体育、旅游、新闻与媒体、学者与智库、青年、妇女、工会、残疾人等领域交流”。峰会后发表的《中国对非政策文件》更是明确提出：倡导积极实施“中非联合研究交流计划”和“中非智库 10+10 合作伙伴计划”；积极支持中非学术研究机构和智库开展课题研究、学术交流、研讨会、著作出版等多种形式的交流与合作，优先支持双方开展治国理政、发展道路、产能合作、文化与法律异同等促进中非友好合作的课题研究与成果分享。此前李克强总理在非盟的演讲中强调要“促进议会、政党、社团、智库和民间往来，让两大古老文明在互通互鉴中交相辉映”，促进中非人文和经贸“两个轮子”一起转。

2017 年 5 月 14 日，国家主席习近平在“一带一路”国际合作高峰论坛开幕式发表主旨演讲，指出“一带一路”建设植根于丝绸之路的历史土壤，重点面向亚欧非大陆，将非洲定位为“一带一路”建设的重点地区；同时强调“发挥智库作用，建设好智库联盟和合作网络”。“一带一路”国际合作高峰论坛设置了政策沟通、设施联通、贸易畅通、资金融通、民心相通、智库交流六大平行主题会议，面向未来五年甚至更长时间制定行动计划，共建开放平台，共享发展成果，是未来中非战略合作的新布局，也将是非洲研究及对非工作实现二次创业与再次腾飞的重要契机。

可见，建设非洲研究高端智库正逢其时，意义深远。高校应进行战略规划，重点加强非洲研究与智库建设，为“一带一路”建设提供智力成果、创新思想，增进观念认知、加强对话交流，搭建更多交流信息、汇聚智慧、对话思想的平台和载体。

第二节 建设非洲研究高端智库

非洲是中国外交的重要基石之一，巩固和发展同非洲国家的友好合作关系是中国长期的战略选择。然而，在中非关系迅速发展的形势下，我国的对非研究依然基础薄弱、进展缓慢，与西方发达国家相去甚远，与非洲对我国的重要战略意义极不相称。因此，加快深化非洲研究迫在眉睫。

在教育部和外交部支持下，浙江师范大学非洲研究院（IASZNU）于2007年9月1日正式成立。非洲研究院是独立设置的科研机构。非洲研究院下设非洲政治与国际关系、非洲经济、非洲教育、非洲历史文化四个研究所和院行政办公室、科研办公室、非洲研究图书资料中心三个管理机构。2009年10月，非洲研究院成立中非合作论坛研究中心。2014年12月，非洲研究院整合管理职能，在原科研办公室基础上设立科研管理与国际合作办公室。

早在2011年，非洲研究院就率先在国内创办了“中非智库论坛”这一创新平台。近年来，随着中非关系全面升级，非洲研究日益为国家战略所倚重，非洲研究迎来发展的新时期，大力推进非洲研究智库建设正当其时。在此背景下，浙江师范大学非洲研究院牢牢把握国家提出的“国家急需、世界一流、制度先进、贡献突出”的高校智库建设要求和国家级智库建设标准，围绕学校建设省级重点高校的战略要求，提出到2020年初步建成一个具有核心学术理念、科研创新品质、国际协同能力、长远发展抱负的现代型非洲研究智库与学术重镇，同时通过机制体制创新努力实现由高校传统科研机构向现代型国家智库的转型升级。这既是时代赋予高校的历史使命，也是高校不断拓展生存空间的重要举措。

一、浙江师范大学非洲研究院概况

浙江师范大学非洲研究院2007年9月建院之初，就确定了高起点、国际化、服务国家发展战略的建设目标，提出了“非洲情怀、中国特色、全球视野”的办学理念。经“三年创业、八年提升、十年而立”的建院步骤的实施，迄2017年已发展成为有广泛影响力的中国非洲研究机构与国家对非事务智库，成为国内首个拥有非洲研究教育部长江学者特聘教授的学术机构，是教育部区域和国别研究基地、外交部“中非联合研究交流计划”指导委员会指导单位和“中非智库10+10合作伙伴计划”中方智库、教育部“中非高校20+20合作计划”单位、浙江省2011协同创新中心、浙江省哲学社会科学重点研究基地，教育部浙江师范大学中国南非人文交流研究中心也落户在此。现拥有“非洲教育与社会发展”交叉学科博士点、“非洲学”交叉学科硕士点、“政治学”一级学科硕士点和“非洲教育”、“非洲历史”二级学科硕士点。非洲研究院2011年创办的“中非智库论坛”已在中国和非洲举办六届，产生了广泛影响。建有国内高校首个非洲博物馆、非洲翻译馆、非洲图书资料中心与非洲特色数据库，还设有“非洲研究文库”“非洲地区发展报告”“非洲研究”“非洲智库专刊”编辑室及院学术委员会、院务委员会等机构，还建有“尼日利亚研究中心”、“埃及研究中心”、“中国南非人文交流研究中心”、“中非影视合作研究中心”、“中非水资源合作研究中心”、“中国非洲人类学研究中心”等下设机构，与三十余个非洲国家的大学建有合作关系，并在喀麦隆、莫桑比克、坦桑尼亚建有孔子学院和海外研究基地。2017年1月发布的《全球智库报告2016》中，非洲研究院入选全球“2016年度最佳区域研究中心（大学附属）”。

非洲研究是浙江师范大学省级重点大学建设的品牌学科，由校党委书记、校长担任学科建设委员会主任，由教育部长江学者特聘教授、浙江省钱江学者特聘教授、“中非友好贡献奖”获得者刘鸿武担任院长和学科带头人，拥有一支30多人的立志从事非洲研究事业的专职科研队伍与管理队伍，其中教授4人，副教授15人，均有赴非洲国家访学考察经历，迄今已承担国家社科基金项目19项，教育部、外交部等部委和国际合作课题近140余项。刘鸿武院长领衔主持国家社科基金重大招标项目、教育部人文社科重大攻关项目各1项。

非洲研究院围绕国家发展大局与中非合作大势，以“当代非洲发展问题”与“新时期中非合作关系”为重点研究领域，深入开展基础理论与应用对策研究，迄今已累计出版各类学术著作、译著和专题报告110余部（卷）；在国内外刊物上发表论文400多篇；在国际上主办了“中非智库论坛”“中非媒体智库研讨会”等一系列影响广泛的重要学术活动；向国家各部委提交各类咨询报告近100篇，多篇报告获国家领导人批示或被《教育部高校智库专刊》录用；编撰出版的教育部哲学社会科学年度报告《非洲地区发展报告》及研究院专业期刊《非洲研究》已成为中国非洲研究的重要品牌。

二、学院创始人与智库负责人简介

刘鸿武，浙江师范大学非洲研究院创始院长，校学术委员会副主任，非洲教育与社会发展专业博士生导师，教育部长江学者特聘教授，浙江省钱江学者特聘教授，国家社科基金学科规划评审组专家，达沃斯世界经济论坛非洲议程理事，外交部中非联合研究交流计划指导委员会委员，商务部经贸政策咨询委员会国际投资咨询组专家，中联部金砖国家智库合作中方理事，教育部区域和国别研究培育基地非洲研究中心主任、教育部哲学社会科学研究重大课题攻关项目首席专家，浙江省哲学社会科学重点基地非洲研究中心主任，中国亚非学会副会长，中国非洲问题研究会副会长，中非人民友好协会理事，国家社会科学基金重大项目首席专家，云南大学非洲研究中心学会委员会主任，国际关系专业、世界史专业博士生导师。

刘鸿武教授是当代中国非洲研究事业的重要组织者、推动者，是有国际影响力的中国非洲研究学者。他早年留学尼日利亚、坦桑尼亚等国，遍访非洲数十国，1991年从尼日利亚回国后在云南大学创立非洲研究学科，培养了数十位非洲历史、非洲国际关系专业的博士生、硕士生、留学生。2007年，他到浙江师范大学创立非洲研究院并任院长和学科带头人，近十年来，在非洲学术研究、学科建设、基地建设、智库建设、人才培养、人文交流、资政建言等方面作出一系列具有原创意义的重要贡献，筹建成立中非智库论坛、非洲博物馆、非洲翻译馆，主持完成国家社科基金重大项目、教育部哲学社会科学重大攻关项目、外交部、商务部等重大项目十多项，出版《从中国边疆到非洲大陆》《新时期中非合作关系研究》《非洲文化与当代发展》《尼日利亚建国百年史》《中非发展合作的战略、理论与政策研究》《文史哲与人生》《人文科学引论》等个人专著、教材20余部，总策划并主编“浙江师范大学非洲研究文库”近百种，定期出版《非洲地区发展报告》《非洲研究》。在《世界政治与经济》《西亚非洲》《国际政治研究》《国际问题研究》等刊物发表论文100多篇。成果曾获全国高校国家级教学成果奖二等奖1项，国家级精品课程1门，全国高校优秀教材奖二等奖1项，省教学成果奖一等奖2项。2009年，因在非洲研究领域的突出贡献，刘鸿武教授荣获中非人民友好协会授予的“中非友好贡献奖”，入选“感动非洲的十位中国人”。2014年，刘鸿武教授成为国内首个非洲研究领域的教育部长江学者特聘教授。

三、非洲研究院智库建设的历程与进展

浙江师范大学非洲研究院自2007年建院以来，紧紧围绕中非发展合作和国家对非战略这一时代主题，在着重推进非洲学科建设的同时，致力于打造非洲研究国家智库。目前已成为对非学术研究重镇、政策咨询高地、人才培养基地、文化交流阵地，多次受到国家领导人的充分肯定。

（一）对非智库建设成效明显，资政作用发挥有效

非洲研究院成立以来，以创新开放的战略举措推进学术研究，高度重视学术研究成果与国家智库建设的有机结合。

1. 战略研究

非洲研究院以“当代非洲发展问题”与“当代中非关系”为研究主攻方向，通过制定科研人员的“四定原则”（定领域、定方向、定国别、定问题）培育团队研究特色，取得了明显成效，社会影响日益广泛。2009年刘鸿武教授主持教育部哲学社会科学研究重大课题攻关项目“新时期中非合作关系研究”，这是中华人民共和国成立以来首个国家层面的非洲领域重大攻关课题。在取得一系列重大成果后，2015年刘鸿武院长再次担任首席科学家主持国家哲学社会科学基金重大招标项目“中国对非洲关系的国际战略研究”。建院以来，非洲研究院已经累计承担、主持、发布、招标各级各类课题数百项，这些课题大多紧密围绕国家对非战略需要，按照问题导向、需要导向的原则，主动融入和服务国家外交战略高端需求，积极担当国家对非事务咨询智囊角色。

2. 政策建言

非洲研究院推出了一系列具有填补空白意义的智库成果，多篇咨询报告被教育部《高校智库专刊》刊发，被国务院、外交部、商务部、中联部等部委采纳，获得国家领导人批示。

2011 年 4 月，在北非变局愈演愈烈之际，非洲研究院举办“非洲发展趋势与中非关系前景高端研讨会”，形成了一系列高质量的学术和思想成果，提交国家部委后获中央领导批示。

2012—2013 年，非洲研究院联合国内外重要智库与科研机构，多次围绕国家战略走向与浙江地方经济对非合作需要，组织开展了各类政策咨询与调研工作，发布系列成果。

2014 年 8 月，在埃博拉病毒蔓延之际，非洲研究院迅速反应，刘鸿武教授撰写的资政报告《埃博拉疫情暴露非洲治理困境　我应把握时机发挥独特作用》被新创刊的《教育部简报（高校智库专刊）》第 5 期采纳刊发，及时呈报中央领导和各部委。该报告明确提出中方在采取紧急措施支援非洲国家抗击疫情时，更应着眼长远，通过创新举措帮助非洲国家建立公共医疗卫生体制，进而推进中非双方在治国理政方面的战略合作。此核心建议迅速被中央采纳，加强中非医疗卫生体制合作将成为未来几年中非合作的战略新举措，被写入 2015 年 12 月份在南非召开的中非合作论坛峰会文件中并予以实施。

2015 年，根据当年将在南非召开中非合作论坛部长会议及首次首脑峰会的国家战略特殊需要，非洲研究院积极开展中非合作的战略性、前瞻性研究。1 月，由刘鸿武院长、王珩书记共同完成的专题报告《非洲发展趋势及中国对非战略选择》被 2015 年第 8 期《教育部简报（高校智库专刊）》采用，并呈报中央领导和各部委。

2016 年 10 月，刘鸿武教授《关于推进中非产能合作的若干建议》被教育部简报《高校智库专刊》2016 年第 39 期采用，并呈报中央领导和各部委。

非洲研究院每年多次选派科研人员赴非洲实地考察，在课题研究、田野调查的基础上，形成咨询报告近百份呈送上级部门，多项政策建议被各级政策部门采纳。目前已逐渐形成了稳定的智库成果报送渠道，非洲研究院自办《非洲研究通讯》《非洲研究》《非洲研究智库专刊》《成果要报》等简报，成果报送力度不断加强。

2017 年 5 月，刘鸿武院长应邀出席在北京举行的“一带一路”国际合作高峰论坛暨智库合作平行分论坛，成为国内唯一受邀出席此高峰论坛的非洲事务智库专家，起到建言献策的积极作用。

2017 年 6 月，非洲研究院与非洲联盟合作，在中国外交部支持指导下再次赴非盟总部，举办“中非减贫发展合作高端对话会暨中非智库论坛”，在论坛上首次在非洲大陆发布习近平主席《摆脱贫困》一书的中、英、法文本，中国外交部长王毅出席会议并系统阐释中非减贫合作的政策。会议在非洲引起广泛反响。

3. 人才培养

2010 年 11 月，习近平同志出席非洲研究院在南非主办的“中非合作论坛成立十周年研讨会”，在开幕式上就中非合作战略与政策发表重要演讲，在使馆接见了由刘鸿武教授带领的国内学术团队，对我校对非研究工作给予充分肯定，并就推进中国的非洲研究及其人才培养提出了明确的要求。

浙江师范大学相继成为教育部教育对非援助培训基地、商务部中国基础教育援外研修基地、孔子学院总部 / 国家汉办孔子学院非洲研修中心、中南非人文交流研究中心等，迄今我校在中非合作论坛框架下，承办教育部、商务部、文化部、中联部等部委各类涉非培训项目 90 余期，培训了 50 多个非洲国家的 2000 余名高级政府官员、教育主管、大中小学校长、智库精英，不少已成为非洲政界、学界重要人物，其中包括中非共和国现任总统福斯坦—阿尔尚热 · 图瓦德拉等政要。智库积极探索“非洲学”人才培养模式，设有国内首个“非洲教育与社会发展”交叉学科博士点、国内首个“非洲学”交叉学科硕士点、“政治学”一级学科硕士点，建成了本硕博一体的非洲学人才培养与教学体系，培养了一大批涉及非洲政治经济文化等各方面的层次多元的应用型人才，包括科研骨干、智库人才、赴非就业创业的青年毕业生等。“服务国家战略的非洲学人才培养理论创新与实践探索”获 2016 年浙江省教育教学成果一等奖。

4. 舆论引导

非洲研究院积极配合国家领导人访问非洲，相关专家在重大活动期间接受媒体密集采访，深度解读与分析政策，积极正面引导公共舆论。

在 2013 年习近平主席访问非洲三国、2014 年李克强总理访问非洲三国期间，刘鸿武教授均作为国务院新闻办、中宣部、外交部等政府部门向国内外媒体推荐的专家，密集接受了国内外十多家重要媒体的采访，就习主席和李总理访非的战略意义、中非关系走向等进行深度解析，在海内外主流媒体上发表了大量公共言论，并赴全球智库排名第二的英国皇家国际事务研究所发表演讲，系统阐释中国对非战略与政策，在引领社会舆论、推进公共外交方面发挥了积极作用。

2015 年 11 月，经外交部领导批示，刘鸿武院长带领外交部政策规划司组织的智库宣介团，赴南非、尼日利亚、埃塞俄比亚三国和非盟总部，做中国对非政策的宣介与调研，为即将在南非召开的中非合作论坛约翰内斯堡峰会营造学术环境。

2016 年 4 月，受上海《文汇报》邀请，刘鸿武院长与外交部非洲司副司长贺萌一起做客文汇讲堂第 99 期，以“2063 年的非洲与现在的中国”为主题讲述、阐释，匡正公众认知误区。

2016 年 4 月，刘鸿武院长受聘担任中宣部“讲好中国故事文化交流使者”，参加了中宣部专题研修班，就中国对外宣传与政策宣示提供咨询建议，并多次赴国内外各高校、智库演讲。

此外，刘鸿武先后赴浙江大学“浙大东方论坛”、国家行政学院高校智库培训班等主讲中非交往故事。非洲研究院尼日利亚籍研究员迈克尔（Ehizuelen Michael Mitchell Omoruyi）博士应邀参加中国日报组织的纪念长征胜利 80 周年活动，重走了长征路，在《中国日报》发表了《长征，一场光耀万代的行进》一文，影响广泛。非洲研究院外籍专家和丹也成为中非友谊的形象代言人。

5. 公共外交

近年来，刘鸿武院长担任中国公共外交协会公共外交专门委员会委员。在他带领下，非洲研究院学术团队已经成为国家对非公共外交、舆论引导的重要智库咨询团队，多次配合国家对非外交重大活动开展公共外交活动，受到中央领导高度赞赏。

早在2009年，刘鸿武院长首次作为外交部咨询专家，带领外交部学者代表团赴非洲三国巡讲访问，这一发挥学者外交功能的尝试受到时任外交部长杨洁篪的高度评价，明确指示外交部“今后应积极发挥学者作用，组织更多学者走进非洲，宣介中非关系”。

2010年9月，非洲研究院建成国内首个综合性介绍非洲文明文化和艺术的非洲博物馆，典藏不断丰富，每年接待参观者逾万人，并在上海、宁波等地进行巡展，编纂出版典藏与研究文集，博物馆的影响日广，加强了中非民间交往与文化交流。

2012年，非洲研究院推动学校成立了国内首家非洲翻译馆，组织开展中非经典文献互译，编纂了中、英、法文种的介绍中国改革开放三十年成果的对非宣介文献系列丛书“中国改革开放与发展实践”等出版物。

非洲研究院的工作有力配合了国家对非外交战略，受到中央领导的充分肯定。2014年12月5日，分管高校智库建设的教育部副部长李卫红在听取浙江师范大学领导对非工作专题汇报时，用“影响大，贡献多，国家用得上，部委离不开”来高度评价浙江师范大学非洲研究院的非洲研究与智库咨询工作。

（二）协同创新举措有力，国内外交流合作深入拓展

浙江师范大学非洲研究与中非合作协同创新中心2013年年底获批浙江省第二批2011协同创新中心。

在校内协同方面，非洲研究院已建构起“一论坛、两馆、三孔院、四基地、十中心”的协同发展大平台。非洲翻译馆的《剑桥非洲史》、“中国改革开放与发展实践”系列丛书英文版和外语学院非洲文学经典翻译、日本对非文丛翻译等成果日渐丰富，协同成效显著。

2016年12月，中国科学技术协会公布2016年“一带一路”国际科技合作平台建设项目，浙江师范大学蒋国俊教授负责的“非洲科技问题研究中心”成功获批，成为全国首批16个建设项目之一。这标志着非洲研究向科技领域的协同创新取得新进展。

在国际协同方面，非洲研究院已与非洲30多个国家的60余家教育、智库、文化、影视、科技等组织与机构建立了合作关系，与欧、美、日及中国周边国家的国际合作也快速增长提升。

2015年9月，非洲研究院进入南非外交部国际会议中心，与南非外交部合作举办“中非智库论坛第四届会议”。

2016年8月10—12日，浙江师范大学非洲研究院、中非发展基金、肯尼亚非洲经济研究所、肯尼亚公共政策与分析研究院、中华人民共和国驻肯尼亚共和国大使馆联合主办的“中非媒体智库研讨会”在肯尼亚蒙巴萨举行。

除智库论坛外，非洲研究院还与协同单位合作举办了全国首届非洲文学研究高端论坛、非洲妇女商业科技论坛、中非投融资合作与非洲可持续发展国际研讨会、中非影视合作论坛、中非村长酋长对话论坛、中非文明对话研讨会等近百场国际国内学术研讨会，参与了“一带一路”国际合作高峰论坛、金砖国家大学校长论坛、金砖国家智库合作等国际学术活动。

在社会协同方面，非洲研究院积极推动与美术学院、文传学院共同在金华市秋滨小学打造非洲文化活力园，与国际学院、美术学院、金华金东区旅游局联合打造琐园“非洲风情”国际研学村，策划中非文化主题活动。与浦江县合作筹建“非洲创客园”，为来华非洲留学生和在义乌的非洲商人提供创业服务；与金华市外事办合作开展“中非影视节”、艺术节，与金东区联合打造“非洲特色小镇”等项目。与义乌市政府联合举办中非智库论坛第五届会议，联合拍摄六集纪录片《非洲人在义乌》；共建“义乌非洲研究中心”。与坦桑尼亚大使馆合作拍摄《坦赞铁路》纪录片；等等。

（三）智库平台建设逐步推进，支撑优势不断显现

建院以来，非洲研究院积极搭建内部支撑平台、争取外部资源平台，着力夯实开展高水平研究所需的基础，不断优化科研条件，服务对非研究。截至2017年6月，非洲研究院共建立外交部“中非联合研究交流计划”指导委员会指导单位、教育部区域和国别研究培育基地、教育部中国南非人文交流研究中心、浙江省哲社重点研究基地、浙江省协同创新中心等各级各类平台24个，为科学研究、智库建设工作提供了强大的支持和保障。

1. 创办中非智库论坛

2011 年浙江师范大学非洲研究院在外交部支持下创办了中非智库论坛，2012 年被纳入中非合作论坛合作框架，迄今已在中国杭州、埃塞俄比亚亚的斯亚贝巴、中国北京、南非比勒陀利亚、中国义乌、埃塞俄比亚非盟总部成功举办了六届会议，邀请世界各国的智库、高校、政府与企业、媒体等各方人士与会，以增进中非了解，扩大中非共识。随着中非智库论坛的深入开展，其影响力逐渐扩大。中非智库论坛作为列入中非合作论坛框架下的中非民间人文交流对话固定机制，写入中非合作论坛行动计划。国务委员杨洁篪在出席中非智库论坛第三届会议时指出，中非智库交流对中非合作关系正起到越来越重要的推进作用。

2. 促进中非智库结对交流合作

在中非智库论坛成果的积极推动下，外交部推出了“中非智库 10+10 合作伙伴计划”作为中非双方智库合作的政府间项目。2013 年在北京由非洲研究院主办的中非智库论坛第三届会议上正式启动该计划，非洲研究院入选“中非智库 10+10 合作伙伴计划”首批中方智库单位，并在会议期间联合非方智库发表《中非智库合作伙伴计划宣言》，启动了一系列合作项目。

近年来，非洲研究院与非方结对智库——尼日利亚国际事务研究所紧密合作，频繁开展人员交流、学者互访、论坛研讨及课题联合研究，取得了明显的合作效果，受到外交部的高度赞许。与此同时，非洲研究院逐渐加强与欧美智库的联系与合作。

近年来，除非洲学者外，来自西方国家顶级智库的学者、欧美国家外交政策高官、驻华使馆官员，也不远千里来到浙江金华，与非洲研究院学者对话，寻求交流合作。

近三年，非洲研究院先后与法国外交部外交分析预测与战略中心、英国国际发展部及牛津大学非洲研究中心、南非马蓬古布韦战略反思研究所等智库合作，在浙江师范大学召开高端研讨会。在这个过程中，非洲研究院在国际学术高端场合主动设置学术议题、主动提出学术概念、主动引导舆论走向的功能日益显现，从而逐渐改变着过去多年在中非关系思想竞争领域中方始终被西方智库和媒体牵着走的不利局面。浙江金华虽小，今天却已经成为在国际上有广泛影响力的中非思想交流的一个重要高地，如同义乌吸引世界客商一样，日益吸引着来自世界各地的智库领袖、著名学者、博士后交流者。

3. 建设非洲研究特色资源数据库

2012 年，非洲研究院受外交部委托，开发创建了国内高校首家非洲研究领域的大型专业数据库——中非联合研究交流计划特色数据库网站，含中、英、法、豪萨、斯瓦希里五种文字，上传中非联合研究交流计划取得的大量研究成果、政策报告，并将非洲研究院出版的相关成果上传网站，供国内外读者阅读、下载，努力为境内外政府部门、企业、学者提供专业、及时、丰富的信息服务。该学术网站自 2012 年改版升级以来，4 年间网站的境内外访问量已经累计将近 500 万人次，目前每天访问网站的国内外人次达数千人次，在利用互联网技术开发智库网站、扩大学术影响、传播中国声音、讲好中国故事方面起到日益重要的作用。

4. 构建“非洲学”学科平台

2011 年，非洲研究院率先设立了国内高校首个“非洲学”交叉学科硕士点。2013 年，获批浙江省高校重点学科，致力于推进和优化非洲学高级专门人才培养。2015 年，经组织专家评估并报国务院学位办公示和备案，在浙江师范大学批准自主设置了交叉学科博士点“非洲教育与社会发展”，这是目前国内首个非洲领域的专门化博士点，有力提升了非洲研究智库人才培养的平台与层次。目前，学院每年选派 5—8 名优秀研究生赴非洲交流学习或联合培养，已选派了 20 多位研究生赴非洲交流学习。

（四）开放式国际化科研团队逐渐形成，人才队伍可持续发展能力增强

2014 年，非洲研究院院长刘鸿武入选国家教育部长江学者特聘教授，这也是该国家人才计划实施 15 年来首位在国际政治和非洲研究学科领域设置的长江学者。目前，非洲研究院已经形成了以刘鸿武教授为学科带头人的一支年轻学术团队，有专职科研人员 32 人，这些学者“顶天”（瞄准国家战略）、“立地”（服务经济社会），这是一支创新型性非洲智库资政的队伍。[①]

表 7-1　2007 年至今非洲研究院所聘外籍教师

姓名	性别	国籍	工作单位、职务 / 职称	主要工作内容	备注
亚黑亚·穆罕默德（Yahya Ould Mohamed Mahmoud）	男	毛里塔尼亚	瓦塔尼亚综合贸易服务公司义乌代表处商贸代表	北非国家与中国经贸关系研究，阿语、法语国家来访人员翻译	荣获 2015 年度浙江省外国专家“西湖友谊奖”
阿德居莫比·萨何德（Adejumobi Yinka Saheed）	男	美国	西雅图大学历史系副教授	非洲历史文化研究	文教类外国专家
杰米·蒙森（Jamie Monson）	女	美国	美国密歇根州立大学非洲研究中心主任、教授	“非洲史名著导读”课程教学	文教类外国专家
乔·安东尼·多米尼克·阿里（Joe Anthony Dominic Alie）	男	塞拉利昂	塞拉利昂大学研究生院院长、教授	“非洲文明史”课程教学，1971 年以来中塞在文化和人文领域合作关系研究	国家外国专家局教科文卫高端外国专家项目资助
迈克尔·伊西祖勒恩（Michael Ehizuelen）	男	尼日利亚	浙江师范大学非洲研究院	“国际发展援助”课程教学，中尼经济合作关系研究	文教类外国专家
伊非姆·恩卡姆·乌比（Efem Nkam Ubi）	男	尼日利亚	尼日利亚国际事务研究所研究员	中尼经济合作关系研究	国家外国专家局 2014 年度教科文卫重点引智项目资助
和丹（Hodan Osman Abdi）	女	索马里	浙江师范大学非洲研究院	承担教学、科研任务及非洲博物馆的日常管理及文物考证工作	文教类外国专家
约罗·迪亚洛（Yoro Diallo）	男	马里	马里前任驻华使馆第一参赞	承担教学、科研任务及非洲博物馆的文物考证工作	文教类外国专家

① 朱振岳：《特聘教授：浙江高校的“金名片”》，载《中国教育报》2014 年 9 月 28 日，第 1 版。

非洲研究院坚持“按需兼职、竞聘兼职、按岗兼职”原则，积极创建科研人员兼职交流制度和激励约束机制，现有兼职研究人员约 30 人；与政府部门建立“旋转门”用人制度，先后引进了 2 位原驻非大使作为高级研究员，推荐 2 位学者赴中国驻非盟使团、中国驻坦桑尼亚大使馆任职；与国外大学、研究机构建立联系，长期或短期聘请国外非洲研究学者担任非洲研究院研究人员，目前有 4 位长期聘用的外籍非洲研究学者在岗，1 位学者在埃塞俄比亚梅莱斯领导力研究所挂职。灵活多样的用人机制使得非洲研究院有能力承担国家重大、重点课题，能够对国家对非事务做出相对迅速的反应，急国家之所急，有针对性地开展相关研究。

第三节　高校智库建设的体会与思考

智库建设特别是高校智库建设在国内仍是新鲜事物，从观念到机制、从政策到落实、从评价到激励、从人才到队伍等方方面面均存在着不少问题。推进智库建设，需要不断更新观念，创新机制，提升管理，优化队伍。近年来，非洲研究智库建设着力在这些方面进行探索和优化。

一、建设体会

（一）健全机构，强化领导

浙江师范大学将非洲研究智库建设与协同创新列为 “一把手工程”，由学校统一建立、完善与国家级高校新型智库和协同创新中心相匹配的组织架构，包括充实完善领导小组、工作小组、学术委员会、理事会等机构。尤其要进一步强化和发挥学校非洲学科建设领导小组的职能和作用，每学期至少召开一次会议，专题研讨非洲研究学科建设与协同创新大计，统一思想、协调政策，创造良好的发展环境与条件。

（二）领军人物，理念创新

坚持正确的政治方向以及德才兼备、富有创新精神的领军人物，对于智库建设意义重大。鉴于领军人物在智库组织中的地位，其知识背景、价值观、个人能力、影响力，尤其是对于智库事业的使命感和责任感，对于智库建设的方向和品质起到至关重要的作用。浙江师范大学聘请数十年从事非洲研究的刘鸿武教授担任院长、学科带头人，他既掌握扎实的非洲研究理论知识，又具备丰富的实践经验，同时具有卓越的领导能力，在非洲研究领域享有良好声誉。围绕建院伊始提出的“非洲情怀、中国特色、全球视野”的办院理念，他带领学术团队聚焦主攻方向，扎实开展学术研究与智库服务，努力追求理念与实践的创新。

（三）创新机制，完善制度

浙江师范大学立足实际、打破陈规，根据国家级新型高校智库和协同创新中心建设需要，研究、改革和创新对非洲研究院等独立研究机构的评价体系，拟按智库定位和标准进行评价，如认可国家部委司级课题等同教育部一般项目，认同咨询报告、媒体报道、参考资料等形式的劳动成果。同时，完善绩效与考核制度，订立合理的科研绩效标准，奖罚分明。

（四）充实力量，强化队伍

浙江师范大学根据国家级高校新型智库和协同创新中心的建设要求，扩大研究院专职科研与管理队伍体量，引进和培养学科带头人。增设非洲博物馆馆员、数据库管理人员、平台管理与编辑人员等岗位，以建设一支适应现代智库管理与运作的专职队伍。

（五）协同创新，扩大交流

浙江师范大学统一部署、积极营造有利于培育国家级高校新型智库和协同创新中心的条件和氛围。建立协同创新机制和平台，以政策为引导，鼓励、促进校内外单位成为非洲研究与中非合作协同创新中心的协同主体。

二、进一步推动国家非洲战略智库建设思考

面对全球智库产业发展的迅猛态势，国内高校智库建设必须进一步厘理清目标定位，转变发展理念，实现从分散向集聚转变、从封闭向开放转变、从单兵作战向联合攻关转变、从学术研究向资政报告转变，不断完善智库建设的内在机制，提升智库影响，真正担当起提升国家软实力的重大使命。

（一）做好顶层设计，加强战略布局，建构起有中国特色的非洲学，最终实现中国非洲研究智库的思想话语原创性突破

中国特色智库建设之路，根本上还是中国知识与思想的现代原创的过程。学术乃国之重器，中华文明上下几千年，历来以“思想和学术立国”，中国传统历来讲求知识分子当通过“格物致知、正心诚意”，而后“修身、齐家”，最后“治国、平天下”。学问虽广博无边，无外乎“心性之学”与“治平之学”两端，学者唯有先确立内在人格理想，然后推己及人，担当天下，服务国家。今天国家提出加强高校智库建设，似乎是一个新命题，其实只是重新恢复中国传统学术的内在精神与追求。[①]我们应以中国“道路自信、理论自信、制度自信”之追求为动力，走一条“思想与学术原创”的道路，建构“中国特色、中国风格、中国气派”的中国非洲研究与智库建设之路。

自非洲研究院创办以来，学术带头人刘鸿武院长高度重视研究院内在理念建构与精神培养，引导年轻学术团队从开阔的境界上来超越功利目标，理解学术追求的意义，长期扎根非洲、感受非洲。近年来，非洲研究院结合建院实践，就创立有特色的“中国非洲学”的理论形态、实践基础及由此牵涉的中国学术创新与智库建设等问题做了系列研究。如刘鸿武院长在《非洲研究》创刊号上发表的发刊词专文《推进有特色的中国非洲研究事业的发展》，为“浙江师范大学非洲研究文库”撰写的总序《非洲研究：中国学术的新边疆》，系统阐释了创建中国非洲学的时代意义、学术理念、方法路径及平台建设问题，随后几年还发表了许多相关著述，如：《国际思想竞争与非洲研究的中国学派》《中国非洲研究的知识体系与话语形态》《在国际学术平台与思想高地上建构国家话语权》等，这些探索对中国非洲学的长远发展具有特殊的意义。

（二）加强理念创新，进一步厘清高校智库定位

在打造中非关系“升级版”的新时期，国家非洲战略智库建设应围绕国家对非战略，进一步明确新的目标、定位和原则。

---

① 吴月芽编辑：《师大学者：长江学者刘鸿武教授：学术成就与治学特点》，载《浙江师范大学学报（社会科学版）》2015 年第 2 期，封二、封三。

新目标指智库建设要从上、下、内、外四个维度全面提升影响力、公信力、协作力。“向上”指智库对政策决策者的建议和影响；“向下”指智库要影响社会，教育公众，通过调研报告、学术成果影响普通公众；“对内”指智库在国内、校内的协同、合作以及内部管理机制的创新；“对外”指强调国际影响力和对行业外创新主体的协同。

新定位指高校智库应整合自身优势，凸显新的功能。高校智库应结合自身使命与特点，明确专攻方向与定位，影响政策和舆论，服务国家发展战略；研究国情民情，服务地方经济社会发展；凸显学科特色，服务高校建设和发展。

新原则指智库应遵循专业化、市场化、国际化、特色化的发展原则，加强学科建设、平台建设、团队建设和品牌建设，努力为经济社会发展提供高质量的智力支持。专业化、特色化要求智库具有专业人才和专长研究领域，立足理论前沿和特色学科开展调查研究。市场化要求智库理论联系实际，深入基层、融入社会，树立市场化的科研思维和研究取向，加强成果转化率和对社会政治、经济、文化、生态等建设的贡献力。国际化指智库要善于将中国的思想、理论传播出去，在国际上营造有利于中国话语的宽松的、包容的学术环境。

（三）强化主体创新，加强智库与高校、科研机构、企事业单位的协同合作

高校智库应与高校内外、国内外、行业内外的政府（部门）、学校、企业、行业（协会）、科研院所等开展全方位协同，拓展协同主体，丰富协同内容。高校智库内部协同创新主要是与其相关的核心要素和若干支撑要素（如学科、教学、科研、管理、师生等）的协同创新。学科门类齐全是高校智库的优势之一，智库应充分发挥高校的学科平台优势，在校内整合资源，形成学科的聚合与协同，对外与科研院所、企业、国外高校及组织等协同创新。协同内容方面也可更加丰富，比如人才培养的协同、科学研究的协同、学科交融研究的协同、产学研协同等。在协同主体方面，甚至可以尝试建立中国民间资本参与国家战略非洲智库的合作激励机制，适当放宽管控，“政府搭台、企业唱戏”，广泛吸纳国企民企等民间资金参与国家战略非洲智库合作活动。开展智库企业合作项目，旨在鼓励民间资本参与中非智库建设与合作，促使智库资金来源多元化、扩大化，同时加强智库与企业的互动，更好地为中国走出去的企业和资本服务。

（四）探索形式创新，加强中非智库合作交流

总体而言，中非智库合作环境还不够优良，支撑还不够有力。西方政府长期对非洲重点智库投入巨资，以期在特定领域产生实质性持久性的影响。德国一直是非盟和平安全机构的主要捐助者，它正在援建非盟和平安全事务部大楼。它不仅为非盟和平安全部提供运作资金，还出资在亚的斯亚贝巴大学成立了非洲和平与安全研究院，直接为非盟提供和平安全方面的思想、智力与技术支持。总部位于南非的安全研究院（ISS）、非洲建设性解决冲突中心（ACCORD）等均是由西方国家资助的非洲智库。这些机构以学术研讨、知识传播、人员培训等方式直接影响着“非洲和平安全架构”思想理念、机制创设、议程设置等关键内容。相比而言，中国与非洲地区组织的安全合作还处于低浅层次。尽管当前“中非联合研究交流计划”开启了这一进程，但还处于探索初期，影响规范话语的成效还不明显。因此，超越“工匠”角色，力争成为非洲和平安全领域的新“建筑师”，就必须将双方智库与非政府组织更机制化地纳入资助对象，形成中非智库协同创新的有力支撑。

今后，浙江师范大学非洲研究院将在过去十年建设成果的基础上，在已经建成的“中非智库论坛”、“中非智库 10+10 合作伙伴计划”和“中非联合研究交流计划”基础上，在国家发展战略的指引下，加强内涵建设，进一步提升学术水平，做好国别、专题、领域的研究，并与国内外机构更紧密合作，拓展协同平台。未来若干年内，服务国家战略的非洲智库应推进若干重点项目：国内非洲研究智库专业化建设项目，旨在推动国内非洲智库的明确发展目标，向更专业化或综合化等特色方向发展，培养国内在和平安全、经济发展、社会治理、环境保护等各领域的专业化非洲研究智库；中国智库走进非洲项目，旨在推动中国智库走出去，走进非洲，深化对非研究，强化智库合作，提升对非影响力和对国内对非政策咨询的权威性；中非智库学者互派项目，旨在深化中非双方学者的互动、交流与合作，超越中非学者短期项目调研的局限性，加深对彼此的认知与理解，鼓励长期性基础性战略性研究；中非智库人才联合培养项目，旨在为中非智库未来发展培养和储备专业人才，保障中非智库可持续合作长期进行。

第八章　能力：高校智库建设的核心竞争力

全面提升智库的核心竞争力是中国特色新型智库建设的关键所在，是高校智库建设由“形式”转向“内容”、由“外延式发展”转向“内涵式发展”的必然要求。近现代历史上，任何国家的崛起都必然伴随着思想的崛起。对于中国这样一个正在探索一条史无前例发展道路的社会主义国家来说，思想崛起的意义更加重大。当前，中国在大国快速发展过程中的知识和智力储备显然不足。提升高校智库核心竞争力，要做到高起点、高标准建设。重点是聚焦主攻方向，紧扣国家战略需求，提升研究质量，注重创新能力建设，打造智库核心竞争力。

第一节　提升科研实力与资政服务能力

开展创新性研究工作是研究机构的立根之基。浙江师范大学非洲研究院从凝练团队主攻方向、构建国际化科研和智库团队、整合国内外资源等方面入手，提升智库科研创新能力与咨政服务能力，取得了积极的成效。

一、出版专著100余册

表8-1　已出版的“浙江师范大学非洲研究文库”一览

序号	作　者	书　名	出版社	出版年
1	刘鸿武、李新烽主编	全球视野下的达尔富尔问题研究	世界知识出版社	2008
2	顾建新等译	非洲的大学：稳定与复兴的策略	浙江大学出版社	2008

（续表）

序号	作　者	书　名	出版社	出版年
3	朱文武等译	撒哈拉以南的非洲教育政策——调整、复兴和扩充	浙江大学出版社	2008
4	刘鸿武、沈蓓莉主编	非洲非政府组织与中非关系	世界知识出版社	2009
5	刘鸿武 杨洁勉	Fifty Years of Sino-African Cooperation: Background, Progress & Significance	云南大学出版社	2009
6	陈明昆	埃塞俄比亚高等教育研究	中国社会科学出版社	2009
7	许序雅	坦桑尼亚高等教育研究	中国社会科学出版社	2009
8	万秀兰	肯尼亚高等教育研究	中国社会科学出版社	2009
9	楼世洲	尼日利亚高等教育研究	中国社会科学出版社	2009
10	季诚钧、徐少君等	埃及高等教育研究	中国社会科学出版社	2010
11	郑　崧	喀麦隆高等教育研究	中国社会科学出版社	2010
12	顾建新 牛长松	南非高等教育研究	中国社会科学出版社	2010
13	张永宏	非洲发展视域中的本土知识	中国社会科学出版社	2010
14	罗建波	通向复兴之路：非盟与非洲一体化研究	中国社会科学出版社	2010
15	陈天社	当代埃及与大国关系	世界知识出版社	2010
16	刘鸿武 李舒弟	非洲艺术研究	云南大学出版社	2010
17	王涛、杨惠等译	援助的死亡	世界知识出版社	2010
18	骆高远	当代非洲旅游	世界知识出版社	2010
19	罗福建 黄新民	当代非洲交通	世界知识出版社	2010
20	延　飞	我不是为你打仗——世界背弃一个非洲小国	云南大学出版社	2010
21	刘鸿武	中非发展合作理论、战略与政策研究	中国社会科学出版社	2011
22	楼世洲 於荣译	撒哈拉非洲国家的教育、贫困和发展	浙江大学出版社	2011
23	周　倩	当代肯尼亚国家发展进程	世界知识出版社	2012
24	赵姝岚	当代赞比亚国家发展进程	世界知识出版社	2012
25	王涛、暴明莹译	东非简史	世界知识出版社	2012
26	姜恒昆译	突尼斯史	东方出版中心	2012

（续表）

序号	作　者	书　名	出版社	出版年
27	赵俊译	索马里史	东方出版中心	2012
28	赵俊译	非洲史	东方出版中心	2012
29	舒运国	非洲史研究入门	北京大学出版社	2012
30	张瑾译	津巴布韦史	东方出版中心	2013
31	刘云等	美国与西亚北非关系中的伊斯兰因素研究	浙江人民出版社	2013
32	舒运国 刘伟才	20 世纪非洲经济史	浙江人民出版社	2013
33	朱华友等	当代非洲工矿业	浙江人民出版社	2013
34	李伯军	当代非洲国际组织	浙江人民出版社	2013
35	莫　翔	当代非洲安全机制	浙江人民出版社	2013
36	叶玮、 朱丽东	当代非洲资源与环境	浙江人民出版社	2013
37	许涛	在华非洲商人的社会适应研究	浙江人民出版社	2013
38	刘鸿武 黄梅波	中国对外援助与国际责任的战略研究	中国社科出版社	2013
39	延飞等译	千丘之国：卢旺达浴火重生及其织梦人	世界知识出版社	2014
40	刘鸿武	非洲文化与当代发展	人民出版社	2014
41	刘云主编	非洲与外部世界关系的历史变化	世界知识出版社	2014
42	胡永举 邱欣	非洲交通基础设施建设及中国参与策略	浙江人民出版社	2014
43	洪永红	当代非洲法律	浙江人民出版社	2014
44	王　涛	乌干达圣灵抵抗军研究	浙江人民出版社	2014
45	周海金	苦难及其神学问题研究	浙江人民出版社	2014
46	张　哲	中非经贸关系发展研究	浙江人民出版社	2014
47	刘鸿武 暴明莹	东非斯瓦希里文化研究	浙江人民出版社	2014
48	李湘云	当代坦桑尼亚国家发展进程	浙江人民出版社	2014
49	许永璋等	非洲五十四国简史	浙江人民出版社	2014
50	蔡高强	非洲艾滋病研究	浙江人民出版社	2014
51	万秀兰	博茨瓦纳高等教育研究	浙江人民出版社	2014
52	徐　薇	博茨瓦纳族群生活与社会变迁	浙江人民出版社	2014
53	肖玉华	当代埃塞俄比亚政治进程研究	浙江人民出版社	2014
54	崇秀全	当代非洲纪实摄影文化地理	浙江人民出版社	2014

（续表）

序号	作　者	书　名	出版社	出版年
55	张　瑾	非洲区域经济一体化探索：南部非洲发展共同体 30 年	浙江人民出版社	2014
56	刘　艳	后殖民时代非洲教育改革模式研究	浙江人民出版社	2014
57	韩志斌等	利比亚伊斯兰社会主义研究	浙江人民出版社	2014
58	杨广生	尼日利亚对外关系研究	浙江人民出版社	2014
59	刘鸿武	尼日利亚建国百年史（1914–2014）	浙江人民出版社	2014
60	楼世洲	塞内加尔高等教育研究	浙江人民出版社	2014
61	方　伟	新南非对外关系研究	浙江人民出版社	2014
62	姜恒昆	达尔富尔危机原因、进程及影响	浙江人民出版社	2014
63	刘云译	摩洛哥史	东方出版中心	2015
64	赵俊 译	冲突后社会的治理：重建脆弱国家	民主与建设出版社	2015
65	孟洁梅	非洲自由铁路：中国的发展项目如何改变坦桑尼亚人民的生活和谋生之计	民主与建设出版社	2015
66	刘鸿武等	新时期中非合作关系研究	经济科学出版社	2016
67	张　勇	非洲影视研究——中国学术的新边疆	浙江人民出版社	2016
68	黄梅波	当代非洲经济导论	浙江人民出版社	2016
69	唐　勇	非洲七国经济法概述	浙江人民出版社	2016
70	陈水胜	冷战后欧盟对非洲政策调整研究（1992—2015）	浙江人民出版社	2016
71	陈明昆	中国职业教育改革与发展实践	辽宁教育出版社	2016
72	王巨山	中国文化遗产保护与发展实践	辽宁教育出版社	2016
73	徐井岗	中国民营企业改革与发展实践	辽宁教育出版社	2016
74	葛深渭	中国式反贫困模式演进与实践	辽宁教育出版社	2016
75	周　鹏	中国旅游经济改革开放与发展实践	辽宁教育出版社	2016
76	张天雪	中国基础教育改革与发展实践	辽宁教育出版社	2016
77	余　韬	中国电影改革开放与发展实践	辽宁教育出版社	2016
78	曹荣庆 冯潮前	义乌商贸城改革开放与发展实践	辽宁教育出版社	2016
79	邱　欣	中国基础设施建设与发展实践	辽宁教育出版社	2016
80	姚汤伟	中国交通建设与发展实践	辽宁教育出版社	2016

表 8-2　浙江师范大学非洲研究院其他专著一览

序号	作　者	书　名	出版社	出版年
1	刘鸿武	中国少数民族文化简史	云南大学出版社	1996
2	刘鸿武	黑非洲文化研究	华东师范大学出版社	1997

（续表）

序号	作　者	书　名	出版社	出版年
3	刘鸿武	守望精神家园	云南大学出版社	2000
4	刘鸿武	从部族社会到民族国家——尼日利亚国家发展史纲	云南大学出版社	2000
5	刘鸿武	人文科学引论	中国社会科学出版社	2002
6	刘鸿武	故乡回归之路：大学人文科学教程	清华大学出版社	2004
7	顾建新	跨国教育发展理念与策略	学林出版社	2008
8	牛长松	英国高校创业教育研究	学林出版社	2009
9	刘鸿武 姜恒昆	列国志·苏丹	社会科学文献出版社	2008
10	刘鸿武	蔚蓝色的非洲	云南大学出版社	2008
11	刘鸿武	文史哲与人生——人文科学论纲	云南大学出版社	2010
12	徐　薇	自我·角色与乡土社会——对民间二人转艺人及其生活世界的个案研究	中央民族大学出版社	2011
13	刘鸿武	故乡回归之路——大学人文科学教程	云南大学出版社	2012
14	刘青海	国际技术扩散与区域经济增长	天津教育出版社	2012
15	赵俊（译）	1492：世界的开端	东方出版中心	2013
16	周志发	容错性民主：中国特色民主理论研究	云南大学出版社	2013
17	刘鸿武	China-Africa Relations	亚的斯亚贝巴大学出版社	2013
18	刘鸿武	从中国边疆到非洲大陆——跨文化区域研究行与思	世界知识出版社	2017
19	陈明昆（主编）	游学非洲——浙师大非洲研究院师生行走非洲十年纪实	世界知识出版社	2017

表 8-3　《非洲研究》《非洲地区发展年度报告》一览

序号	主　编	书　名	出版社	出版时间
1	刘鸿武	非洲研究（2010 年第 1 卷）	中国社会科学出版社	2011.01
2	刘鸿武	非洲研究（2011 年第 1 卷）	中国社会科学出版社	2012.02
3	刘鸿武	非洲研究（2012 年第 1 卷）	中国社会科学出版社	2012.11
4	刘鸿武	非洲研究（2013 年第 1 卷）	中国社会科学出版社	2013.10
5	刘鸿武	非洲研究（2014 年第 1 卷）	中国社会科学出版社	2014.11
6	刘鸿武	非洲研究（2015 年第 1 卷）	中国社会科学出版社	2015.06
7	刘鸿武	非洲研究（2015 年第 2 卷）	中国社会科学出版社	2016.01
8	刘鸿武	非洲研究（2016 年第 1 卷）	中国社会科学出版社	2016.06

（续表）

序号	主　编	书　名	出版社	出版时间
9	刘鸿武	非洲研究（2016 年第 2 卷）	中国社会科学出版社	2016.12
10	刘鸿武	非洲研究（2017 年第 1 卷）	中国社会科学出版社	2017.06
11	刘鸿武	非洲地区发展报告 2011	中国社会科学出版社	2012.11
12	刘鸿武	非洲地区发展报告 2012—2013	中国社会科学出版社	2013.10
13	刘鸿武	非洲地区发展报告 2013—2014	中国社会科学出版社	2014.11
14	刘鸿武	非洲地区发展报告 2014—2015	中国社会科学出版社	2016.03
15	刘鸿武	非洲地区发展报告 2015—2016	中国社会科学出版社	2017.01

二、承担省部级以上课题 140 余项

浙江师范大学非洲研究院深入扎实地开展非洲基础理论研究和前沿问题研究，并紧扣国家重大战略急需，精心设计把握学科发展方向和问题，组织科研人员开展实证与田野调查，至 2016 年已获得国家社会科学基金重点项目、一般项目、青年项目、后期资助项目累计达 19 项，成为国内各类科研机构中承担非洲研究国家社会科学基金项目最多的研究机构。此外，获教育部人文社科重大攻关项目 1 项，一般项目 20 余项。

表 8-4　2007—2017 年浙江师范大学非洲研究院承担国家社科基金项目一览

序号	年	项目名称	负责人
1	2007	中非关系快速发展背景下中国与西方在非洲的利益冲突研究	刘鸿武
2	2009	达尔富尔问题及其对中国外交的影响研究	姜恒昆
3	2010	非洲文化与当代发展	刘鸿武
4	2011	中国援非五十年与中国特色的国际援助之理论总结与实践创新	胡　美
5	2012	非洲宗教的传统形态与现代变迁研究	周海金
6	2013	当代非洲金融发展趋势对中非金融合作的影响及对策研究	张小峰
7	2013	非洲多民族国家族际政治的冲突与整合研究	蒋　俊
8	2013	英属非洲殖民地社会变迁研究（1890—1960）	李鹏涛
9	2014	战争对黑非洲国家建设的影响研究	卢凌宇
10	2014	中非农业合作发展模式创新研究	张　哲
11	2014	南部非洲国际河流水资源利用的历史考察	张　瑾
12	2014	新南非种族与族群关系变迁调查	徐　薇
13	2015	中国对非洲关系的国际战略研究（重大招标项目）	刘鸿武
14	2015	非洲之角地区史视野中的“泛索马里主义”问题研究	肖玉华

（续表）

序号	年	项目名称	负责人
15	2015	中国对非援助编年研究（1956—2015）	胡 美
16	2016	我国生产要素成本上涨与劳动密集型产业向非洲转移研究	刘青海
17	2016	非洲职业教育发展与援助研究	陈明昆
18	2017	非洲疾病演进与防控史研究	胡 美
19	2017	推进中非教育合作的战略与机制创新研究	牛长松

非洲研究院在积极开展学术性基础研究的同时，主动地融入和服务国家对非外交战略，努力由传统学术机构向现代型国家思想和战略智库的方向转型，逐渐成为外交部涉非事务的智库机构，已累计承担外交部涉非事务各类课题30余项，浙江省哲社重点研究基地课题、省哲社规划课题数十项。

作为一个对非洲大陆作整体性、全覆盖、跨学科研究的研究机构，非洲研究院成立以来，在非洲的政治、经济、文化、宗教、艺术、农业等领域开展综合性研究，相继承担中联部、文化部、商业部、农业部、国务院侨办、国家开发银行等中央部门及国际组织的各类课题20余项（不包含外交部和教育部课题）。

表 8-5 浙江师范大学非洲研究院承担部委课题一览

序号	年	项目来源	项目名称	负责人
1	2008	中联部	中非关系全面提升背景下非洲 NGO 的调研与分析	刘鸿武 顾建新
2	2009	国务院侨办（青年项目）	浙商在非洲的活动及其在中非交流中的影响和作用	马恩瑜
3	2009	中国民间组织国际合作促进会	中非公民社会对话会议及考察合作	肖玉华
4	2009	德国海因里希·伯尔基金会	Corporate China in Ethiopia’s Infrastructure Construction Sector: Achievements and Socio-Economic Impact	肖玉华
5	2009	德国海因里希·伯尔基金会	Chinese investment in Zambian mining sectors and its socio-economic influences	李鹏涛
6	2010	比利时外交部	Trilateral research project on “Western and Chinese trade and aid projects and programmers in the Democratic Republic of Congo: conflict or convergence	张小峰

（续表）

序号	年	项目来源	项目名称	负责人
7	2011	国家开发银行政策性研究	中国与欧洲在非战略地位的比较研究	周海金
8	2011	国家开发银行政策性研究	新时期中非金融合作发展及中国的战略选择	张小峰
9	2011	国务院侨办（青年项目）	非洲华侨华人与中国对非公共外交	赵　俊
10	2011	国务院侨办（青年项目）	中国经济转型与在非华人事业发展——理论分析与实证检验	刘青海
11	2011	国家留学基金管理委员会	非洲国家及大学研究生教育法规数据库平台	牛长松
12	2011	德国海因里希·伯尔基金会	Migration and Home in the Context of Globalization: A Research of African Businessmen in Guangzhou and Yiwu	马恩瑜
13	2011	德国海因里希·伯尔基金会	中国在尼日尔三角洲石油资源开发与治理中的角色	王学军
14	2012	国家开发银行	中非农业合作模式及发展路径研究	张　哲
15	2012	文化部外联局对非文化项目	中非文化交流现状及发展趋势：评估与建议	蒋　俊 刘　云
16	2013	中国扶贫基金会项目	中国国际社会责任研究丛书撰写	刘鸿武
17	2013	农业部对外经济合作中心	中非农业合作战略研究	张　哲
18	2014	农业部对外经济合作中心	中苏农业合作开服区投资手册材料整理汇编	张　哲
19	2015	比尔及梅琳达·盖茨基金会	Advocacy on 2015 FOCAC deliverables and its Implications for coming years（2015 年中非合作论坛论坛倡议及其对未来中非关系的影响）	刘鸿武
20	2017	农业部对外经济合作中心	莫桑比克国别农业发展与政策相关资料提供项目	张　哲

作为国家教育部首批区域和国别研究培育基地，非洲研究院共承担包括教育部哲学社会科学研究重大课题攻关项目、重点研究基地招标项目、年度应急课题等在内的教育部各类课题累计达 26 项，成为教育部非洲研究领域的核心支撑机构。

表 8-6　浙江师范大学非洲研究院承担教育部课题项目一览

序号	年	项目来源	项目名称	负责人
1	2009	教育部人文社科重大攻关项目	新时期中非合作关系研究	刘鸿武
2	2009	教育部人文社科青年项目	中国对非教育援助研究	牛长松
3	2009	教育部人文社科青年项目	非洲地区主义研究	李鹏涛
4	2010	教育部“中非大学 20+20 合作计划”项目	新时期中喀教育文化与经济技术合作研究	刘鸿武 牛长松
5	2010	全国教科规划办	美国大学物理学科教学史研究（1876—1950）	周志发
6	2010	教育部人文社科青年项目	非洲非政府组织与中国在非洲的利益保护研究	周术情
7	2010	教育部人文社科青年项目	在华非洲人宗教活动现状及问题研究——以广州、义乌非洲人的宗教活动为例	马恩瑜
8	2010	教育部人文社科青年项目	当代尼日利亚族群问题研究	蒋　俊
9	2010	教育部人文社科青年项目	中国在非企业社会责任问题研究	肖玉华
10	2011	教育部社科司委托项目	当前中东北非紧张形势下加强我国青年工作的若干建议	周玉渊
11	2011	教育部人文社科规划项目	后危机时期中非金融合作发展趋势、路径及中国战略	张小峰
12	2011	教育部人文社科青年项目	新形势下中国参与非洲和平与安全建设研究	王学军
13	2011	教育部人文社科青年项目	博茨瓦纳传统部族的现代变迁——以恩瓦托与叶伊部族为例	徐　薇
14	2012	教育部人文社科重点研究基地重大项目	北非变局对环地中海国际关系的影响研究	刘　云
15	2012	教育部人文社科规划项目	在非华人生存状况及其与当地族群关系研究	周海金
16	2012	教育部人文社科青年项目	非洲区域经济一体化探索：南部非洲共同体 30	张　瑾
17	2012	教育部人文社科青年项目	中非合作论坛与中国的国际制度供给研究	周玉渊
18	2014	教育部应急专项委托项目	推进中外人文交流合作研究——中非人文交流合作	刘鸿武
19	2014	教育部国际合作与交流司指向性研究课题	孔子学院在非洲文化影响力研究	牛长松

（续表）

序号	年	项目来源	项目名称	负责人
20	2014	教育部国际合作与交流司指向性研究课题	中国参与非洲和平安全合作机制研究	王学军
21	2014	教育部国际合作与交流司指向性研究课题	中国走进非洲与中国在非形象的塑造研究	胡　美
22	2016	教育部人文社科专项委托项目	推动中外人文交流合作研究——中非（中埃）人文交流合作	刘鸿武
23	2016	教育部哲学社会科学重大课题攻关项目子课题	中非人文交流：战略布局与运行机制	牛长松
24	2016	教育部国别和区域研究2016—2017年度指向性课题	“一带一路”倡议下的中非三网一化合作研究（以坦桑尼亚、肯尼亚、埃塞俄比亚等为研究对象国	张　哲
25	2016	教育部国别和区域研究2016—2017年度指向性课题	对外援助在推进“一带一路”建设中的作用研究	陈明昆
26	2016	教育部国别和区域研究2016—2017年度指向性课题	中国非洲人文交流机制可行性研究	刘鸿武

三、提交咨询报告并得到批示 40 余份

表 8-7　浙江师范大学非洲研究院提交咨询报告并获批示成果一览

序号	作　者	成果名称
1	刘鸿武	新形势下外交如何更好地为“走出去”战略服务
2	刘鸿武	国际社会对非合作新趋势对我的影响及对策建议
3	集　体	浙江师范大学积极开展非洲问题研究服务国家外交战略
4	周玉渊	当前中东北非紧张形势下加强我国青年工作的若干建议
5	刘鸿武	非洲一体化发展趋势和中国加强同非洲区域、次区域组织合作的基于、挑战与对策建议
6	刘鸿武	制定“软实力援外”战略扩大中国影响力———部分研究人员谈如何应对西方意识形态扩张
7	牛长松	如何借助中非合作论坛提升我对非洲的“软实力”影响
8	张小峰	关于中非金融合作发展前景及对策建议的报告
9	王学军	发展和平——理解中国对非洲的和平与安全政策
10	张 哲	中非农业合作模式及发展路径研究
11	张 哲	浙江民营企业投资非洲及融资建构研究
12	刘青海	中国企业在非洲履行社会责任调查报告

（续表）

序号	作　者	成果名称
13	刘青海	中国企业对非洲投资意向及投资情况——基于对浙江省金华市企业的调查
14	牛长松	China’s Aid and Soft Power in Africa: The Case of Education and Training
15	刘鸿武	埃博拉疫情暴露非洲治理困境　我应把握时机发挥独特作用
16	姜恒昆	在非中企员工安全问题严重　我应多管齐下妥善应对
17	徐　薇	非洲发展与非洲华侨华人生存现状考察
18	王学军	关注有效性，提升话语权：非洲气候变化问题与中非气候治理合作
19	刘青海 刘鸿武	回应中非合作“新殖民主义”论
20	刘鸿武 王　珩	非洲发展趋势及中国对非战略选择
21	刘鸿武	中非人文交流合作
22	刘鸿武	对非洲国家公共外交
23	牛长松	南非教育概况
24	张　瑾	如何消解国际对我在非企业的负面舆论压力
25	李鹏涛 张　哲	排外风潮源于非洲国家内部治理失效　我应警惕非洲出现排华事件
26	徐　薇	博茨瓦纳华侨华人生存现状调研报告
27	张　哲	中非农业合作战略研究
28	刘青海	中非经贸合作现状、未来发展及对策建议
29	王学军	深化中非和平安全合作伙伴关系
30	马恩瑜	关于在华非洲人宗教活动的特点、问题与建议
31	周术情	充分发挥非洲非政府组织在中国应对人质危机中的作用
32	刘鸿武	关于推进中非产能合作的若干建议
33	刘鸿武 周海金	关于进一步推进中国与埃及人文交流合作的建议报告
34	刘青海	加强安全合作、提高中企当地适应能力，深化中尼产能合作
35	刘青海	“后石油时代”的非洲经济格局与中非合作
36	刘鸿武	日非内罗毕峰会对中非关系的可能影响及我之对策建议
37	刘鸿武	日非内罗毕峰会对中非合作的影响及对策建议
38	姜恒昆	中国如何建设性参与南苏丹问题的解决
39	侯万军 范绪锋	中南非人文交流机制化顺乎其势、恰逢其时——深化中南非人文交流专题研究之一
40	王天龙 刘鸿武	中南非人文交流亟需突破障碍、统筹推进——深化中南非人文交流专题研究之二
41	杨　惠 夏　艳	以中南非人文交流带动促进中非人文合作——深化中南非人文交流专题研究之三

此外，浙江师范大学非洲研究院还获得全国侨联颁发的“创新团队奖”、浙江省人民政府颁发的科研成果奖、教学成果奖等奖项。

第二节　打造高校智库的国际化能力

全球化作为一个新的现象，对教育及文化领域的交流与发展产生了深刻的影响。国际化已成为衡量世界一流大学的重要标杆，是世界一流大学建设的必由之路。做好智库学科的国际化能力建设，对学校发展意义深远。培养出具有国际化视野的领军人才，面向国际学术前沿开展高水平学术研究，从而更好地服务于国家建设和地方发展，现在已经成为浙江师范大学的共识。开放创新是智库的生命力所在。

一、高校智库国际化的核心理念

浙江师范大学非洲研究院自 2007 年建院后得以快速发展、在国际上影响力快速提升的一个重要原因，就是一开始就采取了“高起点、国际化”的建院思路和战略。这一核心理念可以概括为“1、2、3”。

“1”是一个目标（定位），就是建设一个在世界有知名度、在国内有影响力的对非研究高校智库。这一定位顺应国家需求和教育改革发展需要，也符合非洲研究院发展的实际情况。

“2”是双向交流，包括“走出去”和“请进来”。既积极学习和吸收国内外先进经验与做法，也积极向别人展示中国特色的非洲研究。积极推进与国际学术机构的交流与合作，克服各种困难“走出去”，走到非洲去，敢于在国际学术的高端平台上走自己的学术发展之路。这需要有开阔的视野、担当的情怀、虚心向外学习与自尊自立的精神。

“3”是三位一体，即“非洲情怀、中国特色、全球视野”三位一体的办院宗旨。正如刘鸿武院长所阐释的，对非洲大陆怀有赏爱之情并以非洲研究为人生事业；站在中华文化厚重土壤上追求非洲研究的中国特色；以开阔的全球视野来认知把握中非关系与非洲问题。中国人的理想就是“自强自立”与“兼济天下”的有机结合，“自度”与“度人”的结合。中国人从来就有一种深沉的“天下情怀”，有一种开阔通达的天下视野，也就是今天所谓的“全球视野”，今天中国的学术更要发扬这一传统。

二、非洲研究院国际化发展的战略路径与核心举措

当前，实施国际化战略、提升国际化水平、加快国际化发展，成为各国科研机构、高校和企业应对科技全球化挑战的共同选择。浙江师范大学的国际化发展战略近年来日益明晰。非洲研究院结合自身特色从“三国”入手：通过国际协同、国际交流、国际会议，奏唱“国际歌”，最终形成国际品牌。

（一）国际协同

非洲研究院与国外多家高校、科研机构、智库等建立了紧密型合作关系，双方研究人员频繁开展访学进修、调研采访、学术交流等。

非洲研究院与非洲智库、科研机构以外的协同主体探索交流合作，如与国家开发银行、中非基金等合作推动中国企业走进非洲；与德国伯尔基金会、英国“更安全世界”、中国扶贫基金会、中非人民友好协会等非政府组织合作推进中国对非公益事业的开展和中非民间组织的交流合作；与新华社非洲总分社等合作在非洲建立研究分院，将研究基地前移海外。以外交部“10+10 中非智库结对计划”为依托，与尼日利亚国际事务研究所建立了长期合作关系，双方经常互派科研人员及留学生。

表 8-8　浙江师范大学非洲研究院培养外国留学生一览

序号	姓　名	国　籍	性别	学习时间	专　业
1	Tano Kuassi Joseph	科特迪瓦	男	2009.09–2012.06	世界史
2	Njal Jorge Soquico Francisco	莫桑比克	男	2010.09–2014.10	世界史
3	Munir Ahmed Muhammed Ali Zyda	埃　及	男	2012.09–2015.06	世界史
4	Hong Shen	加拿大	女	2012.09–2015.06	国际关系
5	Viola Rothschild	美　国	女	2014.09–2015.06	进修生
6	Asse Asse Martin Joel	喀麦隆	男	2015.09–	国际关系
7	Sidi Yahya Sidi	毛里塔尼亚	男	2015.09–	国际关系
8	Tagilbekova Dina	哈萨克斯坦	女	2016.09–	国际关系

（续表）

序号	姓 名	国 籍	性别	学习时间	专 业
9	Mvuh Zouliatou	喀麦隆	女	2016.09–	非洲教育和社会发展
10	Larby Foued	突尼斯	男	2016.09–	非洲教育和社会发展
11	Abah Bidias Alain Steve	喀麦隆	男	2016.09–	非洲教育和社会发展

（二）国际交流

随着浙江师范大学非洲研究院对非研究工作的广泛深入开展，来访的外国专家、学者和研究生日益增多。建院至今，共有400余位来自贝宁、博茨瓦纳 、几内亚、肯尼亚、坦桑尼亚等30多个非洲国家及英国、美国、法国、荷兰、德国、比利时等欧美国家的专家、学者、研究生以及政府官员前来访问和交流。非洲研究院与尼日利亚阿布贾大学、坦桑尼亚多多马大学、南非斯坦陵布什大学等近20家机构建立和开展了紧密的协同合作。

表8-9 浙江师范大学非洲研究院与外方签署合作协议、意向与备忘录一览

编 号	合作单位	签署日期	语 言	标 题
XY08001	Airways Travel Institute	2008.12.03	中、英	与肯尼亚航空学院合作协议
XY08002	Abuja University	2008.12.03	中、英	与阿布贾大学合作协议
XY08003	University of Dodoma	2008.12.03	中、英	与多多马大学合作协议
XY08004	JOS University	2008.12.03	中、英	与乔斯大学合作协议
XY09001	Center for Chinese Studies, Stellenbosch University	2009.01.08	中、英	与斯坦陵布什大学中国研究中心合作协议
XY09002	The Africa Institute of South Africa	2009.11.10	英	与南非非洲研究所合作协议
XY10001	National Institute of Oriental Languages and Civilizations（INALCO）	2010.07.13	中、英	与法国国立东方语言文化学院合作协议
XY13001	Center for Applied Economic Research, University of Dakar	2013.07.15	英	与达喀尔大学应用经济研究中心合作协议
XY13002	Mauritanian Center of Studies and Strategic Researches	2013.09.01	英	与毛里塔尼亚战略研究中心合作协议
XY16001	Center for China Studies, Nigeria	2016.04.16	英	与尼日利亚中国研究中心合作协议

（续表）

编　号	合作单位	签署日期	语　言	标　题
XY16002	The Thabo Mbeki African Leadership Institute	2016.12.05	英	与南非塔博·姆贝基非洲领导力研究所合作协议
XY16003	Kenya Institute for Public Policy Research and Analysis	2017.05.02	英	与肯尼亚公共政策分析研究所合作协议
BW12001	Institute of Peace and Security Studies （IPSS） of Addis Ababa University	2012.06.20	英	有关与亚的斯亚贝巴大学共同主办第二届中非智库论坛等事宜
BW13001	Nigerian Institute of International Affairs	2013.11.18	英	“中非智库 10+10 合作伙伴计划”谅解备忘录：尼日利亚国际事务研究所
BW16001	Federal Meles Zenawi Leadership Academy	2016.08.10	英	与埃塞俄比亚梅莱斯领导力学院学术合作、交流

表 8-10　浙江师范大学非洲研究院外宾来访一览

序号	代表团成员	日　期	目　的
1	肯尼亚外长夫人 Ruth Akinyi Tuju	2007.10.25	参观
2	社会公益网（Fahamu）及其新闻网站（Pambazuka）负责人费罗兹·曼基（Firoze Manji）、斯蒂芬·马科斯（Stephen Marks）	2008.04.04	参观、座谈
3	安哥拉前总理洛波·多纳西门托（Lopo Do Dascimento）为团长的非洲高级访问团一行 7 人	2008.05.07	参观、考察、商谈合作
4	南非教育部国际司司长杰比（Ghaleeb Jeppie）	2008.09.16	参观、座谈
5	喀麦隆孔子学院副院长暨雅温得第二大学国际关系学院副院长路易教授（Jean-Louis Atangana Amougu）	2008.10.06	参观
6	英国皇家非洲协会副会长、原爱丁堡大学非洲研究中心主任肯尼斯·金（Kenneth King）及其夫人、香港中文大学研究助理教授比约恩·哈拉尔德·诺德维特（Bjorn harald nordtveit）	2008.10.09—2008-10.14	学术交流
7	2008 年非洲法语国家中学校长研究班 10 余名学员	2008.10.29	参观、交流
8	21 名来自非洲国家的大学校长、学者与教育官员	2008.12.03	参观、交流
9	非洲 NGO 组织社会公益网（Fahamu）负责人斯蒂芬·马科斯（Stephen Marks）、智雅（Sanusha Naidu）	2009.07.02	参观、座谈
10	23 名来自非洲国家的大学校长、教授及教育官员	2009.12.10	参观、座谈

（续表）

序号	代表团成员	日　期	目　的
11	苏丹共和国尼亚拉大学（University of Nyala）校长阿巴克尔·阿里伊德利斯（Abbaker AliIdris）一行 3 人	2010.03.29	参观、商谈合作
12	非盟副主席姆温查等非盟高官一行 6 人	2010.09.15	访问
13	美国西北大学（Northwestern University）人文与科学学院理查德·约瑟夫教授（Richard Joseph）	2010.09.20	参观、座谈
14	荷兰莱顿大学非洲研究中心主任托恩教授（Ton）及夫人	2010.10.20	学术交流
15	日本大学文理学部青木一能教授一行 4 人	2010.11.02	参观、座谈
16	苏丹驻华大使米尔加尼·穆罕默德·萨利赫、喀麦隆驻华大使马丁·姆巴纳、埃及驻华大使馆副馆长依哈卜·哈桑等非洲驻华使节	2010.11.27	参观、考察
17	津巴布韦南部非洲研究和文献中心执行主任詹森女士（Phyllis Johnson）一行 7 人	2011.03.17	参观、座谈
18	法国波尔多大学政治学院、法国国家科学研究院（CNRS）教授丹尼尔·C. 巴赫（Daniel C. Bach）、法国驻上海总领事馆大学合作专员福胜安（Siegfried Fau）	2011.04.21	参观、座谈
19	南非斯坦陵布什大学中国研究中心（Centre for Chinese Studies at Stellenbosch ）主任格文	2011.06.22—2011.06.26	访问
20	日本宫崎大学（University of Miyazaki, Japan）岩田拓夫博士（Takuo IWATA）	2011.07.01	学术讲座
21	法国高等社会科学院中国近现代研究中心伊丽莎白教授	2011.07.04	学术交流
22	香港科技大学沙伯力教授、香港理工大学严海蓉教授	2011.07.04	学术讲座
23	“非洲国家友好城市官员研修班”代表团 23 人	2011.09.03	参观
24	日本大学文理学部青木一能教授等一行 10 人	2011.09.07	学术交流
25	坦桑尼亚圣·奥古斯丁大学国际政治系梅威斯加·巴热古教授（Mwesiga Baregu）、加纳大学非洲研究院托马斯·艾杜教授（Thomas Aidoo）	2011.09.10	学术交流
26	非洲法语国家学者代表团一行 19 人	2011.09.18	参观、访问
27	苏丹驻华大使米尔加尼·穆罕默德·萨利赫	2011.09.20	捐赠展品
28	国际危机组织东北亚事务总监兼中国首席代表孔珊（Stephanie T. Kleine-Ahlbrandt）、非洲项目总监埃洛博士（Comfort Ero）、非洲之角项目总监霍根多恩博士（Dr. EJ Hogendoorn）等一行 4 人	2011.09.26	参观、座谈

（续表）

序号	代表团成员	日 期	目 的
29	坦桑尼亚工贸部秘书长乔伊斯·马普约一行6人	2011.09.29	参观、访问
30	美国哥伦比亚大学赫伯特·雷曼政府管理教授(Herbert Lehman Professor of Government)、人类学教授马哈穆德·马姆达尼（Mahmood Mamdani）	2011.10.31	学术讲座
31	德国莱比锡大学卡鲁吉亚博士（John Njenga Karugia）	2011.11.03	学术讲座
32	法国国家科学研究院裴天士研究员	2011.11.08	学术讲座
33	“非洲智库研修班”学员	2011.11.15	座谈
34	荷兰《人民报》记者汉斯	2011.11.23	采访
35	法国社会科学高等学院中国学博士研究生拉斐尔·罗西尼奥尔（Raphael Rossignol）	2011.11.24—2011.12.03	学术交流
36	美国埃默里大学发展中国家研究院主任赛塔·让朝德·尼勒森教授（Sita Ranchod-Nilsson）	2011.12.12	学术讲座
37	美国印第安纳大学学者罗斯（Heidi Ross）	2011.12.12	学术交流
38	博茨瓦纳大学历史系教授瓦扎·莫勒佩迪（Wazha Morapedi）夫妇	2011.12.13—2011.12.15	参观、座谈
39	莫桑比克总理艾雷斯·阿里（Aires Bonifacio Baptista Ali）、莫桑比克驻华大使安东尼奥·伊那西欧(Antonio Inacio Junior）等	2012.02.10	访问
40	国际危机组织（International Crisis Group）南北苏丹问题分析员扎克·韦尔京（Zach Vertin）及其助理布赖恩·克莱恩（Bryan Klein）	2012.02.14	参观、座谈
41	匈牙利佩奇大学人文学院非洲研究中心主任伊斯特万·泰勒斯博士（Istavan Tarrosy）	2012.04.02—2012.04.06	参观、访问
42	美国伍卓·威尔逊国际学术研究中心教授赫伯特·威斯（Herbert Weiss）夫妇，摩洛哥穆罕默德五世大学历史系教授穆罕默德·曼苏尔（Mohamed El Mansour）、非洲研究院教授法蒂玛·哈拉克（Fatima Harrak）夫妇，荷兰自由学者莉芙·乔瑞斯	2012.05.14—2012.05.15	学术讲座
43	南非斯坦陵布什大学中国研究中心研究员道乌达·西塞博士（Daouda Cisse）	2012.06.01	学术交流、讲座
44	美国哈佛大学非洲与北美研究系教授拜顿·杰伊弗博士（Biodun Jeyifo）、伦敦大学东方和非洲研究学院副研究员赫达·卢拉·穆斯塔法博士（Huda Nura Mustafa）	2012.06.11	学术讲座

（续表）

序号	代表团成员	日　期	目　的
45	埃塞俄比亚亚的斯亚贝巴大学和平与安全研究所所长穆卢盖塔·盖布瑞沃特·柏赫（Mulugeta Gebrehiwot Berhe）、项目办主任马库斯·科纳（Markus Koerner）	2012.06.19—2012.06.20	商谈合作
46	美国犹他州杨百翰大学教育管理和创新系教授麦克林·A. 吉欧－加加博士（Macleans A. Geo–JaJa）	2012.06.25	学术讲座
47	非洲智库班学员一行 26 人	2012.06.26	参观、座谈
48	巴黎政治学院国际关系研究中心博士研究生唐缇女士	2012.08.22	学术交流
49	南非斯坦陵布什大学人文与社会科学学院院长亨尼·考茨（Hennie Kotzé）、经济与管理科学学院副院长罗耐尔·杜布里兹女士（Ronel du Preez）、研究生与国际处处长罗伯特·考茨（Robert Kotzé）、财务处处长曼尼·隆巴德（Manie Lombard）	2012.08.30	参观、访问
50	南苏丹朱巴大学外事处处长勒本·内尔森·莫洛博士（Leben Nelson Moro）	2012.09.02	学术讲座
51	北苏丹尼亚拉大学（University of Nyala）和平与社区发展研究中心安瓦尔·尤思福·阿塔玛南博士（Anwar Yousif Attaelmanan）	2012.09—2012.11	学术交流、讲座
52	巴西葡非巴联合联邦大学（University for the International Integration of the Afro–Brazilian Lusophony）校长保罗·斯贝勒（Paulo Speller）	2012.11.09	参观、访问
53	莫桑比克新闻摄制组 5 名记者	2012.12.07	采访
54	南非斯坦陵布什大学研究生与国际合作处处长罗伯特·考茨（Robert Kotzé）	2012.12.10	参观、访问
55	肯尼亚国家发展与 2030 远景规划国务部长威克利夫·奥帕拉尼亚（Wycliffe Oparanya）	2012.12.13	参观、访问
56	加蓬国民教育、高等和技术教育、职业培训、文化、青年和体育部长塞拉芬·蒙敦加（S é raphin Moundounga）一行 15 人	2012.12.25	参观、访问
57	坦桑尼亚达累斯萨拉姆大学校长雷卡萨·穆堪达拉一行 3 人	2013.01.15	参观、访问
58	博茨瓦纳大学商学院院长昂库特维勒·奥萨塔教授（Onkutlwile Othata）、社会学系主任莫纳庚·莫戈拉克维教授（Monageng Mogalakwe）	2013.03.18	参观、座谈
59	贝宁常驻联合国教科文组织大使奥拉比伊·亚伊	2013.03.22	参观、座谈

（续表）

序号	代表团成员	日　期	目　的
60	英国外交和联邦事务部高级经济官员代表团一行 5 人	2013.04.17	参观、座谈
61	美国公益服务委员会一行 3 人	2013.05.17	参观、座谈
62	巴黎政治学院国际关系研究中心博士研究生唐缇女士	2013.06.01—2013.06.30	学术调研
63	美国约翰斯·霍普金斯大学研究生代表团一行 3 人	2013.06.17	参观、座谈
64	非洲高级外交官访华团一行 20 人	2013.08.26	参观、座谈
65	肯尼亚非洲科技研究中心执行主席、项目主任、清洁能源安全政策创新体系（Policy Innovation Systems for Clean Energy Security）项目经理贝纳德·穆奥克（Benard Muok）、肯尼亚艾格顿大学（Egerton University）行业联络员罗达·毕若世女士（Rhoda Birech）	2013.09.28	参观、学术讲座
66	尼日利亚国际事务研究所研究部主任奥加贝·奥彻（Ogaba D. Oche）教授、研究员伊法穆·乌比博士（Efem N. Ubi）、研究员突尼·阿金库奥图女士（Tooni Akinkuotu）	2013.11.17—2013.11.19	商谈合作
67	英国牛津大学非洲经济研究中心主任、世界银行发展研究部前主任、英国政府非洲委员会顾问保罗·柯里尔教授（Paul Collier），英国国际发展部首席经济学家、牛津大学教授斯特凡·德尔康（Stefan Dercon）	2013.11.19	学术讲座
68	南非罗德斯大学政治系主任保罗·比绍夫（Paul Bischoff）教授及夫人沃因舍特·比绍夫女士（Woineshet Bischoff）、政治系讲师斯福卡兹·玛加德拉博士（Siphokazi Magadla）、政治系博士研究生迈克·玛乌拉（Mike Mavura）	2013.12.14	学术调研
69	美国雪城大学（Syracuse University）非美研究学院和马克斯韦尔学院贺拉斯·坎贝尔教授（Horace Campbell）	2013.12.18	学术讲座
70	美国乔治顿大学沃尔什外交学院国际商务外交学教授约翰·M. 克兰（John M. Kline）一行 3 人	2014.04.11	学术讲座
71	巴西里约热内卢瓦加斯基金会法律学院副院长、巴西法律教师协会主席埃万德罗·梅内塞斯·德·卡瓦略（Evandro Menezes de Carvalho）	2014.04.23	学术讲座
72	比利时布鲁塞尔刚果盆地艺术史研究中心主任菲尼克斯·马克·里奥（Felix Marc Leo Michel）、香港民族艺术文化有限公司卢重晋	2014.04.28	参观、访问

（续表）

序号	代表团成员	日 期	目 的
73	南非国际关系与合作部亚洲及中东副总司长阿尼尔·苏克拉尔（Anil Sooklal）大使及夫人	2014.05.19	参观、讲座
74	美国佛罗里达大学国际关系学专业博士研究生莉娜·本·阿卜杜拉（Lina Benabdallah）	2014.06.09—2014.06.11	学术交流
75	德国科隆大学米凯拉·佩里肯博士（Michaela Pelican）	2014.06.16—2014.06.18	学术交流、讲座
76	美国博登学院学生维奥拉·罗斯柴尔德（Viola Rothschild）	2014.09.01—2015.07.01	进修
77	美国麦卡利斯特学院历史系主任孟洁梅教授（Jamie Monson）	2014.08—2015.01	工作
78	美国霍华德大学博士生费沃库勒·姆延杜（Phiwokuhle Mnyandu）	2014.09.18	学术交流
79	坦桑尼亚前总统姆卡帕一行 11 人	2014.09.22	访问、演讲
80	中非新闻交流中心记者团一行 9 人	2014.09.23	学术交流
81	欧美经济合作与发展政策研究专家一行 5 人	2014.09.23	学术交流
82	中国公共外交文化交流中心顾问马可之（Marc Schwarz）	2014.10.21	商谈合作
83	南非金山大学学者阿库吉（Akoojee, Mahomed Salim Ahmed）等 15 人	2014.10.23	参加学术会议
84	美国佛罗里达大学外事处长、非洲研究中心前主任	2014.11.07	讲座、商谈合作
85	埃塞俄比亚亚的斯亚贝巴大学和平与安全研究所博士研究生格塔丘·泽鲁·葛布瑞丹（Getachew Zeru Gebrekidan）	2014.09.20—2014.11.04	学术交流
86	马里驻华大使兰辛·通力（Lansina Kone）一行 2 人	2104.12.09	访问、捐赠藏品
87	法国外交部分析、预测与战略中心主任贾斯丁·瓦伊斯（Justin VAISSE）博士一行 5 人	2015.03.25	学术交流
88	南非西开普敦大学外事处长利奥利·马丁·杰克逊（Leolyn Martin Jackson）	2015.03.31	商谈合作
89	南非马蓬古布韦战略反思研究所运营总监奥马尔一行 5 人	2015.04.13—2015.04.14	学术交流、商谈合作
90	哈佛大学杜波依斯非洲和非洲裔美国人研究所教授、北京外国语大学访问学者哈罗德·多德森·韦弗（Harold Dodson Weaver）	2015.05.25	访问、学术交流、讲座

（续表）

序号	代表团成员	日　期	目　的
91	苏丹巴赫里大学古玛·孔达·科美特教授（Guma Kunda Komey）一行 3 人	2015.06.04	学术交流
92	美国约翰斯·霍普金斯大学大卫·斯鲁普教授（David W. Throup）一行 3 人	2015.06.15	学术交流
93	喀土穆大学阿普杜拉·哈利姆·艾尔南帝教授（Abdel Halim Elnadi）一行 4 人	2015.06.15	学术交流
94	乌拉尔联邦大学（Ural Federal University）外事副校长马克西姆·霍米亚科夫（Maxim Khomyakov）教授及夫人	2015.06.23	访问、学术交流
95	非洲非政府组织培训团一行 20 人	2015.08.27	访问、座谈
96	非洲国家青年领袖研修班成员 15 人	2015.08.28	访问、座谈
97	坦桑尼亚大学校长团一行 9 人	2015.09.21	访问、座谈
98	西开普大学徐永新教授	2015.10.08	座谈、讲座
99	坦桑尼亚达累斯萨拉姆大学莫希教授（Humphrey P.B. Moshi）	2015.11.02	讲座
100	台湾政治大学严震生教授	2015.11.02—2015.11.04	讲座
101	“中非经贸合作发展研修班”学员 27 人	2015.11.25—2015.11.26	培训
102	美国密歇根州立大学非洲研究中心主任孟洁梅教授（Jamie Monson）	2015.12.04	访问
103	上海体育学院喀麦隆籍博士研究生罗德里格（Taling T. Rodrigue）	2015.12.11—2015.12.12	参加会议
104	北京电影学院索马里籍博士研究生和丹（Hodan Osman Abdi）	2015.12.11—2015.12.12	参加会议
105	加蓬武术协会主席吕克·本扎（Luc Bendza）	2015.12.11—2015.12.12	参加会议
106	美国公益服务委员会驻东北亚奎克国际事务代表杰生·托尔（Jason G Tower）一行 3 人	2015.12.16	座谈
107	博茨瓦纳酋长院主席普索·哈博罗内（Kgosi Puso Gaborone）率非洲友好人士联合考察团一行 12 人	2016.03.27	参观、访问
108	比利时纪实作家莉维·约里斯（Lieve Joris）	2016.03.30	讲座、访问
109	来自坦桑尼亚、尼日利亚、利比里亚、安哥拉、津巴布韦、赞比亚、肯尼亚等非洲 22 个国家的记者团	2016.04.17	参观、访问

（续表）

序号	代表团成员	日　期	目　的
110	美国驻上海总领事馆政治领事孙昭朗（Jonathan Crawford）	2016.04.20	参观、访问
111	法国农业发展研究中心学者、法国教育与科技部全球化与发展研究会科学家小组（GIS-GEMDEV）原负责人让－雅克·加巴博士（Jean-Jacques Gabas）	2016.05.27	座谈、讲座
112	伦敦大学亚非学院远程教学项目主管尼尔斯·哈恩博士（Niels Hahn）	2016.10.28—2016.10.30	座谈、讲座
113	埃塞俄比亚智库“对话、研究与合作中心”（Center for Dialogue, Research and Cooperation）执行主任阿布德塔（Abdeta D. Beyene）、高级顾问特法拉大使（Teferra Shiawl-Kidanekal）	2016.12.02	座谈、讲座
114	埃塞俄比亚阿瓦萨市市政行政官依曼优萨·塔妲斯（Yimenyushal Tadesse）、市副行政官切瑞奈·菲拉特（Cherinet Filate）、南方省卡达斯特项目经理比茹涵·替卡索（Birhanu Tirkaso）、南方省城市规划专家阿迪索·沙贝沙（Adisu Sherbeza）	2017.02.27	座谈、讲座
115	挪威卑尔根大学社会人类学及苏丹问题研究学者列夫·曼格教授（Leif Manger）	2017.03.01	座谈、讲座
116	乌拉尔联邦大学副校长马克西姆·霍米尔科夫（Maksim Khomiakov）、高等经济学院圣彼得堡分校校长谢尔盖·卡多奇尼科夫（Sergei Kadochnikov）一行	2017.03.03	参观、访问
117	美国卡特中心和平项目副总裁瑞俊丹（Jordan Ryan）、卡特中心中国项目高级项目助理朱颖博士	2017.03.29	座谈、讲座
118	南非豪登省议会副议长、省非国大执政党执行委员乌胡鲁，豪登省兰德西市市长科胡马罗，兰德西市市政总经理塔咪，兰德西市环保局局长莫西斯	2017.04.06	座谈、讲座
119	香港大学教育学院教育政策研究中心常务副总监、香港教育研究学会主席、香港比较教育学会原会长李军教授	2017.05.08	座谈、讲座

非洲研究院积极地“走出去”，近年共有160余人次赴世界各地尤其是非洲参与国际会议、调研、合作项目等。如刘鸿武教授2014年3月受英国牛津大学非洲经济研究中心等机构的邀请，率团赴英国访问，出席牛津大学“非洲经济发展2014年学术研讨会”，与来自世界各地研究非洲经济与发展的学

者进行了沟通与交流。在英国期间，刘鸿武教授还应邀赴英国皇家国际事务研究所（Chatham House）做了题为“中非关系对非洲发展的影响”（Impacts of Sino-African Relations on Africa's Development）专题演讲。此前，英国牛津大学非洲经济研究中心 2013 年 11 月与非洲研究院联合主办了“非洲经济发展与减贫：现状与趋势”高端论坛。

表 8-11　2014—2017 年浙江师范大学非洲研究院教师赴非洲调研情况

序号	姓　名	目的地	时　间
1	肖玉华	埃塞俄比亚	2014.05.30—2014.06.30
2	王学军	埃塞俄比亚	2014.06.15—2014.07.15
3	牛长松	南非、坦桑尼亚	2014.11.24—2015.02.24
4	张　哲	南非、坦桑尼亚	2014.11.24—2015.03.03
5	赵　俊	卢旺达	2015.01.01—2015.06.01
6	武　卉	尼日利亚	2015.05.02—2015.08.01
7	徐　薇	南　非	2015.06—2015.08
8	李鹏涛	坦桑尼亚	2016.07.09—2016.08.10
9	张　勇	坦桑尼亚	2016.07.09—2016.08.10
10	张　瑾	南非、津巴布韦	2016.10.09—2016.11.09
11	张　哲	莫桑比克	2016.10.09—2016.11.06
12	徐　薇	南　非	2017.03.09—2017.06.03
13	胡　美	毛里塔尼亚	2017.03.26—2017.04.25
14	刘青海	毛里塔尼亚	2017.03.26—2017.04.25
15	赵　俊	东　非	2017.07—2017.10
16	王学军	肯尼亚、尼日利亚	2017.07—2017.10
17	牛长松	南部非洲	2017.07—2017.10
18	张　哲	苏丹、赞比亚、刚果	2017.07—2017.10

注：此表仅涉及非洲研究院立项的赴非洲调研课题，不包含学者为“中非联合研究交流计划”、国家社科基金项目、其他部委项目等进行的调研。

（三）国际会议

浙江师范大学陆续与驻外使馆、非政府组织、学术机构等联合举办高端学术研讨会数十次。2010 年在南非举办“纪念中非合作论坛成立十周年”国际研讨会，时任国家副主席习近平出席开幕式并作重要演讲。这些高层次国际会议的举办明显提升了浙江师范大学及其非洲研究院的国际知名度。

表 8-12　浙江师范大学非洲研究院举办的国际学术会议一览

序号	日　期	地　点	会议名称	举办单位
1	2007.09.01	中国金华	“21 世纪的中非合作：战略与途径”国际学术讨论会	浙江师范大学
2	2010.06.25	中国金华	“中非 NGO 与中非地方政府合作”研讨会	中外友好协会、浙江师范大学
3	2010.07.14—2010.07.15	中国金华	“中非非政府组织在落实联合国千年发展目标方面的地位与作用”研讨会	中国民间组织国际交流促进会主办，中非合作论坛中方后续行动委员会秘书处、浙江师范大学非洲研究院合办
4	2010.10.22	中国金华	“中非公民社会对话：中国对非交往中的地方省份和中小企业”国际研讨会	浙江师范大学、德国海因里希·伯尔基金会
5	2010.11.18	南非比勒陀利亚	“纪念中非合作论坛成立十周年学术研讨会”	中国驻南非大使馆、浙江师范大学、南非国际问题研究所
6	2011.05.19	中国金华	“非洲安全与发展”国际研讨会	浙江师范大学、更安全世界协会
7	2011.10.27—2011.10.29	中国杭州、金华	中非智库论坛第一届会议	浙江师范大学
8	2012.10.12—2012.10.13	埃塞俄比亚比绍夫图	中非智库论坛第二届会议	浙江师范大学、埃塞俄比亚亚的斯亚贝巴大学和平与安全研究所
9	2013.9.24	中国北京	中非治国理政与发展经验国际研讨会	中央党校国际战略研究所承办，浙江师范大学、中国亚非学会协办
10	2013.10.21—2013.10.22	中国北京	中非智库论坛第三届会议	浙江师范大学、中国社会科学院西亚非洲研究所
11	2013.11.19	中国金华	非洲的经济发展与减贫：现状与趋势高端论坛	浙江师范大学、英国驻华使馆
12	2014.03.28	尼日利亚拉各斯	尼中关系对话研讨会	浙江师范大学非洲研究院、尼日利亚国际事务研究所
13	2014.04.19—2014.04.20	中国金华	非洲与外部世界关系的历史变化研讨会	浙江师范大学非洲研究院、中国非洲史研究会

（续表）

序号	日　期	地　点	会议名称	举办单位
14	2014.10.23—2014.10.24	中国金华	中非教育发展与能力建设国际研讨会暨 NNC 与“非洲教育译丛”发布会	浙江师范大学非洲研究院和国际比较教育研究院
15	2015.03.25	中国金华	“中法如何合作推动非洲共同发展”高端论坛	浙江师范大学非洲研究院、法国外交部分析预测与战略中心
16	2015.04.13—2015.04.14	中国金华	“中非历史进程与文明形态对话”研讨会	浙江师范大学非洲研究院、南非马蓬古布韦战略反思研究所
17	2015.09.09—2015.09.10	南非茨瓦尼	中非智库论坛第四届会议	浙江师范大学、南非马蓬古布韦战略反思研究所、南非外交部
18	2015.12.11—2015.12.12	中国金华	首届中非影视合作论坛	浙江师范大学非洲研究院和文化创意与传播学院、《当代电影》杂志社、四达时代集团
19	2016.04.14—2016.04.16	中国义乌	中非智库论坛第五届会议	浙江师范大学、义乌市人民政府
20	2016.05.21—2016.05.22	中国金华	全国非洲文学研究高端论坛	浙江师范大学非洲研究院和外国语学院
21	2016.08.10—2016.08.12	肯尼亚蒙巴萨	中非媒体智库研讨会	浙江师范大学非洲研究院、中非发展基金、肯尼亚非洲经济研究所、肯尼亚公共政策与分析研究院、中华人民共和国驻肯尼亚共和国大使馆
22	2016.10.27	中国义乌	2016 非洲科技商业女性峰会	浙江师范大学非洲研究院、SAP（Systems Applications and Products in Data Processing）
23	2016.12.26	中国金华	埃博拉后非洲卫生局势新变化与中非卫生合作研讨会	浙江师范大学非洲研究院主办，浙江大学全球卫生研究中心、比尔和梅琳达盖茨基金会协办
24	2017.03.22	中国金华	中非水文明交流对话国际研讨会	浙江师范大学非洲研究院非洲历史文化所
25	2017.04.01	中国金华	教育部浙江师范大学中国南非人文交流研究中心成立仪式暨新时期中南非和中非人文交流战略研讨会	浙江师范大学非洲研究院

（续表）

序号	日　期	地　点	会议名称	举办单位
26	2017.06.21—2017.06.22	埃塞俄比亚亚的斯亚贝巴	中非减贫发展高端对话会暨智库论坛	浙江师范大学、非盟领导力学院
27	2017.07.08—2017.07.10	坦桑尼亚桑给巴尔	中非影视合作论坛第二届会议	浙江师范大学非洲研究院和文化创意与传播学院、中国驻桑给巴尔总领事馆、桑给巴尔国际电影节、达累斯萨达姆孔子学院

三、高校智库国际化的理性思考

从影响力看，浙江师范大学智库国际化的探索已经取得了一定成效，但在某些方面还处在较低水平，离真正的国际化还有差距。

（一）国际化是什么？

董明珠说："对企业来说，真正的国际化不是把产品卖到国外，而是创出自己的品牌。"对中国高校来说，国际化不仅仅指互派留学生数量、外籍教师和海外进修人数，而是通过国际化办学形成国际竞争力，在国际学术舞台上发出"中国好声音"。中国的非洲研究就是要走出一条在开放的国际化过程中建立自己民族品牌的道路。浙江师范大学非洲研究院提出的"建构有特色的中国非洲学"发展道路，就是一条国际化与中国化、开放性与自主性互为支撑、相互转化的道路，这也正是中国非洲学的特色之一。

过去三十多年，我们对国际化的理解常常有些肤浅，以为国际化就是欧美化、西方化。今天的国际化，应有更开阔高远的视野，需从横向和纵向两个维度去理解。横向上，国际化应该是东西南北全方位的开放与学习，既要向发达国家学习，也要向发展中国家学习，既要引进来，还要走出去，既要引进发达国家的东西，也要引进发展中国家的东西，总之，一切有利于我们国家发展进步的东西，无论它来自哪里，我们都应该学习。因而我们走出去，就要走向东西南北，走向全世界。国际化是一个动态反复与不断提升的过程，一个反反复复引进、消化、吸收的过程，一个引进他人以发展自我、发展自我以影响世界的过程。既要走出去，还要走回来，在反复往返的动态过程中探寻我们自己的品牌，形成我们自己的核心竞争力。

（二）国际化为什么？

国际化、协同化、自主化，都是高校实现创新发展的工具与手段。它服务于我们的学科建设，有助于创新能力提升。不是为了协同而协同，也不是为了国际化而国际化。哪些方面需要协同，哪些方面需要国际化，都应该根据学科建设、人才培养、服务国家发展的目标来确定，创新能力的提升是国际化、协同化、自主化的出发点与归属。只有致力于原创性的思想，有自己的独特的东西，人家才会需要我们，人家才会尊重我们，我们才有到国际上去的资格。而我们也只有走到国际上去，与国际学术对话，才知道哪些是我们自己的东西，才知道自己的特色是什么。开放、包容、自尊、自立，这些关系其实是互为支撑、互为前提的。总之，国际化的目的是发展自我，是懂得世界而能自立于世界。

（三）国际化怎么做？

从世界一流大学的科研国际化进程看，高校智库国际化必须具备以下五个条件：研究内容的世界前沿性和前瞻性；研究成果的世界先进性；研究平台和手段的世界先进性及共享性；研究人员水平的世界公认性；研究人员的世界流通性。只有具备了这些条件，才能与国际对话，才能有实力参与国际竞争，才能跻身一流。这是智库国际化的目标，也是智库国际化的任务。归根结底，就是要将人才、项目、研究基地在国际化的高端平台上实现完美结合，通过与国际一流的管理体制和机制融合，构筑大的研究基地，吸引和造就优秀拔尖人才，拓展与国际合作和交流的渠道，推出高水平的原创性研究成果。达到国际化应从以下五个方面着手。

第一，智库信息的国际化。紧跟世界研究前沿，全方位、多渠道地收集科研信息，建立完整的非洲研究数据库，实现资源共享。多渠道、快速度、高质量地向世界传递信息，通过在国外期刊上发表文章，学校、研究组、院系、研究机构、研究人员等的网页、微博、微信公众号，国际学术交流会、国际访问、国际项目合作等渠道发散我们的信息，扩大知名度。

第二，人才队伍的国际化。建设一支专兼职结合、职称和学位结构合理、素质优秀的科研与管理队伍。采取特殊而强有力举措继续培养、选拔、引进人才。在稳定和扩大专职队伍的同时，积极探索兼职队伍、流动岗位科研人员的聘任和合作机制，形成专兼结合、稳定与流动、校内与校外相结合的创新团队。

第三，研究过程的国际化。积极参与全球性、区域性的双边或多边国际研究计划。创造条件让我国研究人员参与国外高水平的研究和国际学术组织的重要活动。如选派研究人员到国外进修或做访问学者、与国外联合培养研究生、开展短期项目合作、推介学者进入国际学术组织、支持师生参加各种国际学术交流会，积极建立与国外的合作研究中心。

第四，研究成果的国际化。建设好哲学社会科学重点研究基地，优质完成现有高层次项目，推出高水平成果，并将这些成果推介给国际社会，推介到非洲去。发表高水平论文、咨询报告，编纂出版专著、文库，提升科研成果层次，建好国家级、省级高端平台。组建"成果转化中心"，推进学术研究、教育合作、人才培养、政策咨询的体制与机制创新。

第五，体制机制的国际化。建立与国际化、智库建设目标相适应的学术竞争机制、考核奖励机制和管理体制。建立相应灵活的人事和财务制度，给予一定政策倾斜。人事方面，突破常规体制，因事设岗，绩效考评；财务方面，加大投入，宏观管理。因为战乱等因素，全世界消费水平最高的两个国家在非洲。高校鼓励学者去非洲开展研究，应在交流名额、经费补助、成果奖励等方面适当倾斜。

为进一步推进智库的国际化能力建设，笔者建议：理顺体制机制，强化支持力度；建立能适应和推进国际化的评价与奖励制度；提升管理队伍、学术队伍的知识结构与国际化能力；设立推进国际化的专门机构与部门，形成稳定的管理队伍，争取在境外建立实体性研究基地；进一步提升各平台建设的国际化水平，包括双（多）语化、信息化、流动化，开展国际合作出版、合作办会、合作育人、合作宣传、合办活动。

第三节　提升智库成果传播能力

国际社会普遍认为，全球治理体制变革正处在历史转折点上，国际力量对比发生深刻变化，新兴市场国家和一大批发展中国家快速发展，国际影响力不断增强，是近代以来国际力量对比中最具革命性的变化。

一、高校智库传播力提升的机遇与挑战

对于大多数智库而言，由于观念、平台、网络、人才与营运等因素，全球传播的体系建设和能力还存在不少问题。据南京大学智库评价中心首席专家李刚教授观察，中国现代国际关系研究院、上海国际问题研究院、中国国际问题研究院、复旦大学美国研究中心、北京大学国际战略研究院、中国人民大学重阳金融研究院等战略和政策研究机构的全球传播体系和能力建设已经取得了长足的进步，但其他大部分智库缺乏开放的国际视野，对全球传播的重要性认识严重不足，对外交往中难以做到内外有别，缩手缩脚，全球传播的体系建设和传播能力受限，使其国际知名度和国际影响力不足。

李刚教授概括了当前我国高校智库传播能力提升面临的七大挑战：过于受到“保密文化”的影响；认为批示是衡量智库工作的硬指标；缺乏国际一流旗舰杂志；缺乏全球传播的平台；和国际著名智库之间尚未形成稳定成熟互信的沟通渠道；缺乏复合型全球传播人才；尚未形成全球传播的概念体系和核心知识体系。

表 8-13　部分美国智库出版刊物一览

智　库	刊　物
布鲁金斯学会	《布鲁金斯评论》(*Brookings Review*)
卡内基国际和平基金会	《外交政策》(*Foreign Policy*)
战略和国际研究中心	《华盛顿季刊》(*Washington Quarterly*)
兰德公司	《兰德经济学》(*RAND Journal of Economics*)
外交关系协会（对外关系委员会）	《外交》(*Foreign Affairs*)
威尔逊国际中心	《威尔逊季刊》(*Wilson Quaterly*)

（续表）

智　库	刊　物
传统基金会	《政策评论》（*Policy Review*） 《背景情况》（*Backgrounder*） 《传统讲演》（*The Heritage Lectures*）
卡托研究所	《卡托政策报告》（*Cato Policy Report*） 《管制》（*Regulation*） 《卡托杂志》（*Cato Journal*）
美国进步研究中心	《中东快报》（*Middle East Bulletin*）
大西洋理事会	《时事通讯》（*Nesletter*）
和平研究所	《和平观察》（*Peace Observer*） 《和平简报》（*Peace Briefs*）
卡内基国际事务伦理委员会	《伦理与国际事务》（*Ethics & International Affairs*） 《政策创新》（*Ethics & International Affairs*）
胡佛研究所	《胡佛日报》（*Hoover Daily Report*） 《政策评论》（*Policy Review*） 《胡佛文摘》（*Hoover Digest*） 《中国领导观察》（*China Leadership Monitor*）
企业研究所	《舆论》（*Public Opinion*） 《美国企业》（*The American Enterprise*）
哈德森研究所	《美国展望》（*American Outlook*）
美国外交政策研究所	《奥比斯》（*Orbis*）
尼克松中心	《国家利益》（*National Interest*）

二、浙江师范大学非洲研究院的平台建设

浙江师范大学非洲研究院拥有十大“国字号”高端平台：（1）外交部中非智库论坛；（2）外交部“中非智库 10+10 合作伙伴计划”中方智库；（3）外交部“中非联合研究交流计划”指导委员会指导单位；（4）外交部“中非联合研究交流计划”数据库；（5）教育部“区域和国别研究培育基地”；（6）教育部“中国南非人文交流研究中心”；（7）教育部哲学社会科学发展报告《非洲地区发展报告》；（8）国家新闻出版署国家出版基金重点项目“浙江师范大学非洲研究文库”；（9）教育部“中非高校 20+20 合作计划”中方大学；（10）国家留学基金委“国际区域问题研究和外语高层次人才培养项目”执行

单位（见表 8–14）。

浙江师范大学非洲研究院还拥有六大“省字号”高端平台：（1）浙江省“2011 协同创新中心”；（2）浙江省哲学社会科学重点研究基地；（3）浙江省重点创新团队（文化创新类）；（4）浙江省高校创新团队；（5）浙江省重点学科；（6）浙江省一流学科政治学（A类）。

表 8-14　浙江师范大学非洲研究院各级各类平台一览

序号	起始年	名　称	概　况
1	2007	非洲研究图书资料中心	收藏非洲研究专业书籍 10000 余册，其中外文原版书籍 5000 余册。
2	2007	非洲研究学术网	中文、英文、法文、豪萨语、斯瓦希里语五种文字，点击量近 350 万次。
3	2008	“浙江师范大学非洲研究文库”编纂工程	国内最大的非洲研究文献集成，已出版 75 部著作，是国家“十二五”出版基金重点项目。
4	2009	浙江省高校创新团队	为浙江省首批入选单位。
5	2010	国际区域问题研究和外语高层次人才培养项目	着重开展非洲研究。
6	2010	外交部“中非联合研究交流计划”指导委员会指导单位	全国唯一一家同时入选三大计划的单位，优质完成三大计划大批项目，得到国家部委的充分肯定。
7	2010	教育部“中非高校 20+20 合作计划”执行单位	
8	2010	国家留学基金委“国际区域问题研究和外语高层次人才培养项目”执行单位	
9	2010	浙江省哲学社会科学重点研究基地	多次在考核中获全省第一，被评为优秀基地。
10	2010	浙江师范大学非洲博物馆	国内高校首家集收藏、展示、研究于一体的以非洲文明为主题的博物馆，开馆至今接待参观者逾 60000 人。
11	2010	非洲研究特色资源数据库（2012 年受外交部委托建设升级为“中非联合研究交流计划”网）	下设 6 个子库，内容丰富，服务学界、政府、企业。

（续表）

序号	起始年	名　称	概　况
12	2010	院刊《非洲研究》	国内首家非洲研究专业学术期刊，已出版10卷，入编“中国知网”、中国学术期刊网络出版总库辑刊。
13	2011	教育部区域和国别研究培育基地	全国首批，承办了全国基地第一次工作会议，得到教育部副部长郝平的肯定。
14	2011	教育部哲学社会科学发展报告《非洲地区发展报告》编纂单位	已推出5卷，在提供决策参考、推进公共外交方面发挥了积极作用，得到外交部等国家部委的好评。
15	2011	中非智库论坛	成功在中国和非洲举办6届会议，被纳入中非合作论坛框架，成为中非人文交流合作的机制化高端平台。
16	2012	浙江省重点创新团队（文化创新类）	浙江省第二批入选单位。
17	2012	浙江省重点学科	致力于探索中国特色的“非洲学”学科建设。
18	2012	“非洲学”交叉学科硕士点	国内首个。
19	2013	外交部“中非智库10+10合作伙伴计划”中方智库	首批入选的中方智库，并承办“中非智库10+10合作伙伴计划”启动仪式；与尼日利亚国际事务研究所的结对合作进展顺利。
20	2013	浙江省“2011协同创新中心”	浙江省第二批入选单位。
21	2014	《非洲研究智库专刊》	积极响应国家建设新型高校智库的战略，发挥科研学术机构的智库作用。
22	2015	“非洲教育与社会发展”交叉学科博士点	国内首个。
23	2016	浙江省一流学科“政治学”（A类）	以非洲研究作为特色的一流学科
24	2017	教育部中国南非人文交流研究中心	全国两家为第七个中外人文交流机制提供智力支撑的智库之一。

此外，浙江师范大学非洲研究院还建有图书资料中心、数据库、非洲博物馆等平台，系统购置世界各国出版的非洲研究学术著作、工具书，以中文、英文为主，同时采购部分法文、阿拉伯文、葡萄牙文及非洲小语种豪萨文、斯瓦希里文图书资料，使总藏书量达到1万种，其中外文图书占50%以上；每年

订阅100种左右的中外文非洲研究专业期刊，其中外文期刊占50%，建成在国内居领先地位的非洲研究专业图书资料基地。在大学数字图书馆国际合作计划（CADAL）的支持下，建设由非洲研究动态导航库、非洲研究院研究成果库、非洲研究学位论文库、非洲研究会议资料库、非洲研究专业文献资料库、对非投资贸易数据库等六个子库组成的非洲研究特色数据库，为国内外非洲研究学者、政府部门、企业界提供资料检索与下载服务。

集非洲艺术精品收藏、非洲文明学术研究、非洲文化知识普及为一体的国内首家非洲博物馆，是浙江师范大学非洲学学科建设的一大特色项目。今后，将围绕“非洲民俗艺术”与“中非关系史”两大主题，通过征集、购买、捐赠等多种方式逐渐丰富馆藏；还将设立专项经费，完成重点藏品的数字化工作，逐渐探索建设数字化非洲博物馆的方法和途径；同时加强博物馆的基础工作，提高博物馆的专业化水平，使之切实成为促进中非文化交流的新载体、展示学校非洲研究特色的新窗口、普及对非知识的新途径。

同时，非洲研究院还支持学校建立了非洲翻译馆、中非国际商学院，设立了多语种网站、专业期刊《非洲研究》、《非洲研究智库专刊》、微信公众号等成果发布传播平台。非洲研究院还是学校教育部与商务部援助基地、在非洲三所孔子学院及对非汉语推广与人力资源培训的重要学术支撑单位。上述国家级省级高端平台的获得极为不易，为提升浙江师范大学服务国家战略能力、实现学科建设与人才培养的跨越式发展创造了十分重要的机会。

三、浙江师范大学非洲研究院的传播平台建设实践

借助国家出版重点项目“浙江师范大学非洲研究文库”、教育部哲学社会科学发展报告《非洲地区发展报告》等高端成果发布平台，浙江师范大学非洲研究院协同国内高校、科研机构等数十位非洲研究专家，围绕国家对非工作重点领域和问题开展研究，以提升智库传播能力。

（一）“浙江师范大学非洲研究文库”

非洲大陆地域广阔，国家众多，文化独特。近年来，中国与非洲国家的交往合作迅速扩大，中非关系的战略地位日益重要。在此大背景下，中国社会产

生了认知非洲的广泛需要，需要对非洲国家的各个方面、对快速发展的中非关系展开深入系统的研究。“浙江师范大学非洲研究文库”是浙江师范大学非洲研究院长期开展的一项基础性工作，由国内外知名学者、相关人士组成编纂委员会，按照“学科建设与社会需求并重”、“学术追求与现实应用兼顾”之原则，遴选非洲研究的重大重点课题，以国别和专题之形式，集“非洲发展系列”“中非关系系列”“非洲国际关系系列”“非洲研究博士论文系列”“非洲高等教育系列”“非洲国别史专题系列”“非洲专题史系列”“非洲研究译丛”“非洲智库与思想研究系列”等九大系列，逐渐编辑出版，成熟一批推出一批，填补了国内非洲研究的诸多空白。

（二）《非洲地区发展报告》

《非洲地区发展报告》已连续出版五卷，报告对当年度非洲地区发展大势、重大热点焦点问题、非洲各领域发展最新态势作全面、系统、深入的描述与剖析，是一部极具宏观视野与战略前瞻性的实用调研报告。

教育部社科司司长张东刚评价其“既是一部非洲研究的学术著作，也是一份具有前瞻性、战略性、思想性和操作性的涉非事务咨政建言报告”。

《非洲地区发展报告》每年在北京举行发布会和研讨会，来自国家部委的领导和全国高校、科研机构的专家学者济济一堂，研判非洲发展局势和未来趋势，畅谈非洲发展问题和中非合作问题，会后形成的专家意见呈送教育部，成为国家对非工作的决策参考。该报告日益成为我国学术界研究非洲的知名学术品牌、对非智库建设的成果窗口。

（三）《非洲研究》

《非洲研究》是浙江师范大学非洲研究院主办的以非洲问题为专门研究对象的综合性学术刊物，秉承浙江师范大学非洲研究院“非洲情怀、中国特色、全球视野”之治学精神，坚持“求真创新、平等对话、沟通交流”之办刊方针，致力于搭建开放的非洲研究学术交流平台，汇聚学术思想与观念之精华，努力推动中国非洲研究事业的进步。该刊每年两辑，设有“非洲政治与国际关系”“非洲经济与发展”“非洲历史、教育与文化”“中非关系”“非洲研究书评”“海外来稿”等栏目，内容涵盖非洲政治、经济、历史、文化、社会、教育、国际关系等主要人文社科领域。目前已出版 10 卷，2015 年入编“中国知网”、中国学术期刊网络出版总库辑刊。

（四）《非洲研究智库专刊》

为配合《教育部简报（高校智库专刊）》建设，浙江师范大学非洲研究院于 2014 年 6 月创办《非洲研究智库专刊》，迄今已编辑数十期，其中《埃博拉疫情非洲治理困境　我应把握时机发挥独特作用》《非洲发展趋势及中国对非战略选择》《中非产能合作建议》等被《教育部简报（高校智库专刊）》刊用并呈报中央，起到了重要的资政作用。此外还有《中国南非人文交流机制》等近十份调研报告获得国家领导人重要批示。

《非洲研究智库专刊》以“聚焦重大问题、服务国家战略”为导向，以“当代非洲发展问题、新时期中非合作关系”为主线，面向党和政府决策部门，重点刊载高校专家学者着眼于战略研究、预测研究、应用对策研究的政策建议，为党和政府科学决策提供高质量的智力支持。该专刊要求选题具有战略性、前瞻性和针对性，真正反映事关“当代非洲发展”和“新时期中非合作关系”等重大领域方面的重要问题，反映促进中非关系合作过程中亟待解决的紧迫问题和值得重视的潜在问题，反映社会公众普遍关注的热点难点问题。该专刊要求内容和观点体现较高的理论含量和实践价值；分析深入透彻，言之有物，持之有据；充分运用新数据、新案例；所提建议务实管用、科学可行，注重建设性，富有启发性。

此外，浙江师范大学非洲研究院建设有多语种网站。教师团队和个人还开通了“中国南非人文交流研究”“明危东非观察”“非洲之水”等微信公众号，影响力逐步提升。据 2017 中国智库影响力论坛发布的报告，我国智库排名前 50 的智库中，有 12 家智库只有中文网站，有一些智库虽然有英文网站，但其内容为空徒有框架并无内容，只有浙江师范大学非洲研究院建立了五种语言的网页，国内仅此一家。非洲研究院网站访问总量已近 500 万人次，中非交流数据库访问量达 26 万余人次，有力地服务了社会，促进了公共外交。

通过以上实践和努力，浙江师范大学非洲研究院的传播能力建设取得显著成效，国际学术影响力进一步提升，国内外交流合作力度加大，多次被国际国内主流媒体报道，影响积极广泛。2017 年 1 月 9 日发布的《中国智库国际影响力研究报告》指出，“在网站建设方面，浙江师范大学非洲研究院表现突出，该智库网站同时支持 4 种语言”。[①] 非洲研究院入围中国智库国际影响力榜单并名列前茅。

① 张胜、王斯敏：《〈中国智库国际影响力研究报告〉在京发布》，载《光明日报》2017 年 1 月 9 日，第 16 版。目前网站语言增加为 5 种。

第九章　学科：高校智库建设的学术根基

一流学科孕育和支撑一流智库的建设，一流智库促进和引领一流学科发展，二者的良性互动是建设一流大学的重要前提。应当从强化外部约束与实施综合改革着手，加快建设高校一流学科与新型智库建设的战略协同机制、制度联动机制、综合发展机制，并通过二者的强关联互动、协同式发展，为我国当前高等教育“双一流”战略的顺利实施奠定坚实的体制机制基础。[①] 浙江师范大学“非洲学”学科建设与智库建设相互促进，互为支撑，学科建设为智库建设奠定了扎实的学术根基，智库建设为学科建设提供了具体的实践平台，实现了智库建设与学科建设的共享共赢、共同发展。

第一节　构建有特色之中国“非洲学”学科体系

教育部长江学者特聘教授、浙江师范大学非洲研究院刘鸿武院长基于对中国国际关系实践的理论总结，致力于建构有中国特色的国际关系理论体系。[②] 他在此方面的成果颇为丰富，如论文《初论建构有特色之“中国非洲学”》(载《西亚非洲》2010 年第 1 期)、《 在国际学术平台与思想高地上建构国家话语权——再论建构有特色之“中国非洲学”的特殊时代意义》(载《西亚非洲》2010 年第 5 期)、《国际思想竞争与非洲研究的中国学派》(载《国际政治研究》2011 年第 4 期)、《中国非洲研究知识体系与话语形态构建》(载《人民论坛》2011 年第 32 期)、《“非洲学”的演进形态及其中国路径》(载《国际政治研究》2016 年第 6 期)、《非洲研究的“中国学派”：如何可能》(载《西亚非洲》

① 汪锋：《高校一流学科与新型智库建设的互动机制研究》，载《中国高教研究》2016 年第 9 期。
② 刘鸿武等：《新时期中非合作关系研究》，经济科学出版社 2016 年版，第 58 页。

2016 年第 5 期）等。

目前，中非合作关系面临的一个核心问题是实践走在理论前面，理论总结与思考相对匮乏。对中非关系的研究缺乏宏大的理论背景，有理论深度与战略高度的整体分析匮乏。根据丰富的实践经验，刘鸿武教授认为中国的非洲研究应该追求做一门“顶天立地”的学问。“顶天”意味着在做非洲研究之时，不能满足于就事论事，而要有理论性、战略性、全局性的考量。“立地”意味着在有理论意识、战略意识的前提下，当代的非洲研究要脚踏实地，一步一个脚印，从现实问题、基础问题做起。中国的非洲研究需要在研究理论、研究方法、学科体系建构等方面做出相应的追求与突破，努力思考一些重大理论与现实问题，探寻有中国特色的非洲学科的原则、内涵及建设路径。①

在新时期新形势下，中非关系研究面临许多亟待解决的重大课题，涵盖理论、政策、身份、安全合作、多边合作、教育合作等诸多方面。特别重要的是，作为全球最大的发展中国家，中国除了要维护发展中国家的经济发展，还要维护发展中国家的“思想发展”和“话语发展”。健全发展中国家的话语体系，前提是对发展中国家的实际情况有正确的认识与预期，在此基础上清晰地表达中国对于推进和维护发展中国家权益的思想框架和知识产品。②如何从中国的角度、从非洲自身的角度来认识这些问题，就需要倚重一个独特的视角、一门专门的学问。

“非洲学”（African Studies）是一门专门研究非洲大陆历史文明进程及其当代政治经济与社会发展问题的专门化学科。在当代世界体系中，在人类追求现代发展的过程中，非洲大陆面临的问题是极特殊而复杂的。非洲国家向现代社会之过渡与发展，似乎远不止一般意义上的经济、政治与社会的发展问题，它同时还是一个内容更为复杂、过程亦更加漫长的文明再造或文化重建的问题。③所以，刘鸿武教授指出，中国学者研究非洲问题，需要引入不同学科、不同专业的知识，从中国视角出发，秉持“非洲情怀、中国特色、全球视野”

① 刘鸿武等：《新时期中非合作关系研究》，经济科学出版社 2016 年版，第 59 页。

② 同上，第 96 页。

③ 刘鸿武：《初论构建有特色之“中国非洲学”》，载《西亚非洲》2010 年第 1 期，第 10 页。

的治学理念，共同探讨“当代非洲发展问题如何解决，中非合作关系如何推动中非双方共同发展并进而影响世界发展的变革进程”这两大时代命题。[①]

构建中国“非洲学”的意义不止于一门学问、一个学派的创建，更重要的是它代表着亚非世界之学术、思想的复兴。学术与思想是当今时代国家间竞争与合作的特殊舞台，思想竞争的背后实际包含了巨大的国家发展与安全利益。中国与西方国家在非洲问题上的思想交锋与价值碰撞才刚刚开始，真正的较量与结果取决于今后一个更长时期的发展走向。

中国自古以来就建立了“天下”的世界情怀，形成了具有普世情怀的“大同”理想，其中的宽广与远大在根本上支持着中华民族的生存与发展。近代以来，由于中国学术受到西方学术的巨大影响，造成“言必称希腊、罗马”现象的风行。这种情形客观上阻碍了今天中国思想学术的发展。而在非洲研究这一最初由西方开创且在西方学术和话语仍占据主导地位的国际学术思想领域，以中国的立场和方式开创研究，突破西方知识与话语霸权的阻遏，建立属于中国的知识体系与话语形态，[②]能够帮助中国打破当前的思想学术困局。从这个角度上看，中国学术的未来应该代表着中国的气度与胸襟，应该有一个更开阔的眼光，一个更完整意义上的全球品格。

第二节　“非洲学”学科建设背景及路径

非洲大陆有54个国家，约12亿人口，是世界上发展中国家最集中的大陆。近年来，非洲大陆经济快速发展，正在成为世界经济增长的新大陆，中非合作对中国的战略意义日显重要，非洲研究的重要性与急迫性也日趋突出。“非洲学”，是一门专门以非洲大陆的人文与自然事项为研究对象、探究非洲文明历史进程及其当代政治经济与社会发展问题的综合性交叉学科。当前社会对“非洲学”人才的需求越来越迫切和强烈，国内学术界、教育界、社会大众对非洲

① 刘鸿武等:《新时期中非合作关系研究》，经济科学出版社2016年版，前言，第2页。

② 同上，第94页。

知识和非洲学高级人才有较大需求。

一、西方欧美国家的非洲研究历史悠久

非洲学在西方国家已有百余年传统，非洲研究在西方学术领域占有特殊地位。百余年来，西方培养了大量非洲学高端人才，以满足其对非战略需求。国际学术界对非洲的研究有漫长的历史。

早在近代欧洲兴起的17、18世纪，西方就开展了持续性的对非洲大陆的地理探险、物种考察、语言与资源普查工作。在西方殖民地时期，西方为便于统治非洲，开展了较系统的对非洲历史文化、民族宗教、语言结构和社会形态的研究，具有西方学术背景的非洲学已经开始出现，它广泛汲取了新兴的文化人类学、语言学、民俗学、考古学、口述史学、宗教学研究成果。

进入20世纪后，非洲大陆本身在获得民族独立并建立自己的独立国家后，也开始以自己的眼光研究自身的历史文化与当代发展问题，建立了自己的学术机构。加纳大学非洲研究所、拉各斯大学非洲研究所、南非的非洲研究所、亚得斯亚贝巴大学非洲研究所，都是比较著名的非洲研究机构。

目前，西方对非洲的研究进一步推进，英国伦敦大学、德国汉堡大学、维也纳大学、莱比锡大学、俄罗斯圣彼得堡国立大学、美国北卡罗来纳大学等大学，都建有非洲学专业或研究所，授予非洲学的本科、硕士、博士学位或高级进修证书。英国伦敦大学亚非研究学院（School of Oriental and African Studies，University of London，SOAS）又译为"东方与非洲学院"，创立于1916年，是目前西方国家最著名的专门研究东方和非洲的高等教育学院，也是目前全世界同等类型院校中规模最大的一所。目前有来自100多个国家的大约3千多名学生在亚非研究学院学习，另有1千多名学生在世界各地学习SOAS开设的远程教育课程。在非洲学方面，这所学院可以授予从本科到博士的学位，并提供各类培训与国际交流项目。在过去近一个世纪的办学过程中，这所学院为世界各国输送了大量人才，对保持英国对亚非国家知识思想界、教育界的影响力发挥了重要作用。

此外，在印度、俄罗斯、巴西、伊朗等其他地区大国，都建立有专门的非

洲学课程和专业。

二、中国“非洲学”建设处于初始阶段

现代意义上的非洲学研究，在西方已经有一两百年的历史，历史上的中国与非洲有过有限的联系交往，现代中国对非洲的认识是最近 50 年才开始的，目前也还处在相对落后的状况。制约我国非洲学学科健康发展的一个重要因素是缺乏专门化的学科支撑。虽然在中国国内已经有一些非洲研究机构，也有少数几所高校在培养涉及非洲领域的人才，但主要是依托一些相关学科与学位点上，如依托在政治学或历史学一级学科下面，作为国际政治、国际关系或世界史二级学科下的一个方向来招收和培养非洲研究领域的研究生，还没有专门以“非洲学”或“非洲研究”命名的学位点和课程。从博士点设置来看，只有国内少数几所大学的国际关系学院或人文学院，通过设置非洲政治、非洲历史或非洲国际关系研究方向来招收培养研究生，但并无系统、全面、专门化的非洲学课程体系、教材体系建设与稳定成熟的非洲学人才培养机制。然而，非洲研究涉及这块大陆十分复杂的理论形态与知识结构，无论是国际政治、国际关系还是世界史，都不足以提供非洲研究所需要的全面理论基础与专门化知识工具。因而，建立专门化、系统化的非洲学课程，建构起完整的知识体系与理论体系，形成可稳定发展的非洲学师资队伍，已经成为我国非洲研究学科长远发展所必须解决的根本问题。只有这样，才能真正培养出具有开阔学科视野与综合学科背景的专门化非洲事务高级人才。

近年来，在国家有关部门、地方政府和大学的支持和参与下，中国的非洲研究发展显著。短短几年间，在建立专业学术机构、填补研究空白、培养专门人才、出版学术成果、开展国际交流、参与国际合作、发挥智库功能以及服务政府、企业和公众等方面均取得了重要的甚至是突破性的进展。①

① 刘鸿武：《国际思想竞争与非洲研究的中国学派》，载《国际政治研究》2011 年 第 4 期。

三、“非洲学”学科建设的现实路径[①]

（一）基本思路

浙江师范大学非洲研究院“非洲学”的学科建设，要紧扣中非关系打造“升级版”的新形势，深入贯彻国家领导人关于智库建设的系列重要批示、讲话和有关文件精神，把握国家大力建设新型高校智库和实施高校“2011 协同创新计划”的历史机遇，按照“国家急需、世界一流、制度先进、贡献突出”的总体要求和国家级智库、国家级协同创新中心建设标准，踏准“三年创业、八年提升、十年而立”的建设步伐，树立问题意识、国际意识、开放意识，努力培养学术队伍、建构学术思想、追求学术个性、打造学术品牌；努力打造高端发布平台、加大成果报送力度、拓展成果应用渠道；努力改革管理方式、创新组织形式、整合优质资源；积极主动服务国家外交战略、地方经济社会建设和学校发展需要，争取至 2020 年初步建成一个具有核心学术理念、科研创新品质、国际协同能力、长远发展抱负的现代型非洲研究智库。

（二）建设目标

浙江师范大学非洲研究院的总体目标是：建设有中国特色、中国风格、中国气派的“非洲学”学科体系，进一步提升国际影响力和国际话语权，努力培养中国的“非洲通”和非洲的“中国通”，初步建成国内顶尖的现代型非洲研究学术重镇和高端的国家智库。

浙江师范大学非洲研究院的重点突破目标是：到 2020 年，争取入选国家级高校新型智库或国家级协同创新中心。争取将教育部区域和国别研究培育基地转为正式建设基地，争取将《非洲地区发展报告》转为正式建设项目，成为国家非洲研究知名品牌。建设好“非洲学”学科和交叉学科硕士点，努力申报“非洲学”博士点培养基地。

（三）主要任务

浙江师范大学非洲研究院的平台建设提升计划包括：（1）建好“非洲

① 非洲研究院 2007 年 9 月成立时制定的学术发展规划参见非洲研究院学术网站。

学”省重点学科，到2020年初步建成系统完整、特色鲜明、在国内外具有话语权的中国“非洲学”学科体系；（2）进一步推进浙江省级协同创新中心建设，全面开展协同创新合作，力争成为浙江省“2011协同创新”示范中心；（3）进一步加强浙江省哲学社会科学重点研究基地建设，继续保持省内领先和优秀基地地位，积极申报教育部人文社科重点研究基地（以教育部继续推进基地申报为前提）；（4）进一步抓好浙江省级文化创新团队建设，与省级协同创新中心建设相互配合支持，积极发挥创新团队作用，全面开展创新性研究，力争建成省级优秀文化创新团队；（5）进一步做好外交部“中非联合研究交流计划”、“中非智库10+10合作伙伴计划”、教育部“中非高校20+20合作计划”、国家留学基金委“国际区域问题研究高级人才培养计划”的执行工作。

浙江师范大学非洲研究院的学术研究精品计划包括：（1）优质完成现有高层次项目，推出高水平成果，到2020年力争再获国家社科基金项目6项（含重大或重点项目1—2项、一般项目与青年项目3—4项、后期资助项目1—2项）；教育部项目3—4项；外交部中非联合研究交流计划项目5—8项；其他国家部委项目、省级项目3—5项；（2）在中国社会科学引文索引（CSSCI）及以上刊物发表学术论文30—40篇；（3）编纂出版专著、译著10—15部，努力将“浙江师范大学非洲研究文库”国家出版基金重点资助项目做成精品；（4）加大师生赴非调研支持力度，收集掌握第一手资料，撰写内参报告10—20篇，提交国家政府部门或企业等，发挥高校智库作用，为中非关系发展和国家对非战略提供智力支持；（5）办好院刊《非洲研究》，力求专业性与综合性、前沿性与创新性、理论性与现实性相结合，成为国内非洲研究界的一流刊物。

浙江师范大学非洲研究院的队伍建设加强计划包括：（1）在学校支持下，争取非洲研究院专职科研与管理人员达到40人，其中专职与双肩挑院班子4人、管理人员6—8人，其余为科研人员；在职称方面，正高职称达8—10人、副高职称达15人，形成一支结构合理、素质优良、高学历和高职称的研究团队；（2）采用短期聘用、项目制、合同制、兼职等灵活的柔性引进方式，延聘国内外专家5—10人来院工作或担任兼职研究员；（3）依托现有各类高端平台、项目，每年选派5—10名青年学者到非洲或其他国家、地区著名的非洲研究机构、大学进修学习或开展合作研究，助推青年学术团队快速成长。同时，每年邀请3—6名非洲和其他国家的非洲研究学者到研究院进行合作研究、讲学、交流。

浙江师范大学非洲研究院的人才培养促进计划包括：（1）在学校支持下，在本校教育学、文学一级学科博士点下增设非洲教育、非洲文学文化等二级学科博士点；（2）鼓励硕士研究生攻读博士学位，5年内争取新增2—4人考取国内外名校博士；（3）依托各类平台与联合培养协议，每年选派更多研究生赴非洲学习交流、联合培养。

浙江师范大学非洲研究院的国际交流拓展计划包括：（1）认真执行外交部“中非智库10+10合作伙伴计划”，按照双方协议，启动与结对合作机构尼日利亚国研所在合作研究、人员互访、资源共享等方面的实质性协同合作，切实推动合作计划取得丰硕成果；（2）继续拓展国际协同合作，在已有的南非国研所、南非斯坦陵布什大学中国研究中心等10余家国外合作机构的基础上，再与5家左右国外学术机构建立协同合作关系；（3）根据智库建设国际化全球布局的战略要求，积极推进在海外建立非洲研究智库分支机构，努力探索在北京或上海设立非洲研究智库办公室。

浙江师范大学非洲研究院的智库建设优质计划包括：（1）以精炼品牌、长远发展为目标，优化“中非智库论坛”运行机制。在外交部等上级单位指导下，按照“精简办会规模、提升学术内涵、贴近地方需求、体现实际作用”的原则，办好每年一届的“中非智库论坛”，其中至少一届在非洲举办，进一步扩大论坛的国际影响；（2）高质量编纂出版教育部哲学社会科学研究发展报告《非洲地区发展报告》，使其成为国家非洲研究的学术品牌和对非智库交流的成果窗口，力争从培育项目转为正式立项；（3）加大成果报送力度，做好《非洲研究院智库专刊》和《浙江省社科联成果要报》编审工作，积极向有关部门提交内参报告；（4）建设智库宣传体系，开通非洲研究智库微信公众号，建立起网站、微信、微博、非洲研究院动态、非洲舆情摘报、智库专刊为一体的宣传网络。

浙江师范大学非洲研究院的协同创新推进计划包括：（1）进一步发挥非

洲研究引领、辐射作用，积极与复旦大学等五校合作开展金砖国家研究，推动浙江农林大学、浙江海洋学院、义乌工商学院等高校和校内各学院开展非洲农业、林业、海洋资源、商贸、法律、交通、艺术、地理、科技等方面研究；（2）进一步做好中非联合研究交流计划网、非洲研究特色资源数据库、非洲研究图书资料中心、多语种非洲研究学术网站等特色平台的建设，为打造高校新型智库和协同创新中心提供内容丰富、功能齐备、服务一流的信息支撑体系；（3）加强校内协同。利用非洲研究院现有资源和平台，推动校内各学院在现有学科优势基础上与非洲研究相关资源结合，成立诸如非洲体育研究中心、非洲文学翻译与研究中心等协同机构，推动学校各相关学科的国际化进程，拓展服务国家战略途径，促进学校整体实力提升。

第三节 “非洲学”博士学位点建设规划

一、“非洲学”博士点的建设背景与前景

中国的非洲研究从20世纪50年代中后期开始奠基起步，在老一辈学人的辛勤耕耘和不懈努力下，经过几十年的积累，学科建设经历了从不自觉的分布到有意识的布局、规划，使中国的非洲研究逐步从非洲问题研究过渡到非洲学研究，这种过渡表明中国的非洲研究的学科体系已渐备雏形。

浙江师范大学设立非洲学交叉学科博士点正是建立在这一基础之上。今天，时代的变迁为中非合作关系跃上历史新高提供了机遇，也为中国的非洲研究提供了广阔的社会基础和发展条件。毫无疑问，非洲学学科迈入了其前所未有的黄金发展期。

从战略层面看，经过百年艰苦卓绝的努力与奋斗，今天，中国的未来已经在越来越广大之领域与世界的前途联结在了一起，为最终完成中华民族的现代复兴并对人类未来作出新的贡献。21世纪的中国当以更开阔之胸襟去拥抱世界各国各民族之文明，努力推进人类各文明以更为均衡、多元、平等的方式对话与合作。为此，中国需要在更广泛的人类知识、思想、学术与观念领域作出

自己的原创性贡献，而建构有特色之“中国非洲学”，正是中华民族在当今国际学术平台与思想高地上追求中国的国家话语权、表达中华民族对于未来世界发展理念与政策主张并进而为21世纪的人类贡献出更有价值的思想智慧与知识产品的必要努力。可以相信，这一努力及其结果在相当程度上关涉到未来中非战略合作关系的总体走向。

从实践层面看，在中非关系大发展的驱动力下，从事非洲研究的学术机构已从屈指可数的几家增至目前的20多家，基本形成了覆盖党政军系统、高等院校、社科院系统等遍布全国主要省市的分布格局；从事非洲研究的队伍正逐年扩大，科研队伍的年龄结构、学历结构、知识结构和职称结构也趋向合理。在非洲研究得到越来越多学者关注的基础上，非洲研究所涵盖的学科门类更为广泛，其支撑的知识体系更为完善，研究的路径和研究的方法更为综合多样，研究成果日益增多，研究水平也正在逐步提高。无疑，国内非洲研究正呈现出快速发展的繁荣态势。

在建构有特色的中国非洲学的过程中，只要我们将“非洲情怀、中国特色、全球视野”之多维学术境界进行有机结合，并融通“承续中国学术传统、借鉴国外研究成果、总结中非合作实践”之多元治学路径，必将能为有特色之中国非洲学拓展出敞朗清新的学术境界与精神气度。当“非洲学”之学科建构上升到中国国家的文化发展、知识创新之战略高度的时候，我们完全有理由对该学科的发展前景充满信心。

二、“非洲学”博士点人才培养方案

（一）培养目标

“非洲学”专业博士学位获得者应该：（1）遵纪守法，具有良好的道德品质和较强的事业心，身心健康;（2）学会运用马列主义的基本原理和方法观察、分析和研究问题，具有良好的思想品德和学术道德和积极为社会主义现代化建设作贡献的理想和信念；（3）具有刻苦钻研的学习精神，扎实的非洲学基本知识、理论与方法，能熟练运用一门主要外语，并具有独立从事非洲研究的能力;（4）能胜任高校和研究机构的国际政治教学与研究以及外交、外事、外宣、外贸、国际文化交流等机构的涉非岗位工作。

（二）生源要求和选拔方式

“非洲学”专业博士研究生生源要求包括：（1）拥护《中华人民共和国宪法》，遵纪守法，品行端正；（2）获得国家认可的硕士学位，应届硕士毕业最迟须在入学前取得硕士学位；（3）身体健康状况符合相关要求；（4）有两名与报考学科有关的教授（或相当职称）专家推荐；（5）年龄一般不超过45周岁。

“非洲学”专业博士研究生的基础知识和基本素质、能力要求包括：（1）具有广博的文史哲基础知识，具有一定的问题意识、科研能力和使命责任担当精神；（2）具备较好的外语听说读写能力，或在非洲小语种方面有一定基础；（3）具备较强的科学研究能力和扎实的科研功底，对非洲研究的某个领域有一定的认知和了解，对非洲研究有较浓厚的兴趣；（4）乐于奉献，善于合作。

“非洲学”专业博士研究生选拔方式包括：（1）全校统一考试；（2）招收国际留学生。

（三）课程体系的设计方案及依据

非洲学是一门尚在探索中的综合性交叉学科，其博士课程体系设置依据有关一级学科博士点对人才的培养要求，依据浙江师范大学在中非关系、非洲政治经济、非洲历史文化、非洲教育、非洲交通地理、非洲艺术等领域的特色和优势以及本专业的研究方向，目的是使学生能够通过平台课和学位专业课的学习，综合掌握各相关学科中非洲研究的基本理论与方法，并自主选修符合个人研究方向的专业选修课。课程体系包括学位公共课、学科平台课、学科方向课、方向选修课等模块（见表9-1）。

表9-1 浙江师范大学非洲研究院非洲专业博士研究生课程设置

课程类型		课程编号	课程名称	开课学期	学时	学分	考核方式	备注
学位课程	学位公共课	1034501101	中国马克思主义与当代	1	32	2	考试	必修
		1034501102	博士综合英语	1	48	3	考试	必修
		1034501105	中国社会概况	1	32	2	考试	留学生必修
		1034501106	高级汉语阅读	1	48	3	考试	

（续表）

课程类型		课程编号	课程名称	开课学期	学时	学分	考核方式	备注
	学科平台课		非洲学导论	1	48	3	考试	必修
			非洲文明与历史	1	32	2	考试	
			非洲研究方法与文献	1	32	2	考试	
	学科方向课（按方向必修2门）		非洲政治与国家	1	32	2	考查	
			非洲经济与发展	2	32	2	考查	
			非洲社会与文化	1	32	2	考查	
			非洲教育与科技	2	32	2	考查	
			非洲民族与宗教	3	32	2	考查	
非学位课程	方向选修课（按方向至少修1门）		中非关系研究专题	2	32	2	考查	
			非洲国际关系专题	2	32	2	考查	
			非洲思想史专题	2	32	2	考查	
			非洲国别研究专题	2	32	2	考查	
			非洲文学艺术专题	2	32	2	考查	
	公共选修课	1034501103	马克思主义经典著作选读	2	16	1	考查	
		1034501104	非洲小语种	2	32	2	考试	
	必修环节	1034501803	学术交流与学术报告	1–6		2	考查	
应修总学分			不低于17学分					

（四）培养和学位的基本要求

浙江师范大学非洲研究院博士研究生的培养，实行导师负责与导师组集体培养相结合的培养方式。采取理论联系实际、统一要求与因材施教相结合的原则，采取理论学习与科学研究相结合、课堂讲授与自学讨论相结合、校内学习与校外实践相结合等灵活多样的教学方法。既充分发挥导师的指导作用和导师组的集体培养作用，又注重博士生自学、独立工作和创新能力的培养。具体要求如下：

第一，导师和导师组根据总体培养方案，与博士研究生本人商定具体的培养计划，以推进博士研究生的个性化培养。导师和导师组对论文的选题要严格把关，并定期了解毕业论文的进展，及时调整难度较大而难以完成的选题。导师应定期督促检查博士研究生的学习情况，并全面关心博士研究生的成长，既教书又育人。

第二，实行学分制，总学分不少于17学分，其中专业基础课和专业选修课的学分不少于10学分。课程教学形式应灵活多样，采取研讨式、专题式、启发式等多种方式，将课堂讲授、交流研讨、实证分析等有机结合，加大创新能力的培养。

第三，导师应尽量为博士研究生争取资料收集、实地调研及学术交流的机会和经费，指导博士研究生参与相关课题研究或完成适量科研任务，指导博士研究生在学期间至少在核心期刊上公开发表2篇论文。

第四，非洲研究院将有计划地聘请国内外特别是非洲的专家学者授课，或在有关留学项目的支持下派博士研究生到非洲高校或科研机构修读部分课程。

（五）学位论文的基本要求

学位论文是为了培养博士研究生独立思考、勇于创新的精神和从事科学研究的能力。浙江师范大学非洲研究院博士研究生学位论文（字数一般应为5万—8万）须在导师指导下独立完成，在理论见解、发掘资料或研究方法上有一定创新意义。要求立场正确、言之成理、资料可靠、结构合理、语言顺达、格式规范、注释和参考文献清楚。

博士研究生学位论文在答辩前后要按照导师或导师组（或盲审意见）和答辩委员会的意见进行修改。学位论文（含摘要、目录和致谢等内容）应经导师审阅后方能付印，并根据《中华人民共和国学位条例实施办法》组织答辩，通过答辩后呈送学科分学位委员会和校学位委员会逐级审议，合格者获得博士学位。留学生可用英语或经学院学位评定分委员会与研究生院批准的语种撰写学位论文，但需附加详细汉语摘要。

三、“非洲学”博士学位点的建设规划

（一）研究方向

浙江师范大学非洲研究院力争到2020年在非洲学理论形态与方法工具、非洲国家政治与国际关系、非洲经济发展与资源环境、非洲历史文化与民族宗教、非洲教育科技与社会发展等五大领域形成稳定的研究方向，并达到国内国

际一流水平。

（二）师资队伍

浙江师范大学非洲研究院力争到2020年本学科学术团队规模达到40人左右，具有博士学位者达到90%以上，教授（研究员）8—10人，副教授（副研究员）15—18人。引进在国内外有一定影响的教授作为学科的方向带头人2名、非洲本土学者2—4名。同时，非洲研究院将加大对现有教师的培养力度，选派年轻的博士、副教授赴非或西方知名非洲学术研究机构深造。协同国内外高校或科研机构的学者力量，形成一支以知名非洲研究学者为领军人物、青年博士为骨干力量、非洲籍学者为新动力的研究团队，并争取成为国家级创新团队。

（三）人才培养

初期阶段，浙江师范大学非洲研究院拟每年招收非洲学博士生3—5人，随后逐渐有所增加，使浙江师范大学成为国内最主要的对非专门人才培养基地，并依托外交部“中非联合研究交流计划”、教育部“中非高校20+20合作计划”、国家留学基金委“国际区域问题研究与高级人才培养计划”，加大非洲学博士点人才联合培养力度，每年派遣数名研究生到非洲交流访学和调研。

浙江师范大学非洲研究院为博士生进行科学研究、发表研究成果、参加学术会议提供适当的经费支持；推行优秀学位论文培育制度，以期产出高水平的学位论文；鼓励研究生参与导师课题研究，切实提高研究生的科研能力与水平。同时，建设好非洲特色的博士研究生课程，编写5部非洲特色的研究生教材，稳步提高研究生培养质量。

（四）科学研究

浙江师范大学非洲研究院即将与相关学院、各协同机构的学术团队积极申报和承担各类纵向、横向课题，并发表高水平学术专著和学术论文。计划2015—2020年新增国家社科基金3—6项，承担外交部、教育部等相关部委项目超过20项；出版学术专著15部左右，并争取在中英文核心期刊上发表学术论文超过100篇。

浙江师范大学非洲研究院将依托浙江省哲学社会科学重点研究基地，实施非洲研究基础性、战略性重点课题的招标与委托项目，以服务国家和浙江的对非工作及非洲学学科建设发展的需要；下大力气办好《非洲研究》，为非洲学学科搭建学术交流的平台；加快“非洲研究文库”的编纂工作，多出精品著作和英文著作，以提升中国非洲学研究的学术层次与国际影响力。

（五）学术交流

浙江师范大学非洲研究院将依托教育部“区域和国别研究培育基地浙江师范大学非洲研究中心”、外交部“中非联合研究交流计划”与“中非智库10+10合作伙伴计划”、教育部“中非高校20+20合作计划”、国家留学基金委“国际区域问题研究高级人才培养计划”、“浙江省2011协同创新中心非洲研究与中非合作协同创新中心”、“浙江省哲学社会科学重点研究基地非洲研究中心”等资源，大力促进中非学者合作研究与交流。在外交部、商务部等相关部委的支持下，进一步办好“中非智库论坛”，将论坛打造成中非民间对话的固定机制和中非智库交流的国家级平台。

第十章　平台：推进高校智库建设的实践载体

浙江师范大学高度重视高校智库的平台建设。建院以来，非洲研究院积极搭建内部支撑平台、争取外部资源平台，着力夯实开展高水平研究所需的基础，不断优化科研条件，服务对非研究。截至2017年6月，非洲研究院共建立各级各类平台24个，为科研工作提供了强大的支持和保障。

本章将选取中非智库论坛、中国南非人文交流研究中心等几个重要平台作介绍。

第一节　交流平台：中非智库论坛

20世纪90年代，国际形势发生很大变化，和平与发展成为时代的两大主题。国际社会特别是广大发展中国家强烈要求世界向多极化方向发展，建立国际政治经济新秩序。非洲是促进世界和平与发展的重要力量。中国一贯重视加强同非洲国家的团结与合作，这不仅有利于维护发展中国家的合法权益，而且也有利于世界的和平、稳定与发展。根据部分非洲国家的建议，中国政府于2000年10月提出召开“中非合作论坛——北京2000年部长级会议”的倡议。这一倡议得到非洲国家的热烈响应和广泛支持。2012年，“中非智库论坛”被正式纳入《中非合作论坛第五届部长级会议——北京行动计划（2013—2015年）》，成为中非交流的机制化平台。

一、中非智库论坛简介

2011年10月，在外交部、商务部支持指导下，由浙江师范大学非洲研究院主办、中国社科院西亚非洲研究所、中国国际问题研究院、中国现代国际关系研究院、上海国际问题研究院协办的“中非智库论坛”正式创立。每年分别在中国和非洲举办。论坛以“民间为主、政府参与、坦诚对话、凝聚共识”为宗旨，旨在促进对非研究，增进中非了解，扩大双方共识，为中非关系发展建言献策。

（一）中非智库论坛的基本框架

中非合作论坛中方后续行动委员会秘书处是中非智库论坛指导单位，国家开发银行、中国人民外交学会和浙江省政府是支持单位。论坛秘书处常设于浙江师范大学非洲研究院。每届论坛邀请国内主要涉非非政府机构、学术单位、高校、企业代表等参会，同时争取选择合适的非洲相关组织和机构成为协同合作伙伴。在论坛筹备期间，主办单位与协同单位就论坛的议题策划、代表邀请、会务工作、经费预算等方面密切协同、通力合作；在会议召开时，各协同单位选派负责人率领相关专家学者与会，为各议题的研讨提供智慧与见解，为论坛学术成果的形成贡献了力量。

中非智库论坛每年举办一届，会议地点在中国或非洲国家，同时根据实际情况开展小规模的分会和专题研讨会。每届议题根据非洲形势发展和中非关系的需要拟定。中非智库论坛作为中非民间对话的固定机制，计划通过 3—5 年的运作形成中非智库交流的国家级平台。

（二）中非智库论坛的成效与影响

2011—2016 年，中非智库论坛已连续举办六届，在国内外形成了广泛的知名度，有效增进了中非智库之间的交流与合作，在扩大中国国际话语权、提升中国文化软实力方面发挥了积极的促进作用，办会成效明显，影响广泛，受到中央领导的高度评价。

中非智库论坛有效汇集了当前国际国内非洲研究领域的新成果、新思想、新智慧，融智成效显著。论坛筹备期间，向学界、政界等非洲研究及中非合作相关人士约稿，汇编成集。至今已形成中非智库论坛专题论文集五部，整理、编辑中英文论文 200 余篇，总计近 200 万字。有效汇集了中国、欧美、非洲本土等非洲研究领域的新成果、新思想，形成聚集效应，是一场非洲研究领域重要观点、最新思想“井喷式”的呈现，给各界带来了强烈的刺激，激发各界人士聚焦非洲及中非关系，分析非洲发展及中非合作如何共赢的各种可能、途径、方式，进而服务国家涉非事务。

中非智库论坛最大限度地聚集了当前非洲研究学者、智库专家、政府要员等各界人士，畅通了中非学者之间、学者与政要之间、学界与政界之间、商界之间的沟通渠道，增进了各界人士之间的理解和合作。中非智库论坛通过各种方式力邀国际国内非洲研究、智库机构的高端学者专家、政府要员、企业代表等人士与会。如，第一届中非智库论坛就有来自中国和非洲27个国家、非盟等非洲地区组织、其他国家著名智库的代表、部分企业家和前政要等300余人参加。此后，每届中非智库论坛均参照此规模运行，到第五届时达到峰值，会议代表有近500人，广泛团结了有涉非业务的社会各行业和各界人士，不仅畅通了中非智库学者专家交流合作的渠道，也打造了涉非事务领域各界人士沟通合作的平台，特别是创造了学界与政界、学者与官员互相信赖、互相支撑的有利平台，形成协同聚集效应。

中非智库论坛成功传播了中国学者的思想、恰当表达了中国人民对非情感，正确表明了中国对非政策立场，有效提升了中国文化对外软实力。中非智库论坛会期2—4天，这期间既有主会场也有各种分论坛，学者、政要、企业界人士可以畅所欲言，就各自关注的领域充分表达自己的思想、态度、诉求、立场，在消除误会、增进理解、达成共识、共同发展方面具有明显的成效。中非智库论坛有助于通过双方的直接交流，摒弃西方价值观的干扰，从而塑造非洲精英的认知以及对中国的理解。中国希望能够通过这种学术合作改变或扭转对中国在非洲大陆活动的不友好描述。诚如2011年外交部副部长翟隽出席第一届中非智库论坛开幕式时所言，创建中非智库论坛是中非双方加强学术交往与合作、扩大人文交流的重要举措之一，也为中非加强学者、智库交往合作，促进人文交流开启了一扇大门。

中非智库论坛取得了良好的宣传效果和社会影响，发挥了舆论引导的智库功能。历届中非智库论坛均吸引了数十家中央级媒体的密集报道，快速、广泛地传播了当前中国对非政策及中非合作的战略思想、战略意义，发挥着舆论引导的智库功能。比如，第三届中非智库论坛吸引了《人民日报》、中央电视台、新华社、《中国日报》、中国国际广播电台、中央人民广播电台、中国新闻社、《中国教育报》、《中国社会科学报》、《中国与非洲》、《中国国情国力》、《财经国家周刊》、《浙江日报》等10多家主流媒体或学术报刊的关注，取得了良好的宣传效果和社会影响。

中非智库论坛开创了协同创新的新模式，有效促进了中非民间学术交流和中非文化交流。中非智库论坛是一个开放的机制，目前浙江师范大学非洲研究院与国内四大研究院紧密合作，同时争取选择合适的非洲相关组织和机构成为合作伙伴。这样的运作机制能够灵活协调相关资源，促使各类组织在各自擅长的领域发挥作用，进而创造出聚集效应。中非智库论坛日益成为中外智库交流与合作的高端平台和中非民间学术交流的固定机制。2013 年，国务委员杨洁篪在出席第三届中非智库论坛时指出，中非智库论坛得以创设并实现机制化，为中非智库学者交流搭建了新平台，使中非智库交流与合作迈出了新的步伐。

二、历届中非智库论坛简况

（一）中非智库论坛第一届会议

由浙江师范大学主办的中非智库论坛第一届会议 2011 年 10 月 27 日在浙江杭州举行。来自中国和非洲的安哥拉、贝宁、博茨瓦纳、喀麦隆、刚果(金)、刚果（布）、埃及、赤道几内亚、埃塞俄比亚、加纳、肯尼亚、莱索托、毛里求斯、摩洛哥、莫桑比克、纳米比亚、尼日利亚、卢旺达、南非、坦桑尼亚、多哥、突尼斯、乌干达、塞内加尔、塞拉利昂、苏丹、津巴布韦等 27 个国家、非盟等非洲地区组织、其他国家和地区著名智库的 300 多名知名学者、政府高官、企业家出席会议。在三天的会议中，与会学者围绕“非洲安全形势与中非在和平安全领域的合作”“非洲金融投资环境与中非在金融投资领域的合作”“中非人文交流与智库的作用”三个议题开展研讨。

（二）中非智库论坛第二届会议

2012 年 10 月 12 日，中非智库论坛第二届会议在非盟总部所在地——埃塞俄比亚首都亚的斯亚贝巴开幕，这是该论坛首次走进非洲大陆。埃塞俄比亚副总理兼教育部长德梅克·梅孔嫩、浙江省副省长郑继伟出席会议并致辞。会议的主题是“新形势下中非如何维护与拓展共同利益”。会议为期两天，由浙江师范大学和亚的斯亚贝巴大学联合主办。期间，100 多名智库领袖、知名学者、政府官员、企业家等就新形势下中非面临的机遇与挑战、共识与差异、互利与惠民等展开研讨。德梅克副总理在开幕式上说，中国与非洲国家之间有着传统的友好关系，埃塞俄比亚人民欢迎并感谢中国的援助与合作；此次会议关注非洲和平与安全，非洲大陆国家意识到和平与安全的重要性，意识到这是实现非洲发展的基本条件。他表示希望借中非智库论坛进一步增进互相理解，巩固彼此友谊，加深合作关系。郑继伟副省长表示，浙江作为中国经济比较发达的沿海省份，历来高度重视对非友好交往。近些年，浙江依托“走出去”战略和活跃的民间力量，与非洲的交流日益频繁，对非贸易实现较快增长，文化交流日益深化。会议受到国内外媒体的广泛关注。中央电视台综合频道（CCTV-1）和新闻频道（CCTV-13）在 10 月 13 日黄金时段播出的《朝闻天下》节目，详细报道了会议的主办方、主题、时间、地点等内容。外交部非洲司司长卢沙野在接受记者采访时专门谈到本次会议在推动中非人文交流合作方面的意义。《浙江日报》、《北京周报》、《环球时报》、人民网、新华网、新浪网、搜狐网等国内重要的报纸和网站都对会议进行了专门报道。埃塞俄比亚外交部网站、泛非新闻网等国外媒体也对此次会议进行了报道。

（三）中非智库论坛第三届会议

中非合作论坛框架下的中非智库论坛第三届会议开幕式暨“中非智库 10+10 合作伙伴计划”启动仪式 2013 年 10 月 21 日在北京举行，国务委员杨洁篪出席并讲话。中非合作论坛中方后续行动委员会成员单位代表、非洲国家驻华使节、中非学者等 200 余人出席。论坛以“中非关系的提升与中非软实力建设”为主题，200 多位中外学者分别就“中非关系的提升：动力、方向与举措”、“为了发展的软实力：中非自主价值观构建”、“中国的非洲研究与非洲的中国研究：合作与创新”等分议题展开了深入对话。杨洁篪指出，中非智库论坛为中非智库学者间交流搭建了机制化平台，“中非智库 10+10 合作伙伴计划”的启动将进一步提升双方智库交流与合作水平。中非智库代表表示，将利用好中非智库论坛及“中非智库10+10合作伙伴计划”等平台，进一步促进中非人文交流，深化中非友好合作。教育部哲学社会科学发展报告《非洲地区发展报告2012—2013》在会议期间发布。中方智库代表中国社会科学院副院长李扬、外交部副部长翟隽，非方智库代表南非国际问题研究所所长斯蒂诺珀洛斯分别在仪式上致辞。

（四）中非智库论坛第四届会议

中非智库论坛第四届会议由浙江师范大学非洲研究院、南非外交部、南非马蓬古布韦战略反思研究所共同举办，得到中非合作论坛中方后续行动委员会、中国驻南非大使馆、国家开发银行的大力支持，于2014年9月9—10日在南非行政首都比勒陀利亚举办，来自中国和非洲的100多位学者、政府官员等代表在南非外交部举行的中非智库论坛第四届会议上各抒己见，为中非关系与合作建言献策。本次会议被纳入“南非中国年”活动框架，以“非盟2063议程下的发展新趋势”为主题。会议受到中非双方政府与学界的高度重视，得到中央电视台、《人民日报》、人民网、中新社、南非国家广播公司等国内外重要媒体的关注和报道。论坛讨论的焦点主要集中在2015年以后的非洲发展趋势以及中国如何与非洲国家合作以增加其对非洲工业的投入。中方与会者在会上介绍了中国的“一带一路”国际合作倡议，并讨论了双边投资及贸易合作。

（五）中非智库论坛第五届会议

2016年4月14—16日，由浙江师范大学、义乌市人民政府共同主办的中非智库论坛第五届会议在义乌举行，来自中国、埃塞俄比亚、南非、塞内加尔、喀麦隆、尼日利亚、赞比亚、坦桑尼亚、肯尼亚、埃塞俄比亚、津巴布韦等40多个国家的智库领袖、著名学者、政府官员、媒体代表、商界人士共计近500人聚集一堂，出席这一中非知识界和思想界的年度盛会，共同聚焦和研讨“中非产能合作与非洲工业化”这一核心主题，探讨在新形势下加快推进落实中非合作论坛约堡峰会的相关战略举措。

会议吸引了30多家中国和非洲国家的媒体的关注采访，来自坦桑尼亚《公民报》、尼日利亚《太阳报》、利比里亚《侧影报》、安哥拉《国家报》、津巴布韦《先驱报》、赞比亚《每日邮报》、肯尼亚无限传媒集团k24电视台、加纳《加纳时报》、埃塞俄比亚通讯社、喀麦隆《论坛报》、乌干达《新愿景报》、苏丹《苏丹人报》、乍得通讯和出版社、中非《光荣榜报》、塞拉利昂《阿沃克报》、科特迪瓦《博爱晨报》、几内亚非洲视角传媒集团、马拉维时代集团、莫桑比克《消息报》、埃及《七日报》、南苏丹《今日报》、尼日尔官方报社等20多个非洲国家的主流媒体和中央电视台法语频道、新华社、《人民日报》、《光明日报》、中国新闻社、《中国社会科学报》、中国社会科学出版社、《中国教育报》、《第一财经日报》等10多家国内主流媒体列席、关注、报道了本届会议。

（六）中非减贫发展高端对话会暨中非智库论坛第六届会议

由浙江师范大学和非盟领导力学院共同举办的中非减贫发展高端对话会暨中非智库论坛第六届会议于2017年6月21—22日在埃塞俄比亚非盟总部隆重举行。这次会议是加强中国在非洲“软实力”建设、增强中国发展理念和治国理政经验传播力和影响力、深化中非减贫与发展合作、推动落实约堡峰会成果的重大公共外交行动，中央对此高度重视。会上推介、解读、学习了习近平主席著作《摆脱贫困》。浙江师范大学非洲研究院院长、教育部长江学者特聘教授刘鸿武和非盟领导力学院总监穆娜共同担任开幕式的大会主席并主持会议，中国外交部长王毅和非盟主席法基发表主旨演讲，浙江师范大学校长郑孟状教授和非盟领导力学院总监穆娜代表会议举办方致辞。来自中国和非洲30多个国家的近200位专家学者、政府官员、智库领袖、媒体人士围绕“摆脱贫困、共同发展”的主题和“中国与非洲的减贫发展政策与实践经验”“对接中非合作计划，加快非洲工业化和农业现代化进程”等分议题展开深入对话和研讨。会议受到中央电视台、《人民日报》等中外媒体关注。2017年7月12日，《人民日报》以专版形式刊发论坛发言摘编，并配发评论员文章。

三、其他机制论坛平台

（一）中非媒体智库论坛

2016年8月12日，由中国驻肯尼亚使馆与浙江师范大学、中非发展基金、肯尼亚非洲经济研究所、肯尼亚公共政策与分析研究院等单位共同举办的中非媒体智库研讨会在肯尼亚蒙巴萨举行。中国公共外交协会会长、前外交部长李肇星，前国务院新闻办主任赵启正，前中国政府非洲事务特别代表刘贵今，驻肯尼亚大使刘显法，肯尼亚交通与基础设施部部长马查里亚、副部长伊隆古，肯尼亚分权与规划部副部长特罗米，肯尼亚环境和自然资源部部长代表、办公厅主任博金娜等出席研讨会并致辞。来自中国、肯尼亚、南非、塞内加尔、坦桑尼亚、尼日利亚、摩洛哥、埃及等20多个国家的知名智库负责人和主流媒体代表150余人与会。

刘贵今大使表示，当前中非、中肯关系处于历史上最好时期，双方政治互信达到新高度，合作共赢实现新突破，人文交流取得新进展，和安合作获得新成果，全面战略合作伙伴关系不断深化。相信中非人民能够以此次论坛为契机，进一步增进互信、扩大交流、深化合作，使中非、中肯友谊代代相传。

肯尼亚交通部长马查里亚高度赞赏中国政府和人民对非洲、对肯尼亚发展和建设所作出的巨大贡献。他表示，当前肯中交通基础设施合作势头强劲，以蒙内铁路、内罗毕外环路为代表的一大批中国援建项目顺利实施，铁路、港口和自贸区三位一体，北部走廊、拉穆走廊互成两翼的交通体系初步形成，肯中合作潜力巨大，前景光明。

在主旨发言部分，李肇星回顾了自己在肯尼亚的工作经历并表示，中非关系经历了半个多世纪风雨，始终历久弥新。相信中非人民能够通过本次论坛融资融智，为中非全面战略合作伙伴关系贡献更多智慧和力量。

赵启正指出，公共外交在中非关系发展中发挥着重要作用，希望中非媒体和智库能够把握中非合作发展趋势，全面深入报道，加强互动交流，促进人员往来，更好地承担起推动中非关系向前发展的历史使命。

中国公共外交协会代表团和媒体青年记者团成员也就如何发挥媒体等公共外交渠道作用、促进中非关系发展做了发言。

会上，来自中国和非洲国家的参会者聚集一堂，围绕中非媒体智库合作、新时期中非合作论坛约翰内斯堡峰会成果落实及进一步促进成果落实的相关战略举措等议题进行了广泛深入的讨论。会前，与会所有代表实地考察了蒙内铁路、蒙巴萨经济特区和蒙巴萨港等工程施工现场。

（二）中英、中法经济论坛

2013 年 11 月，牛津大学非洲经济研究中心主任保罗·科利尔（Paul Collier）教授及德尔康教授等专程赴浙江师范大学访问，并与非洲研究院联合主办“非洲经济发展与减贫：现状与趋势”高端论坛。2014 年 3 月，应英国牛津大学非洲经济研究中心等机构的邀请，刘鸿武教授、非洲研究院高级研究员舒展等一行四人赴英国访问，出席由牛津大学非洲经济研究中心主办的“非洲经济发展 2014 年学术研讨会”，与英国国际发展部首席经济学家、牛津大学经济学教授斯特凡·德尔康（Stefan Dercon）先生进行会谈，双方就下一届非洲经济发展年会共同举办中国与非洲经济发展专题论坛达成协议。同时还与牛津大学非洲研究中心主任尼克·齐思曼（Nic Cheeseman）博士及该校中国研究中心主任哈利·范霍文（Harry Verhoeven）博士进行了会谈，就双方今后开展合作事宜进行了沟通与交流。

2015 年 3 月，非洲研究院与法国外交部分析预测与战略中心联合举办了“中法如何合作推动非洲共同发展”高端论坛，论坛得到了国内学术媒体的广泛关注，中国高校人文社会科学信息网、中国社会科学网给予详细的报道。

（三）顶级智库演讲及交流

2014 年 3 月，刘鸿武院长应邀赴世界顶级智库之一英国皇家国际事务研究所（Chatham House）做了题为“中非关系对非洲发展的影响”（Impacts of Sino-African Relations on Africa’s Development）专题演讲。来自英国社会各界近百名专家学者、媒体记者和智库代表出席这次演讲会。

2015 年 4 月，非洲研究院与南非马蓬古布韦战略反思研究所举行中非文明对话研讨会。此类国际国内学术交流活动每年达到数十批（次）。

第二节　服务平台：中国南非人文交流研究中心

2017 年 4 月 1 日，在中华人民共和国和南非共和国合作建立的高级别中国南非人文交流机制即将在南非正式启动之际，“教育部浙江师范大学中国南非人文交流研究中心成立仪式暨新时期中南非和中非人文交流战略研讨会”在浙江师范大学隆重举行。中国南非人文交流机制是2000年教育部启动中外高级别人文交流机制以来的第七个中外人文交流机制，是中国与非洲建立的首个人文交流机制，对于推动中非人文交流研究和务实合作具有重要意义。教育部国际司委托浙江师范大学和云南大学分别成立中国南非人文交流研究中心，为中国南非人文交流机制提供思想支持和智力支撑。为了切实加强中国南非人文交流研究中心整体研究实力，服务国家战略需求，浙江师范大学为中心配备了“超豪华”学术团队，由教育部长江学者、知名非洲问题研究专家、浙江师范大学非洲研究院刘鸿武院长担任中心首席专家，并配有一支56人规模的专职研究队伍，其中超过80%的研究人员拥有博士学位，超过60%的研究人员具有正高、副高职称。还延聘非洲驻中国大使、非洲本土学者、国内外资深非洲研究学者、原驻非大使、企业行业协会人士等16人担任兼职研究员。

一、中国南非人文交流研究中心介绍

（一）研究对象及领域

中国南非人文交流研究中心以中国—南非人文交流、中国—非洲人文交流、中国—南非双边关系、中非关系为研究对象，研究领域包括：（1）中国—南非人文交流的历史、现状与未来发展趋势；（2）中国—南非人文交流机制的目标、政策、内容、成效、评估等；（3）中国—南非政治、经济、文化、法律、教育、科技、卫生、体育、艺术、智库、旅游发展合作历史及现状；（4）中国—南非青年、妇女人文交流；（5）中国—南非双边关系，中非关系；（6）中国—非洲人文交流与合作。

“教育部浙江师范大学中国南非人文交流研究中心”的建设定位是高级别的中国南非人文交流机制的思想智库与战略研究中心，争取成为中国公共外交协会地方及院校公共外交委员会会员单位。该中心将依托学校非洲研究的学科综合和人才优势，紧扣中国与南非人文交流机制的发展需要，聚焦中国与南非人文交流的重点、难点问题和基础性、战略性、前瞻性、紧迫性课题，积极与中国、南非人文交流实际工作部门有效联动，深入持续开展田野调查、战略研究、对策研究，提出高质量的符合国家战略需求的研究报告和学术成果，在政策建言、公共外交、人才培养和舆论引导等方面为中国与南非人文交流作出积极贡献。

（二）浙江师范大学开展中国南非人文交流工作的现状

1. 积极推进国际化战略，做实中非人文交流研究工作基础

新世纪以来，浙江师范大学把区域性与国际化协调发展作为核心战略，积极主动服务国家对非战略和经济社会发展需要，2007 年建立国内首家独立设置的实体性非洲研究院，在全国高校独树一帜地形成了国家级的非洲学术研究、涉非高端智库、对非教育合作、对非人力资源培训、对非汉语国际推广、非洲科技组织研究、中非人文经典互译、中非影视艺术交流等多方面整体推进、协同发展的对非人文交流与研究战略格局。目前，学校已与非洲 30 多个国家的 60 余家教育、智库、文化、影视、科技等组织与机构建立了合作关系，与欧美日及中国周边国家的国际合作也快速增长提升。

2. 积极搭建教育对非高端平台，做强中非人文交流研究工作载体

浙江师范大学努力建设一流的对非外交战略智库、一流的汉语国际推广基地、一流的非洲人才培养培训中心。

早在 1996 年，浙江师范大学就在喀麦隆建立了非洲第一个汉语培训中心。目前，浙江师范大学在喀麦隆、莫桑比克、坦桑尼亚建有三所孔子学院，是与非洲高校合作共建孔子学院最多的国内高校，其中喀麦隆雅温得第二大学孔子学院的“一院多点”办学模式，受到中喀两国领导人的充分肯定，被誉为“体现南南合作精神的典范”，多次被评为全球先进孔子学院、全球示范孔子学院。浙江师范大学成为全国唯一三次荣获“孔子学院先进中方合作机构”的地方高校。

3. 积极承担对非高校智库使命，做特中非人文交流研究工作内涵

自 2014 年中教育部长江学者特聘教授刘鸿武院长牵头承担了国务院政策研究室“关于预研启动中非人文交流机制”课题后，非洲研究院不断加强前期调研，提交了《中非人文交流机制预研报告》《建中南人文交流机制，促中非思想文化交流——“从南非主流价值观建设困境看如何积极推进新时期中非思想交流”阅研报告》《中国南非人文交流机制建议方案》《中国埃及人文交流历

史、现状及方案建议》等近10份咨询报告。浙江师范大学专家多次应邀到国务院政策研究室、教育部、外交部、中联部、商务部汇报相关工作，提供政策咨询建议，获得了相关部委领导高度肯定。

4. 积极推动中国南非文化交流，丰富人文交流形式

2013年国家主席习近平访问南非时，双方国家元首达成互办国家年的共识，2014年在中国举办“南非年”，2015年在南非举办“中国年”。浙江师范大学为配合“南非中国年”，在南非举办“浙江师范大学周”系列活动，进一步扩大教育合作在中南友好关系中的影响力，充分展示我校对非教育交流与合作成果。“南非浙江师范大学周”活动包括中非智库论坛、“中国梦·南非情”师生书画作品展、海外高层次人才招聘、留学生招生宣传、中非智库建设研讨会等。参加“中国梦·南非情”师生书画作品展的32幅作品均为浙江师范大学师生创作，体现非洲风情和中国文化的融合，是学校师生研究非洲艺术的成果，每幅作品都力求促进中非文化交融，还出版了画册。开展仪式后，学校师生还为前来参观的市民、学生安排了丰富多彩的中国文化体验活动，包括中国书画现场创作与教学、中国武术表演、抖空竹等。2017年7月，中非艺术研究中心邱兴雄、李舒弟、杨勇等一行近十人赴南非、坦桑尼亚进行了为期两周的艺术采风。

5. 积极发挥对非工作综合效益，做大中非人文交流研究工作格局

浙江师范大学非洲研究院举办了全国首届非洲文学研究高端论坛、非洲妇女商业科技论坛、中非投融资合作与非洲可持续发展国际研讨会、中非影视合作论坛、中非村长酋长对话论坛、中非文明对话研讨会等系列人文交流活动；编纂出版《非洲艺术研究》《非洲影视研究——中国学术的新边疆》《20世纪非洲名家名著导论》等系列成果，其中面向非洲读者的《中国改革开放与发展三十年丛书》即将在坦桑尼亚出版社出版，国家新闻出版总署重点出版项目《剑桥非洲史》中译工程（8卷）即将交付出版；启动了“20世纪非洲百部人文经典”中译工程、中非经贸数据库；建有中国科协“非洲科技问题研究中心”，专门从事非洲科技组织发展与中非科技合作交流研究，现已初步完成非盟和11国科技组织发展状态数据库；拍摄《非洲人在义乌》6集纪录片，举办中非青年学生领袖研修班，开展中非青年学生互访、中国学生赴非多国“巡演、巡讲、巡展”活动。学校积极推进非洲艺术文化进入中国乡村与社区，建立中国首个小学非洲艺术文化培训基地。目前已经形成全方位、立体化、多层次的中非人文交流创新品牌，在国内外产生了持续、广泛影响，被誉相关国家部委为“对非民间外交的重要力量”。

二、中国南非人文交流研究中心在学校发展战略中的定位和未来规划

人文交流、战略互信、经贸合作是我国对外关系发展的三大支柱，是推动我国双边、多边关系健康发展的重要力量，是党和国家对外交往的重要战略。非洲是世界文明重要区域，是中国“一带一路”“走出去”“全球治理”等重要支点，研究中非人文交流的战略布局与运行机制具有重要的战略意义。加强中外人文交流研究有着履行大学人才培养、科学研究、社会服务、文化传承创新、国际交流使命的重要意义，是促进中国和世界各国和平友好的重要学术支撑，服务国家“一带一路”计划、提升软实力的重要力量，有助于推进学校与国外高等教育和学术文化领域友好交流的广度和深度。

长期以来，浙江师范大学高度重视非洲研究和中非人文交流合作，举全校之力，重点打造了非洲研究、教育研究等特色品牌。学校“十三五”发展规划明确提出：教育学进入全国前 10%，达到国家重点学科水平；以非洲研究为核心的政治学争取成为国家一流特色学科，在人才引进、平台建设、经费支持等方面予以特别倾斜，今后学校把做好中国—南非人文交流研究作为未来发展的重大战略机遇和推动“双一流”建设的重要路径。

2000 年中非合作论坛以来，中非贸易交往、产能合作不断推进，人文交流日趋频繁，但相对而言，人文交流还不够深入，不利于中非关系的可持续发展，有待加强和拓展。在中非交往 60 周年、坦赞铁路建成 40 周年、中非合作论坛约翰内斯堡峰会 1 周年和金砖国家领导人厦门峰会召开的新起点上，实现习近平总书记提出的中非文明“交流互鉴”目标迎来了重要契机，非洲（尤其是南非）和中国加强交流合作的愿望强烈，且条件和时机均较为成熟。对此，

浙江师范大学积极承担支撑面向非洲的“中南非高级别人文交流机制”前期研究任务，形成了相应的建议方案和咨询报告。

未来浙江师范大学将建设中国特色新型高校智库作为方向，以促进学校与南非各大学的智库合作、学术交流、人员交流为宗旨，在整合语言优势、区域与国别研究资源的基础上，与全国各大院校、学术机构、企业行业协同开展学术研究和实践活动，成为中国与南非乃至中国与非洲人文交流的学术研究重镇、政策咨询高地、人才培养基地和文化交流阵地。浙江师范大学将在理论研究和实践探索的基础上系统总结国内外开展人文交流的先进经验和模式，编纂并定期发布《中国—南非人文交流年度报告》，将新形势下中国与南非人文交流的新路径、新模式推广至其他非洲国家。

三、初步建设成效

（一）服务中南人文交流机制

在中南高级别人文交流机制会议筹备过程中，浙江师范大学非洲研究院为会议起草文件、提供谈参、会议资料等数十份，为该机制的预研、筹备、方案制订和落实提供了坚实的学术支撑和智力支持，得到了会议主办方的高度认可。高校智库在促进中非人文交流、民心相通方面的独特作用得到彰显。

2017 年 4 月 20—26 日，由国务院副总理刘延东和南非艺文部部长姆特特瓦共同主持召开的中南高级别人文交流机制首次会议在南非举行。浙江师范大学非洲研究院院长刘鸿武、中非国际商学院青年博士张巧文等作为教育部特邀嘉宾出席相关活动。浙江师范大学张巧文博士应邀在机制大会上发言，深情讲述了她在南非攻读博士学位期间与南非导师、朋友交往的感人故事。访问期间，刘鸿武院长一行还与南非华人专家学者、南非本土智库学者进行多场交流，积极宣介中南人文交流机制，探讨如何深化中南智库学者的交流与合作。

会议期间，刘鸿武院长拜会了出席机制会的外交部张明副部长，国务院研究室教科文卫司侯万军司长、范绪锋副司长，教育部国际司许涛司长、于继海副司长，向他们汇报了非洲研究院近期工作，并就在推动中南人文交流中如何更好地发挥智库作用交换意见，刘鸿武院长的相关提议受到领导的认可。

刘鸿武院长一行还开展了一系列人文交流与智库对话活动。4 月 22 日，刘鸿武院长、张巧文博士、正在南非做田野调查的非洲研究院徐薇博士一行及教育部国际司调研员王道余，在约翰内斯堡出席由南部非洲华人专家学者工程师联合会主办的“南非华人在中国人文交流合作活动中地位与作用”座谈会。刘鸿武院长作了主旨发言，介绍了国内非洲研究现状及近年来非洲研究院发展情况，并同与会人员就南非华人专家学者如何在中南人文交流合作中有效地发挥作用进行广泛且深入的讨论，提出了若干合作建议与构想，受到了与会人员的广泛认可和积极响应。

4 月 25 日，刘鸿武院长一行分别走访南非当地知名智库塔博・姆贝基非洲领导力研究院（Thabo Mbeki African Leadership Institute，TMALI）和马蓬古布韦战略反思研究所（Mapungubwe Institute for Strategic Reflection，MISTRA），探讨在中南高级别人文交流机制框架下深化两国智库交流合作的新路径。塔博・姆贝基非洲领导力研究院保罗・滕贝（Paul Tembe）博士作为非洲研究院的老朋友，热烈欢迎刘鸿武院长到访南非。滕贝博士首先介绍了塔博・姆贝基非洲领导力研究院的最新发展情况，表示愿同非洲研究院继续深化合作，为赴非研究人员提供办公场地等支持。刘鸿武院长对滕贝博士一直致力于中国研究表示感谢，表示非洲研究院将同姆贝基非洲领导力研究院一道积极探讨在南非建立非洲研究院的分中心，建立中南留学生联合会，将曾留学中国的南非学者与曾留学南非的中国学者联结到一起，壮大研究力量，扩大信息渠道。会谈结束时，双方就下一步开展的合作事宜拟定了计划。在马蓬古布韦战略反思研究所，刘鸿武院长与执行所长乔・纳茨坦泽（Joel Netshitenzhe）、研究员马斯塔（Ralph Mathekga）、桑拉尼（Patience Salane）等进行座谈。刘鸿武院长回顾了第四届中非智库论坛期间两家机构的合作，并邀请对方参加拟定于 6 月在埃塞俄比亚召开的中非智库论坛第六届会议。纳茨坦泽教授称第四届智库论坛是很愉快的合作经历，表示会积极支持并参加中非智库论坛第六届会议，马蓬古布韦战略反思研究所近年来出版了一些优秀著作，希望能与非洲研究院合作翻译，让更多的中国人看到他们的观点和思想。刘鸿武院长欣然接受委托，并提出希望 2018 年在中南高级别人文交流机制会议举办之际，会同马蓬古布韦战略反思研究所共同为机制会议献计献策，双方还就下一步开展合作达成基本共识。

（二）助力“一带一路”民心相通

民心相通是“一带一路”建设的重要内容，也是“一带一路”建设的人文基础。2017 年 5 月 11 日，在国务院新闻办举行的“一带一路”沿线国家民心相通情况发布会上，教育部副部长田学军以浙江师范大学为例，介绍了国内高校在推进“一带一路”民心相通中所做的大量工作。他表示，教育在推进与“一带一路”沿线国家民心相通中，既具有黏合剂、催化剂和润滑剂的功能，又具有基础性、先导性和“润物无声”的人文交流属性。

田学军高度评价了浙江师范大学在推动中非人文交流中的做法：

> 国内的高校在推进“一带一路”民心相通方面做了大量的工作，有很多典型的案例，这里我想介绍一下，我亲眼看到、亲身经历的一个大学的做法，我曾经在南非工作过，刚从南非回来，在南非期间我亲身经历了浙江师范大学在推动中非人文交流、促进中非民心相通方面的一些做法，我觉得这些做法非常具有代表性、示范性和推广性。浙师大在推动中非民心相通实践中，定位非常清晰，工作很扎实，可以说是持续发力，久久为功，亮点纷呈。概括起来有六个特点：
>
> 一是定位清晰，很有特色。学校确定了面向非洲的国际化办学定位，建立了较为完整的制度保障，全校统筹，各部门协同推进中非的交流合作各项工作。
>
> 二是交流广泛深入。浙师大这十年来每年都派师生到非洲去实地考察，他们的足迹基本上遍及了大半个非洲。据我了解，迄今已与 20 多个国家 50 多所学校签署了合作协议。
>
> 三是广育人才。我了解他们现在办培训班已经有 90 多期，培训了 50 多个非洲国家的 2000 多名政府高官、教育界的管理人员、校长和智库的精英。

四是加强研究。浙师大专门成立了非洲研究院，长期开展国别和区域的研究，产出了大量的极具价值的成果，发布了中国南非人文交流年度报告，入选了美国宾夕法尼亚大学《全球智库报告 2016》最佳区域研究中心。

五是双向宣传。一方面他们邀请非洲国家的记者来参观，记者回去之后举办了《一个非洲记者眼中的中国》的展览，他们还把“中国改革开放与发展实践”丛书等翻译成当地语言，推向非洲。与此同时，他们也向国内编译了关于非洲的系列丛书，来介绍非洲。学校有关的学者还积极参与“讲述中非交往故事”的活动，获评“感动非洲的 10 个中国人”，成绩还是很突出的。

六是建立基地。在浙江金华市的秋滨小学建立了“活力非洲园”，成为中国人走进非洲文化的体验园，专程来访华的 20 多个非洲国家的记者团，还有中小学教师研修班的成员，看了之后给予高度肯定。他们还建立了浙师大非洲博物馆，每年接待 1 万多人，众多的非洲政要、大使、学者看了之后深受感动，而且纷纷地捐赠藏品。

田学军副部长对浙江师范大学非洲研究与对非工作的深度总结和高度评价，为学校持续进行非洲研究学术品牌建设提供了新思路。根据“代表性、示范性、推广性”三大方向，浙江师范大学将系统总结过去十年非洲研究及对非工作的发展经验，在实践中积极改革创新，深入开展理论探讨，做好经验总结、榜样示范、理论提升等工作，为进一步构建并完善有中国特色的非洲学学科体系提供理论支撑和典型经验，以更好地服务国家战略需求和中非战略布局需要。

此外，发布会上中宣部、文化部、新闻出版广电总局负责人关于智库交流、人文交流、影视合作等领域的情况通报和未来行动计划，为浙江师范大学深入开展中非智库交流、中南人文交流研究、中非影视交流合作、非洲博物馆建设、联合举办中非艺术节等专项工作提供了巨大的发展空间和政策指导。

第三节　培训平台：教育部、商务部援外培训基地及项目

一、教育部对非教育合作项目

浙江师范大学的对非教育工作起步于 1996 年。受当时国家教育委员会委托，浙江师范大学开始承担国家长期对非教育合作项目——喀麦隆汉语培训中心的教学和管理工作。

2002 年，浙江师范大学成为教育部援外基地，十余年来，承办了近百个援非培训项目，参加培训非洲学员千余人次。2006 年，浙江师范大学承办教育部"首届中非大学校长论坛"，2008 年承接教育部"教育援外基地数据库建设项目"，之后成为商务部援外培训基地。目前该基地设在浙江师范大学外事处，与国际文化与教育学院、非洲研究院联合开展相关工作。

二、商务部对非智库研修班

浙江师范大学自 2011 年开始承办由国家商务部委托的对非智库研修班，迄今为止共承办了 12 期，培训非洲 40 余个国家高级政府官员、智库组织成员、国家媒体人员、专家学者共 317 人次。研修班通常以讲座、论坛以及实地考察相结合的方式开展。讲座主题涵盖中国的现代化发展、治国理政理论与实践、国际关系、教育与人力资源开发、少数民族开发等。此外，学员们还前往湖南长沙、云南昆明、广西南宁等地实地参观考察中国的新农村建设、少数民族地区的扶贫与发展、科技园的孵化和生成等。研修期间，学员们还参加浙江师范大学中非智库论坛，与数百名专家一道交流研讨，形成相辅相成之势。

研修班内容丰富、成效显著。通过研修，学员以更畅达有效的途径了解了中国知识、中国思想和中国智慧，认识和理解了 21 世纪发展中国家新的发展理念和发展道路。可见，研修班的举办消除了中国与非洲国家在思想理念、价值观与意识形态方面的分歧，为维护中非友好关系，进一步促进中非关系的长远发展作出了积极贡献。

三、商务部援外培训项目——非洲智库研讨班

2011年10月27日至11月16日，浙江师范大学在成功举行“中非智库论坛”第一届会议的基础上，顺利举办了首届“非洲智库研讨班”。

（一）方案设计与实施

浙江师范大学高度重视作为中非智库论坛的配套与后续活动的非洲智库研讨班，力求在成功举行中非智库论坛的基础上，让非洲智库精英对中国有更深入的了解，提升中非智库交流的作用。为此，浙江师范大学组成了由非洲研究院、国际文化与教育学院、援外研修基地共同合作的管理机构，并精心设计研讨班实施方案，精心确定参加研讨班的人选，精心组织研讨班全部活动。

非洲智库研讨班的实施方案设计是在非洲研究院刘鸿武院长的主持下完成的。研讨主题定为“中非治国理政经验交流与智库的作用”。围绕“改革开放与发展”“扶贫减贫”“教育与民主”“中非合作”四个专题，结合学员的实际需要，通过理论学习、专题研讨、座谈交流和实地考察相结合的形式展开。为了保证研讨的顺利进行和研讨的质量，学校邀请了北京、上海、浙江、云南等地高校、研究机构的一流专家、学者，组成了一支力量强大的师资队伍。这批专家学者学有所长，熟谙本领域的知识，富有洞见，思维活跃开放。

非洲智库研讨班的重要日程之一、也是本次研讨班的重要特点之一，是将“中非智库论坛”第一届会议设计为非洲智库研讨班的第一阶段，形成“非洲智库研讨班”与“中非智库论坛”有机结合、专业研修与学术研讨为一体的办班模式，提升了研讨班的学术层次与思想效果。

鉴于这次智库研讨班主题和内容的敏感性，为确保智库研讨班的顺利进行并达到预期目标，在参加人选的确定过程中做了一些大胆的尝试，即改变以往由商务部驻非各国经商处联系驻在国，由驻在国政府推荐人选的做法，而是由浙江师范大学非洲研究院提出非洲学员的初选名单（其中一部分从参加“中非智库论坛”的成员中推荐选取），报请商务部、外交部并征询我驻非洲大使馆及使馆经商处，确定后由商务部驻非各国经商处负责联系邀请。在实施过程中，在我使馆、经商处和新华社等相关机构的大力支持下，智库研讨班吸引到

了 24 名高素质、高级别、对华友好的人士参加，他们来自非洲 15 个国家，其中 12 人来自智库，6 人来自媒体，3 人来自政界，3 人来自非政府组织。

（二）三个特点

非洲智库研讨班有三个特殊性。

第一，它与中非智库论坛结合，研讨班成员出席了中非智库论坛全部活动，随后继续进行 20 天的专题授课、研讨与考察，这期间还与非洲研究院学者深入交流，因而内容丰富，效果明显。

第二，它是中非合作论坛框架下由商务部批准的第一个此类性质的人力资源培训项目，带有很强的创新性与尝试性。

第三，研讨班成员层次较高，多属非洲著名智库、重要媒体领袖及部分政府高官，相对于以往的对非人力资源培训项目来说，参与者的预期也更高，其影响更大更持久。

（三）实施效果

举办非洲智库研讨班的最初构想是：配合中非智库论坛的举办，逐渐打造出一个有中国特色的对非学术思想“软援助”的国家级项目。通过与非洲智库交流中非治国理政经验，向非洲国家提供解决发展问题的倡议方案，扩大中国思想、中国知识及中国发展经验在非洲的影响力，有效增进非洲智库对我了解，影响非洲对华舆情，为中非关系营造出良好的软环境。

从获得的反馈意见来看，非洲智库研讨班通过精心的计划和实施，已经达到了预期的效果。

第一，非洲学员对研讨班整个方案的实施过程及其效果表示满意，用他们的话来说，是“组织有序”“内容充实”“富有成果”。

第二，非洲学员高度评价中方专家，认为他们“是有所思并能激发思考的，他们准备充分，翻译完美，证明他们精通他们所讲的领域和材料”。非洲学员认为讲座和研讨主题覆盖面广，内容信息量大，带来了富有成果的讨论和建设性的意见。

第三，一些讲座，如中国共产党的治国理政理念、中国式民主政治及成效、中国少数民族地区的开发、中国的减贫政策等，引起了非洲学员的高度兴趣。

第四，赴云南昆明少数民族地区考察经济发展与文化遗产保护开发给非洲学员留下深刻印象，认为考察项目与讲座有机结合，所见真实生动，富有启示和教育意义。

（四）对智库研讨班学员总结报告的分析

按照项目设计要求，智库研讨班结束前，每一名非洲学员要提交研讨报告，对研讨班进行回顾和评价，并就中非合作提出建议。让研讨班成员提交研讨报告是浙江师范大学承办援外培训项目的一个新尝试，结果显示是有价值的，与传统的评价方式相比，报告包含着更为丰富的信息。这四份报告详略不一，其中不乏精彩的论述、深刻的思考和富有洞见的建议。

首先，在一定程度上消除了非洲智库对中国片面的，甚至是错误的印象。

非洲智库研讨班成员层次很高，但很大一部分人（特别是第一次来华的人）以前对中国存在误解。误解的产生主要源于两个方面：一方面，学员本人接受的是西方的教育。正如纳米比亚国际管理大学常务副校长斯宾塞·泰勒（Earl Spencer Taylor）所说："鉴于我所接受的西方教育、培训、经验和对西方经济理论的癖好，对于我来说，要接受'资本主义民主'之外的'社会主义民主'是非常困难的。但是鉴于我对研究和学术的渴望，我没有什么困难就接受了浙江师范大学邀请我参加非洲智库研讨班这样一次机会。"另一方面，非洲人对中国的了解太少，而且许多了解主要是通过西方媒体。西方媒体对中国的片面的、基本上是负面的报道让非洲人对中国产生了错误的认识。多名研讨班成员谈到这个问题。卢旺达《新时代日报》总编科林·哈巴（Collin Haba）说："非洲是西方媒体的主要消费者，西方媒体对中国的报道遗漏了许多关于这个国家内在的实际情况。"坦桑尼亚非政府组织网站资深编辑阿提利奥·塔格利利（Attillio Tagalile）谈道："西方国家，特别是其媒体，在很大程度上造成我对中国片面的看法——除了混乱，一无是处。"津巴布韦的南部非洲研究与文献中心研究员约瑟夫·阿维（Joseph Ngwawi）也提出："大多数学员有一个基本的看法，即尽管中国经济发展很快，但是大多数中国人不幸福，缺少基本的自由。"

此外，研讨班成员也谈到了非洲对中国的信任问题。津巴布韦国家广播电视台时事新闻主编弗里德姆·莫约（Freedom Moyo）分析了非洲对中国还缺乏足够信任的原因：一是非洲国家对中国有不同的看法，二是殖民主义在许多非洲人民中造成过惊恐，他们现在仍怀疑来自非洲以外的发展援助与合作。

非洲智库研讨班为学员提供了一个全面和直观地认识真实的中国的机会和窗口。中方学者严谨、开放、自我解剖式的介绍与研讨，实地考察中研讨班成员与中国政府地方官员、市民、少数民族的近距离接触和交流，让他们对中国政治、经济、社会、教育、文化等各方面的发展及其存在的问题，对中国的发展模式及其所面临的挑战，对中国共产党的治党执政理念和治理方式等问题有了更为深入全面的认识，改变了他们原先错误的观念，而这样的认识和转变又加深了他们对中国内政外交的理解。尼日利亚社会与企业责任中心主任爱德华·奥比（Edward Osang Obi）对此深有体悟，他说："我必须承认，此次来中国是一种崭新的体验。来中国之前，关于中国，我所听到和读到的大部分信息是负面的，……对中国的负面看法来自这些负面的信息。不过来到中国以后，开启了中国与我国的市民社会合作的可能性，它有助于以一种全新的观点重新介绍中国。"他还说："对于像我这样在西方国家接受教育的人来说，客观地理解中国是如何认识自身的，中国希望其他国家如何认识它，这是非常重要的。只有通过这种理解，才可能领会和评估中国内部的困难和外部的姿态。"来自卢旺达的科林·哈巴（Collin Haba）说："只有你访问了这个国家，你才会意识到实际上真实的中国比西方媒体所宣扬的要丰富很多。实地考察和讲座让我对中国有了更深的认识。"

令人欣喜的是，参加研讨班的一些来自新闻媒体的成员还不辞辛劳，利用休息时间撰写稿件，及时向国内同胞发送他们在中国期间的所见所闻以及感受和思考。喀麦隆《参考报》主编多米尼克·马巴斯（Mabassi Dominique），他先后写了五篇报道，内容涉及中非智库论坛第一届会议、从非洲智库研讨班获得的中国发展模式印象、非洲研究院、非洲博物馆、雅温得第一大学与浙江师范大学中非商学院合作办学等。这些报道无疑给喀麦隆人民提供了更为丰富和更为真实的信息，其意义无疑是积极的。

其次，扩大了中国思想、中国学术、中国知识、中国智慧及中国发展经验的影响力。

非洲智库研讨班的讲座与实地考察所传达的以人民为中心的发展理念、中国式民主制、文化遗产的保护与开发、少数民族发展政策等思想与经验让非洲智库深有感触，同时也激发了他们对中国经验的思考和对本国发展实践的反思。

塞拉利昂总统办公室高级助理秘书拉米纳·保罗·万博（Lamina Paul Vamboi）在谈到非洲从中国可以汲取的经验时说："'中国式民主制'是治理范式的一种转变，它重视经济发展、服务的有效交付、食物的充足、城市的巨大发展，更为重要的是社会整合和生活各个领域的文化相对主义。大部分非洲国家关注政治改革，而中国关注经济改革，改善民生。经历了外部干涉、认同丧失和文化移入的非洲不应该丢掉和谐的思维模式。牢记外国干预的令人痛苦的结果，迫切需要团结一致，荣辱与共。"

博茨瓦纳大学副校长吕底亚（Lydia Motlhankaabasadi Saleshando）谈道："研讨班让我对中国有了更为全面的理解：人民、土地、文化、经济和政治发展议程。最重要的是，我发现中国有许多值得学习的地方，特别是在文化发展和和谐发展领域。"她建议中国与非洲"分享为了和谐和减贫而制定实施的少数民族地区发展模式"。

来自津巴布韦的弗里德姆·莫约（Freedom Moyo）反思道："过去，非洲国家的发展是捐赠驱动的（主要来自西方国家），但中国的发展事实证明，这种只给'鱼'而不给'渔'的发展援助没有任何意义。"

非洲智库研讨班成员在各自提交的总结报告中纷纷表示，中非智库论坛和非洲智库研讨班意义重大，为非洲智库提供了一个充分理解和分享中国各领域发展经验的机会，有助于拨乱西方混淆的视听，了解中国真相和中国对非政策，推进非中关系更上一层楼，实现双方的抱负。他们也认为，保证智库论坛和智库研讨班的连续性是一件迫切的事情。

（五）研讨班成员对中非智库论坛及研讨班后续行动的建议

在非洲智库研讨班的研讨中以及结束之前的总结报告中，学员们都对中非合作的后续行动以及中非智库论坛及非洲智库研讨班的后续行动进行了探讨，并提出了一些建议。

关于中非智库论坛，非洲智库研讨班学员建议：（1）积极采取后续行动，包括创建一个有着合理组织的永久性的中非智库交流平台；（2）中非智库应制定行动计划，并每年举行会议以进行评估；（3）建立秘书处，以协调中非智库的活动；（4）建立相应的信息系统和档案库；（5）保持智库研讨班的连续性，并办到非洲去。

非洲智库研讨班学员普遍相信，中非之间的基于互信、平等和双赢原则的发展合作有着巨大的潜力。为了全方位推进中非人文合作交流，非洲智库研讨班学员建议：（1）建立一个中非媒体组，为中非人民和世界人民提供中非两方面的准确信息；（2）中国实施系列交流活动，以赢得非洲人民的心；（3）加强中非之间各个层面的人员交流，包括加强学者之间的交流，扩大对话的范围；（4）中国应该更多地倾听来自非洲的声音，实现双向的、平衡的交流；（5）中非学者之间应该就相互感兴趣的问题共同开展研究，实现知识与经验的分享；（6）中国应积极拓展在非洲的投资领域，积极帮助非洲实现经济的多元化；（7）鉴于当前的双边合作多是由项目驱动的，而不是由中国和非洲国家事先达成的战略计划规定的，也没有在战略上与非洲国家的国家发展计划或国家愿景结合在一起，建议在中非合作中建立正式的框架结构。

非洲智库研讨班学员认为，中国对非发展援助必须不同于西方传统的援助，如果中国继续以同样的形式给非洲提供贷款和援助项目，那么非洲注定继续处于依附地位。因此他们建议：（1）中国改变传统的援助合作模式，选择交换合作模式，积极实现技能和技术的转移，只有这样非洲才能够自己“划着独木舟前行”；（2）中国对非发展援助计划应该认真考虑非洲的优先考虑事项，对此，中国需要加深对非洲大陆、地区集团和非洲国家现状及其优先考虑事项的理解；（3）中国对非发展援助不应忽视非洲那些落后的老朋友，而只重视那些先进的新朋友，患难见真情，当需要的时候，那些落后的老朋友仍然会是中国的朋友，他们在将来会以这种或那种方式支持中国；（4）中国应适时检讨对非援助的方式，包括对非人力资源培训方式，如果能将这些培训更多地办到非洲去，就有可能让不同层面的领导人参与其中，对非洲人民的生活方式将产生持久的影响；（5）中国在对非发展援助中应将重点放在加强非洲国家制度建设能力上，包括教育机构的能力建设。

总体上看，将中非智库论坛与非洲智库研讨班结合的做法，在推进中非智库交流、提升中国思想影响力方面起到了“1+1>2”的效果，值得今后继续推广。

第十一章　育人：高校智库的独特价值

“十八大”以来，中国特色新型智库建设蓬勃发展。高校智库是中国特色新型智库建设的主力军，高水平的高校智库是高等教育质量提升的显著标志，新型高校智库建设的重点在于创新实践人才的培养。教育部《中国特色新型高校智库建设推进计划》（教社司［2014］1号文件）明确指出：“高校智库应当发挥战略研究、政策建言、人才培养、舆论引导、公共外交的重要功能；培养复合型智库人才，为中国特色新型智库建设提供有力的人才保障。”

第一节　高校智库人才培养的供给侧改革

《光明日报》高校智库建设专刊曾发表中国高等教育学会会长瞿振元观点：“高校智库要出思想、出人才，更要育人。”一语道出高校智库要承担“人才培养”这一重要的使命担当。因为“出思想”的是人才，“出人才”就是在履行战略研究、政策建言、舆论引导、人才培养和公共外交等职能过程中造就智库人才，“育人”就是发挥高校优势，努力培养复合型智库人才，为中国特色新型智库建设提供有力的人才保障。

一、需求侧诉求：国家和社会急切需要智库人才

首先，加强智库人才培养是对国家重大战略新要求的回应。近年来，“一带一路”战略构想、“走出去”等重大命题的提出，加快了中国全方位对外开放的步伐，为中国深度参与全球治理开辟了新视野、搭建了新舞台。这对我国智库人才培养提出了新的更高的要求，针对特定国家或者区域的人文、地理、政治、经济、社会、军事等进行的全面深入研究的区域国别研究智库人才的重要性就突显出来。例如亚投行目前涉及50多个政治经济文化发展特征迥异的

成员国，如果没有相关人才作深入研究，就不能作正确判断与决策，容易造成被动。因此，高校智库培养区域国别方面的智库人才，有助于丰富对相关国家的细节认知和全面认识，科学研判对外合作事务的形势和条件，有利于开展人文交流和公共外交，直接服务于中国特色大国外交和民心相通战略，服务于改革开放和中国特色社会主义现代化事业，特别是“一带一路”建设和全球治理的开放发展大局，为全球治理和合作共赢的新型国际关系贡献力量。

其次，加强智库人才培养是对社会经济发展新需求的遵循。高校智库要服务社会经济发展，关键在人。自2003年以后，中国“走出去”战略取得显著进展，对于我国调整产业结构、获取先进技术、突破贸易壁垒等具有重要意义。实践表明，发展社会经济、帮助企业顺利“走出去”，需要政府、智库、行业协会和中介机构、企业各方从各自不同的角度，相互配合，共同克服。政府的职责在于政策引导和公共服务，为企业合法权益提供社会政治层面的保护。智库可以从三方面发挥作用：一是结合地方经济社会发展实际，为政府提供高效优质的咨询服务，助力社会和区域经济对接和发展；二是为企业提供专业的经济、金融、法律、安全方面的前瞻性的意见建议，帮助企业解决遇到的各种国际、国内障碍；三是为政府和企业开展相关培训，通过政策解读、案例分析、实地调研等方式，培训人员、化解和规避风险，提升国际竞争力。这些都对智库人才服务社会的能力提出了新的更高的要求。

再次，加强智库人才培养是对高校“双一流”建设新潮流的顺应。一流学科孕育和支撑一流的智库建设，一流智库促进和引领一流学科发展，二者的良性互动是建设一流大学的重要前提。“双一流”建设和高校智库建设要应对的挑战同样是双重的：要在国内同行中脱颖而出，更要在与众多外国同行的竞争中站稳脚跟，比的是“特、专、新、优”，即有特色、专业化、有创新理念、能够出高质量知识产品；靠的是一流研究人员对全球性、战略性、前瞻性和理论性问题的精准分析和可行建议。说到底，这是各国高端人才之间的激烈较量。因此，“双一流”建设和高校智库建设，都需要人才先行。此外，高校智库是哲学社会科学发展的主力军，必须认真贯彻落实习近平同志重要讲话精神，在树牢理想信念、塑造良好品质、培养科学精神等方面下功夫，不断强化智库的育人功能，这也与高校的中心任务高度契合。

二、供给侧受阻：高校智库人才培养面临危机

理想的高校智库人才愿景是：理论功底扎实，熟悉世情国情，知己知彼，有真知灼见；专业化程度高，能运用各种科学分析工具，善于开展跨学科研究，创新能力强；具备全球视野和文化理解力，有强烈的国家意识、国际责任感和奉献精神，能够掌握国际话语权；在宽松自由的环境中，他们平等、活跃地交流、辩论、碰撞和传播思想。由此可见高校智库人才培养的目标是：培养有较好的综合知识和实践能力的，具有坚定的政治素养、娴熟的政策研究素养、深厚的学术素养、广泛的合作素养和良好的道德素养的，能正确认识并处理基础研究和应用研究、理论研究与对策研究、学术导向与问题导向关系的复合型智库人才。

但现实与理想还是有不小的差距，存在“三不”“三无”和“三难”现象。

“三不”指智库人才“不够用”“不适用”“不被用”。虽然中国高校为智库人才的数量打下了好基础，但从质量上看，能达到高标准严要求的、具备《中国智库》主编于今所谓的“五懂”（懂国情民意、懂政党、懂政治、懂政府、懂政策）“十要素”（责任、童心、眼界、学识、知政、多智、谋划、预测、警示、使命）的智库人才，实在是少而又少，无法达到“政府信得过、建议用得上、咨询靠得住”的期待。

“三无”指人才培养“无顶层设计”“无学科体系”“无课程标准”。智库人才既是专家，又是杂家。高校智库必须形成“一专多能”的复合型团队，不仅要有专业的智库学者，还需要在公共传播、社会交往、会议筹办等方面的复合型人才。但我国教育高度专业化的教育模式有利于培养“专才”，显然不利于培养“通才”。更有一些服务于国家战略的新兴学科、交叉学科得不到应有的重视，在传统学科氛围中处于“名不正言不顺”“左右为难”的尴尬境地。以“非洲学”为例，中非合作是国家战略，非洲是产能合作的重点区域，近年国内外对熟悉非洲事务的人才需求急剧增长。“非洲学”在西方国家已有百年以上的传统，设有“非洲学”专业学位，但国内非洲研究与非洲学人才培养却

远远跟不上形势发展的需要，分散在世界历史、国际政治学、国际关系学等学科之下，处于三级学科地位，学科地位很低，长期以来没有形成课程与教学体系，极大地制约了“非洲学”人才培养。

“三难”指智库“人才转型难”“培养难”“评价难”。智库在我国还是新生事物，关于智库的基本定位、主要特征、价值取向、发展模式、运行机制、人才培养、合作交流、发展趋势等，都还在探索中，也没有相对成熟的培养方案和模式。智库人才要有较高的学术素养和政策研究素养，能够综合运用社会科学和自然科学的理论知识，熟悉政府日常运作和政策制定。传统的教育模式不适应智库型人才培养的现状，表现在重分化轻综合、重学术轻思想、重知识轻技能、重理论轻实践、重历史轻现实、重国内轻国际等方面。这导致高校智库人才的学科结构相对比较单一，多学科交叉研究力度不够，很多研究人员对政府的运作不十分清楚，研究过于偏重学理，提出的政策咨询缺乏针对性和可操作性。面对智库人才的转型要求，现职高校科研人员无论从认知层面还是实践层面，都需要较长的时间来适应和转换。同时，对智库人才、智库成果的评价模式也亟待改革创新。这是高校智库建设的重点，也是难点。

三、结构性改革：创新高校智库人才培养体系

当前，我国经济社会发展及其内外环境正发生着深刻而广泛的变化，国家实行供给侧结构性改革，也对高等教育改革、“双一流”建设和高校智库人才培养提出了新要求。高校智库要从三个方面进行结构性改革：一是提升基础理论研究与应用对策研究的结合力，增加思想创新的有效供给；二是提升智库建设与学科建设的创新力，为服务国家战略、社会发展提供有效的人才供给和智力支撑；三是提升课程与教学实践的协同力，促进高校与政府、企业、行业、国内外同类机构等的有序对接。此外，还要大力加强智库人才培养的宣传工作，吸引更多优秀生源报考智库研究生；加强职前引导、职中提升和职后培训，形成全过程、全方位的专业化智库人才培养链；创新机制体制，用制度引领鼓励师生学得经世致用的知识技能，积极投身哲学社会科学和智库建设事业，展现新一代知识分子的家国情怀和使命担当。

第二节　构建“非洲学”特色课程体系

一、“非洲学”课程体系的理论和实践基础

“非洲学”课程体系的构建要有一定的理论基础和实践基础。

现代课程理论之父拉尔夫·泰勒（Ralph W. Tyler）提出的“泰勒原理”被公认为课程开发原理最完美、最简洁、最清楚的阐述。他认为，课程围绕四个基本问题的讨论而展开：第一，学校应该达到哪些教育目标？第二，提供哪些教育经验才能实现这些目标？第三，怎样才能有效组织这些教育经验？第四，怎样才能确定这些目标正在得到实现？围绕上述四个中心，泰勒提出了课程编制的四个步骤或阶段，即“确定教育目标”、“选择教育经验”、“组织教育经验”、“评价教育计划”。[①] 这使得科学化课程开发理论的发展进入新的历史阶段。

在建构“非洲学”课程理论方面，我国已有少数学者作了探索。首位国际政治领域的教育部长江学者特聘教授刘鸿武提出：“21 世纪的中国需要在更广泛的人类知识、思想、学术与观念领域作出自己的原创性贡献。建构有特色之‘中国非洲学’，是中华民族在当今国际学术平台与思想高地上追求中国的话语权、表达中华民族对于未来世界的发展理念与政策主张，进而为 21 世纪的人类贡献出更有价值的思想智慧的必要努力。”他认为，这一学科建构的意义应当上升到国家文化发展的战略高度来理解与把握，并在此境界上去探寻自己的学术路径、理论形态与知识工具。他提出“非洲情怀、中国特色、全球视野”三个层面有机结合，“承续中国学术传统、借鉴国外研究成果、总结中非合作实践”三个维度融会贯通，拓展“中国非洲学”敞朗清新的学术境界与精神气度。[②]

与此同时，浙江师范大学等一批高校培养涉非本科生、研究生的教学实践

① [美]拉尔夫·泰勒:《课程与教学的基本原理》，罗康、张阅译，中国轻工业出版社 2014 年版。

② 刘鸿武:《在国际学术平台与思想高地上建构国家话语权——再论建构有特色之“中国非洲学”的特殊时代意义》，载《西亚非洲》2010 年第 5 期。

为非洲学课程奠定了坚实的实践根基。经多年努力，浙江师范大学非洲研究院已成为国家重要的非洲研究机构与智库，构成非洲学学科的科研基础。中非国际商学院是国内首个开设非洲学课程的本科学院，已初步探索建立具有自身特色的非洲经济、贸易类核心课程，培养对非经贸类本科人才。2015年，浙江师范大学自主设置的交叉学科博士点“非洲教育与社会发展”获批，初步形成本科—硕士—博士的立体化多层次“非洲学”课程和人才培养体系。

二、中国“非洲学”课程体系的总体架构

一般而论，“非洲学”可作广义与狭义之理解。广义之“非洲学”，包括一切以非洲为研究对象的知识与思想领域，即除了人文社会科学领域的非洲研究外，还包括自然科学、工程技术各领域所涉及的非洲研究。狭义的“非洲学”，主要指以非洲大陆之文明与历史进程及其当代政治经济发展问题为核心内容的学科，类似于“非洲文明研究”或“非洲问题研究”。

建设课程体系，首先要明确非洲学课程目标：即通过教学培养从事非洲研究和非洲实务的人才；通过对非研究和高校新型智库建设，服务国家战略和社会发展。其次应完善非洲学课程内容：探索本科硕士博士各层次的非洲学的学位公共课、学科平台课、学科方向课、方向选修课等模块。再次要探索非洲学课程组织和实施：协同创新，编撰非洲学课程系列教材、研究文库，形成非洲学教学与课程案例或精品课程，促进中非高等教育和基础教育合作。最后要创新非洲学课程评价：从高校新型智库建设和协同创新中心的要求出发，改革非洲学课程评价制度，完善课程体系。

（一）“非洲学”的课程目标

“非洲学”是一门尚在探索中的综合性交叉学科，其课程体系依据有关一级学科对人才的培养要求，建设有中国特色、中国风格、中国气派的“非洲学”学科体系，进一步提升国际影响力和国际话语权，努力培养本科、硕士和博士研究生各层次的中国的“非洲通”和非洲的“中国通”，初步建成国内顶尖的现代型非洲研究学术重镇和高端的国家智库，更好地服务国家战略和浙江区域经济社会发展，促进中非合作与交流。因此“非洲学”课程目标包含“人才培

养”、“科学研究”和“社会服务”三大板块，这与大学承载的使用与功能是一致的。

首先，非洲学的首要目标是培养多层次的涉非人才：（1）本科层次涉非人才，要求熟悉国际经济与贸易领域，尤其是能参与中非经济与贸易合作的基础型人才，能胜任中非企业关键岗位工作；（2）硕士层次涉非人才，要求熟悉非洲政治与国际关系、非洲经济、非洲教育或非洲历史与文化的某个领域，具备一定非洲研究能力，能胜任中非企业、涉非机构中高层管理工作；（3）博士层次涉非人才：要求对非洲某个领域或某个国家具有深入研究，具有战略思维，能管理涉非机构或企业，能胜任机构的高层管理、研究团队负责人，从事深层次的战略研究工作。

其次，“非洲学”又称非洲研究，因此，深入研究非洲发展的历史与现状，探索新时期中非合作战略，是课程的另一重要目标。非洲研究要以“当代非洲发展问题”与“当代中非关系”为研究主攻方向，紧扣中非关系“打造升级版”的新形势，树立问题意识、国际意识、开放意识，努力培养学术队伍、建构学术思想、追求学术个性、打造学术品牌。做到既有“形而下”的工具层面、器物层面、操作层面的个案微观研究，也有“形而上”的价值层面、精神层面、战略层面的整体宏观研究，既有田野调研与微观实证研究，又有宏观理念与精神境界方面的战略追求。[①]

再次，在社会服务方面，“非洲学”可依托智库建设，实现服务国家战略和区域社会经济发展的课程目标。高校可发挥非洲研究实力雄厚的优势，着重开展事关国家长远发展的基础理论研究，为科学决策提供坚实的理论支撑。发挥学科门类齐全的优势，围绕区域经济社会发展，开展多学科的综合研究，提出具有针对性和可操作性的政策建议。针对社会热点问题，积极释疑解惑，引导社会舆论。同时发挥对外交流优势，积极开展中非人文交流，推动公共外交。

（二）“非洲学”的课程内容

根据目前中国非洲研究的实际情况，并结合中非合作关系的现实需要，“非

① 刘鸿武：《国际思想竞争与非洲研究的中国学派》，载《国际政治研究》2011 年 第 4 期。

洲学”课程体系应包括本科层次、硕士层次和博士层次的课程建设。本科层次的课程内容以非洲学导论、非洲经济概论、非洲商法、中非经贸关系等为主。硕士层次的课程以非洲政治与国际关系、非洲教育研究、非洲经济专题研究、非洲文学、非洲史概论、非洲民族与宗教研究以及非洲艺术、非洲地理等为主。博士层次的课程以非洲政治与国际关系专题研究、非洲教育专题研究、非洲文化研究等为主。

三个层次的课程内容均包含五个基本模块：

一是非洲研究理论与方法：着重研究非洲学的学科理论、知识体系、研究方法与专业文献，研究非洲知识的起源、演变与现状，研究非洲学的基础构架与理论形态，世界各国非洲学的演进历史、成就与现状，中国特色的非洲学的建构路径与精神形态。

二是非洲国家政治与国际关系：着重研究非洲的政党、政治、国家与国际关系的基本问题，研究非洲政治演进的历史与现状，非洲的和平、冲突、稳定与安全问题，非洲的国际组织与区域组织，研究非洲国家与中国的关系，研究非洲与中国关系的演变，现状与趋势，研究中国与非洲的政治关系、经贸与投资、中非文化交流、中非安全合作等。

三是非洲经济发展与资源环境：着重研究非洲的经济与发展问题，研究非洲大陆、次区域与各国的工业、农业、投资、贸易、金融、城市化、国际经济关系，研究非洲的减贫、就业与民生问题，研究非洲大陆气候与生态、资源与环境的历史与现状，研究非洲各区域各国的资源开发、环境演变，研究非洲开发利用资源的政策，各国的环境生态问题与国际合作。

四是非洲历史文化与民族宗教：着重研究非洲文明的历史进程、非洲的社会结构、民族形态与宗教生活，研究非洲文明与文化形态，非洲各国各地区的族群关系、民族演变、宗教生活，研究非洲各国的宗教与政治的关系，宗教与民族的冲突与融合，研究非洲文学、艺术、思想与知识的发生发展与国际传播，研究非洲区域与各国的当代文学、音乐、美术、影视、传媒。

五是非洲教育科技与社会发展：着重研究非洲各国各区域的教育、科技、技术、人力资源的发展问题，研究非洲高等教育、基础教育、职业教育、妇女儿童教育，研究非洲科学、技术、知识与人才培养问题，研究非洲的教育和科技与社会发展的关系，研究国际科技组织在非洲的发展、各国的教育科技政策，人才资源开发政策，教育科技国际合作政策等。

（三）非洲学的课程组织

非洲学涉及多个学科领域，因此，非洲学课程体系的组织和实施需要协同创新。在纵向上要协同国家部委、地方政府、基层组织等；在横向上要协同校内学科、校外单位和国际机构等；在领域上要协同行业、产业、企业等，因此，协同创新是非洲学课程实施的关键所在。

一要着力推进学校与国家部委协同，服务国家战略。围绕国家发展战略，通过重大招标课题研究、赴非洲实地调研、有针对性地开展区域国别研究、在海外设立智库分支机构等方式，提交高质量的咨政报告和政策建议，服务国家战略，加强“二轨”外交、引导社会舆论。

二要着力推进高校与地方政府、企业行业协同，服务地方经济发展。学校要与省工商联、商务厅共同推动成立中国非洲商会、企业家联谊会等，积极开展对非人力资源培训、商务咨询等项目。依托区位优势，与毗邻的非洲人聚居地义乌市建立合作关系，创设中非电子商务开发与合作研究中心，打造中非商贸孵化基地。发布浙江省在非中小企业年度发展报告，促进浙江中小企业走进非洲。依托永康五金行业优势，促进中非制造业交流合作，举办非洲留学生创业大赛、电子商务大赛等。

三要着力推进学科协同。利用现有“非洲学”课程资源和平台，推动校内各学院在现有学科优势基础上相结合，成立中非商贸研究中心、非洲法律研究中心暨对非法律援助中心、非洲工业与中非产能合作中心、中非电子商务开发与合作研究中心、非洲地理环境研究所、非洲交通研究中心、中国语言文化对非推广研究中心等协同机构，编撰非洲经济、非洲法律、非洲教育等系列教材，开展实务培训，促进非洲“三网一化”，强化学科协同和特色，推动学校各相关学科的国际化进程。

此外，还应建好国际学术会议、学术期刊、中非交流特色数据库、高校智库专刊等课程平台，创新组织管理，充实资源，提升队伍质量，加大投入，完善课程保障体系。

浙江师范大学在非洲的三家孔院建立了海外实习基地，非洲研究院依托海外实习基地以及其他协同合作对象，积极为学生赴非洲见习实习、调查研究、就业创业提供便利。每年选送师生赴非洲调研，并给予一定经费资助。此举很好地体现了"非洲学"人才培养的实践教学特色。

表 11-1　2014—2017 年非洲研究院研究生赴非调研情况

序号	姓　名	目的地	时　间
1	邓文科	尼日利亚	2014.03.20—2014.12.23
2	武　卉	尼日利亚	2015.05.02—2015.08.01
3	郭冬冬	尼日利亚	2015.05.02—2015.08.01
4	陈嘉雷	尼日利亚	2016.07.24—2016.09.28
5	郝子怡	坦桑尼亚	2016.07.24—2016.10.16
6	赵迎节	苏　丹	2016.07.02—2016.08.25
7	薛陈炎	坦桑尼亚	2016.05.31—2016.08.21
8	王国森	苏　丹	2016.07.02—2016.08.25
9	徐　鑫	坦桑尼亚	2016.07.09—2016.08.10
10	希　德	毛里塔尼亚	2017.03.26—2017.04.25
11	张晓楠	埃塞俄比亚	2017.05.03—2017.05.23
12	张　冰	加　纳	2017.07—2017.09
13	贺丽楠	南苏丹	2017.07—2017.09
14	赵传峰	埃塞俄比亚	2017.07—2017.09
15	MVUH ZOULIATOU	喀麦隆	2017.07—2017.09
16	LARBY FOUED	突尼斯	2017.07—2017.09
17	ABAH BIDIAS, ALAIN STEVE	喀麦隆	2017.07—2017.09

（四）"非洲学"的课程评价

课程评价指检查课程的目标、编订和实施是否实现了教育目的，实现的程度如何，以判定课程设计的效果，并据此作出改进课程的决策。"非洲学"的课程评价，既有一般课程评价的特点，又有自身特点。非洲研究承担为中非合作战略提供思想智慧的高校智库职能，我国高校智库处于起步阶段，智库评价体系亟待建立。教育部社科司指出，应建立以政府、企业、社会等用户为主的评价机制，把解决国家重大需求的实际贡献作为核心标准，加强绩效评估。构建灵活高效的智库运行模式，探索建立第三方遴选、协议制管理、后期赎买式资助、实际用户评价、动态流动等新机制，引导智库科学发展。[①]还有学者提出，要全方位地评价智库，应构建多元化智库研究成果评价体系，做到“定量评价与定性评价、即时评价与延时评价、行政评价与学术评价”三个结合。[②]

“非洲学”的课程评价要依据中国特色新型智库的建设要求、教育部2011计划协同创新中心的创建要求，结合课程实际，制订评价标准。只有这样，课程评价才能真正激发智库研究人员的积极性、主动性与创造性，推动智库研究成果的学习、宣传与转化，发挥出课程评价应有的推动作用。此项还有待深入研究和探索。

第三节　服务国家战略的“非洲学”人才培养模式创新

当前，国家和社会急需非洲智库人才。2010年11月习近平出席“中非合作论坛成立十周年研讨会”期间在大使馆接见了浙江师范大学智库团队，他说：“我们的非洲问题研究急需培养后备人才，我们国家应该加强这方面的支持。”习主席的话道出了涉非人才培养的困境。长期以来，我国高校“非洲学”专业人才培养十分落后，缺乏专业师资队伍、系统完整的课程体系，没有学科学位点支撑，也无专业的图文资讯平台和海外实训基地，国际合作水平低，远不能适应中非关系的快速发展和国家外交战略的现实需求。

浙江师范大学非洲研究院在十年发展历程中，摸索出了一套独特的人才培养模式。

一、“非洲学”人才培养体系

当前社会对“非洲学”人才需求越来越迫切和强烈，国内学术界、教育界、

① 顾姝姝：《教育部副司长南京指出：智库评价体系亟待建立》，http://js.people.com.cn/n/2015/1019/c360307-26839281.html.

② 何绍辉：《“三个结合”构建多元化智库研究成果评价体系》，载《中国社会科学报》2014年12月17日。

社会大众对非洲知识和非洲学高级人才有较大需求。建设完善的非洲学课程体系，培养多元多层次的涉非人才，是全面深化和拓展国家对非洲战略的需要，是国内企业展开对非贸易与投资的需要，也是地方政府开展与非洲国家合作关系的需要。

为解决上述问题，浙江师范大学非洲研究院按照“国家急需、世界一流”的发展目标，以学术服务于国家重大战略和社会需要，努力探索和建构有中国特色的“非洲学”学科体系，积极打造中国非洲学的学科平台与学术品牌，努力构建学科综合、管理先进、水平一流、富于活力并可持续发展的集学术研究、人才培养、国际交流、政策咨询为一体的、本硕博三个层次衔接、师生互动的非洲研究学科与人才培育体系，取得明显成效。逐渐从根本上解决了我国高校没有专门化的非洲学人才培养平台与教学体系的缺陷。

非洲学人才培养体系包括四个模块：“非洲学”特色课程、非洲研究特色成果、非洲研究协同平台和非洲研究智库建设。经过十年努力，初步建构了非洲学本科硕士博士一体的人才培养体系，开发了 34 门特色课程，编撰了 62 本教材，提升了科研水平，促进了国际交流渠道的开掘与提升，形成了应用性人才培养的体系并取得了实践成果，使非洲研究院成为非洲研究学术重镇与国家智库。

这些成果是对当前深入推进国家中非合作战略、促进区域国别研究、落实学科创新理念、培养社会经济发展需要的特色人才等现实需求的有效回应，形成了体制机制创新、学科创新、人才团队创新、培育模式创新、国际合作创新、平台基础创新等诸多特色，为推进 21 世纪中非合作关系的全面发展和提升中国非洲学的国际地位与影响力做出了重大贡献。

十年间，浙江师范大学探索实施智库人才培养体系，即构建本硕博“三位一体”的“非洲学”特色课程体系，形成协同领域广泛、协同主体多元和协同路径多样等“三个协同”的教学实践体系，促成了课程体系、教学体系和实践体系的“三项改革”，实现人才培养的理念创新、内容创新、机制创新“三个创新”，达到智库课程育人、智库平台育人和智库成果育人的“三育人”效果。

二、“非洲学”四位一体培养模式创新

随着全球化与“一带一路”建设的深入推进，非洲日益成为中国“走出去”的指向之一。中非关系是未来中国对外关系的重要支点。在高校大力加强“非洲学”学科建设，培养中国的“非洲通”和非洲的“中国通”人才，已是当务之急。

2007 年，浙江师范大学主动服务国家对非战略和经济社会发展需要，以区域性与国际化协调发展为核心战略，建立了国内首家独立设置的实体性非洲研究院，专门从事非洲研究和培养对非（非洲）人才。经过十年的探索和实践，浙江师范大学非洲研究院基本形成了“四位一体、协同创新”的人才培养模式，即通过开展学术研究、课程建设、协同创新等途径，建设特色高校智库，同时培养了一大批涉非事务的多元应用型人才。成果“服务国家战略的非洲学人才培养理论创新与实践探索”，获 2016 年浙江省教学成果一等奖。

（一）以“非洲学”智库功能育人

浙江师范大学努力建设对非外交战略智库，推出了一系列影响较大的智库成果，包括专著、论文、译著、咨询报告。非洲研究院专家频繁接受中外媒体的采访，深度解读与分析政策，积极引导公共舆论。浙江师范大学创设的“中非智库论坛”，被纳入中非合作论坛框架，成为中非民间交流的固定机制；举办了近百场国际、国内学术研讨会，参与了“一带一路”国际合作高峰论坛、金砖国家大学校长论坛、金砖国家智库合作中方理事会等国际学术会议，促进公共外交；建成国内首个中非联合研究交流计划网站暨非洲研究特色资源数据库，为政府部门、企业、学者提供信息服务，发挥智库的社会服务功能。2017 年，成立中国南非人文交流研究中心，助力中非人文交流，获得教育部高度评价。学生在参与智库建设过程中开阔了视野，提升了综合素质与能力。

（二）以“非洲学”特色课程育人

2007 年，非洲研究院创建；2008 年招收了首届硕士研究生，2011 年和 2015 年分别设立了全国首个“非洲学”硕士点和“非洲教育与社会发展”二级交叉学科博士点，形成了完善的“非洲学”课程体系。该课程体系以培养从

事非洲研究和非洲实务人才，促进对非研究，加强对外交流为目标；以原创教材、非洲研究文库为内容，形成非洲学教学与课程案例、精品课程；从高校新型智库建设和协同创新中心的要求出发，进行课程评价；以“非洲情怀、中国特色、全球视野”为课程特色，着力体现中国气派、中国风格和中国自信的学科特点。非洲研究院共开设非洲学相关课程 34 门，编撰相关教材 62 部；涉及本科、硕士和博士三个层次的课程体系，其核心课程包括非洲学导论、非洲概论、非洲经济概论、非洲商法、中非经贸关系、非洲政治与国际关系、非洲教育研究、非洲文学、非洲史概论、非洲民族与宗教研究以及非洲艺术、非洲地理、非洲研究理论与方法、非洲教育科技与社会发展等。

表 11-2　浙江师范大学“非洲学”核心课程一览

序号	课程名称	序号	课程名称
1	非洲学导论	13	非洲研究方法与文献
2	非洲政治与国际关系	14	非洲研究著作导读
3	非洲国别政治	15	国际政治理论与方法
4	非洲国际组织	16	中外政治制度比较
5	非洲史概论	17	非洲高等教育国别研究
6	中非关系导论	18	非洲教育发展专题
7	非洲教育通论	19	非洲人力资源与培训
8	非洲文化与发展	20	非洲教育国别研究
9	非洲民族与宗教	21	非洲史研究动态
10	非洲经济与社会	22	非洲思想史专题
11	非洲社会史研究	23	非洲国别史专题
12	非洲小语种与文化	24	非洲国别与区域关系专题

（三）以“非洲学”科研成果育人

依托浙江省哲学社会科学重点研究基地非洲研究中心，非洲研究院深入开展基础理论研究和应用对策研究。近年来，教学团队共承担高层次课题百余项，发表学术论文数百篇，出版专著、译著 100 余部，编撰《非洲地区发展报告》5 卷、《非洲研究》10 卷。此外，面向非洲读者的《中国改革开放与发展三十年丛书》即将在坦桑尼亚出版社出版，国家新闻出版广电总局重点出版项目《剑桥非洲史》中译工程（8 卷）即将交付出版；还启动了“20 世纪非洲百部人文经典”中译工程，中国科协“非洲科技问题研究中心”已初步完成非盟和11国科技组织发展状态数据库；非洲教育研究中心则完成了教育部“非洲高等教育国别研究重点工程”项目，出版了“非洲高等教育研究丛书”（9部）、“非洲教育译丛”（6部）。上述科研成果不仅支撑了非洲学课程体系，还反哺教学，为促进成果育人奠定了扎实基础。

（四）以“非洲学”协同平台育人

依托国家留学基金委区域国别研究人才培养单位，“中非高校20+20合作计划”中方单位、教育部区域和国别研究培育基地，外交部中非联合研究交流计划指导单位、浙江省2011协同创新中心“非洲研究与中非合作协同创新中心”等平台，积极开展协同育人。如浙江师范大学国际文化与教育学院积极探索“6C融和涉非汉语推广人才培养模式”，荣获2016年中国学位与研究生教育学会研究生教育成果二等奖。外国语学院、非洲翻译馆等联合翻译并编纂出版《20世纪非洲名家名著导论》《剑桥非洲史》《日本非洲研究》等系列成果。教师教育学院与非洲八国驻联合国教科文组织代表团交流，促进双方教育经验共享；代表中国高校应邀参加世界银行、联合国开发计划署等国际机构的教育援助工作会议，接受非洲国家教育代表团关于中国对非教育合作政策的咨询；参加金砖国家大学校长论坛、日内瓦全球教育治理研讨会等国际学术会议，介绍中国对非教育合作的进展。

非洲研究院“四位一体”的人才培养模式成效显著，已培养了两支涉非人才队伍。一是“非洲学”师资队伍，包括科研与教学团队。经过数年努力，这支队伍已形成包括教育部长江学者，浙江省钱江学者、之江学者等层次齐全，涵盖校内外非洲研究专家和学者，兼有国际化人才、扎根非洲的人才、智库型人才和管理团队人才的合理结构。二是“非洲学”学生的培养，包括本科、硕士和博士三个层次。

三、“非洲学”人才培养体系的内容

（一）具体举措

第一，十年间，浙江师范大学先后建成国内高校首个非洲研究院、中非商学院、非洲博物馆、非洲翻译馆、非洲图资中心、特色数据库、教育部区域国别研究基地等，建构起完整的非洲学人才培养平台。

第二，开发出 30 多门非洲学的本科、硕士、博士课程，编纂出版 60 多部非洲学教材、专著、工具书，形成完整的课程体系与教材体系。

第三，建成对非经贸本科、对非汉语本科、非洲学交叉学科硕士与博士点；教育部、商务部、国家汉办对非教育培训基地，形成本硕博贯通、留学生研修生一体的多层次人才培养机制。

第四，与多所非洲大学建立联合培养人才机制，在非洲建成三所孔子学院作为海外教学基地，实现了非洲学人才培养的国际化。

第五，成长起一支以教育部长江学者特聘教授为带头人、有留学非洲经历并承担国家级教学科研重大项目的专职师资队伍，成为目前中国高校最完整的专业非洲学师资团队。

第六，累计培养培训各层次非洲学专业人才 3000 多人，一大批本硕博学生赴非洲学习获得成长，浙江师范大学成为国内公认的培养非洲学高端人才的国家基地。

（二）主要方法

第一，开发系统性的专业课程、编纂出版原创性的教材以满足教学需要。先后开发出系统全面的本硕博三个层次 30 多门“非洲学”专业课程，涉及非洲政治、经济、历史、文化、教育、民族、宗教、国别研究等广泛领域，核心课程如“非洲学导论”“非洲研究理论与方法”“非洲田野调查”等。

第二，建构起完整的本硕博“非洲学”专业学位点体系以支撑人才培养。2008 年设立非洲史与非洲教育硕士点，2010 年建立中非商学院与南非联合培养本科生，2011 年设立“非洲学”交叉学科硕士点，2012 年设立“政治学”一级学科硕士点，2014 年设立对非汉语专业硕士学位点，2015 年设立“非洲教育与社会发展”交叉学科博士点，2015 年“政治学”列为浙江省一流学科（A 类）。

第三，以国内领先的高水平科学研究成果来不断丰富和完善教学内容：近年承担国家社科基金项目 19 项，包括重大招标项目“中国对非洲关系的国际战略研究”，教育部重大攻关项目“新时期中非合作关系研究”等，发表学术论文数百篇，出版教材专著 70 多部，获省部级奖励多项，科研成果反哺教学内容的效果十分明显。

第四，建构起开放高端的协同创新平台以联合培养国际化人才。2008 年成为国家留学基金委区域国别研究人才培养单位，2009 年成为教育部中非大学 20+20 合作伙伴单位，2010 年创设“中非智库论坛”，2011 年成为外交部中非联合研究交流计划指导单位，2011 年成为教育部区域国别研究重点基地，2012 年成为外交部“中非智库 10+10 合作伙伴”中方智库，2013 年成为浙江省 2011 协同创新中心，2014 年成为教育部长江学者特聘教授单位。依托上述高端平台，浙江师范大学已成为中国非洲学人才培养的组织者与引领者。

（三）创新点

第一，成果具有原创性与自主性。浙江师范大学首次系统全面地建构起了“非洲学”人才培养课程体系、教学体系、师资队伍、专业平台；开设的课程与编纂的教材，都是在丰富科研成果和赴非实地调研基础上形成的，不是简单地照搬翻译西方教材，是接地气、有中国原创性的教学成果。

第二，成果具有完整性与综合性。浙江师范大学率先建构起本、硕、博贯通的、非洲研修生与汉语推广相关联的“非洲学”学科学位点体系，课程设置完整，教学理念独特，知识结构完整，培养机制多样，成果具有跨学科特点，填补了国内对非高端综合型人才培养的空白。不仅为国家培养了一大批中非合作高端人才，也走出了一条将国家战略需求与高校人才培养有机结合起来的创新之路。

第三，成果具有操作性与应用性。浙江师范大学非洲研究院的成果立足实际，以需求为导向，广泛应用于国家对非战略，多份提交的报告、建议被转化采纳；团队成员配合习近平等国家领导人赴非访问，两次进中南海为刘延东副总理出访非洲提供咨询，多次应邀到外交部、商务部、教育部提供涉非事务的政策建议。

（四）推广应用效果

浙江师范大学的成果被教育部、商务部、中联部、文化部等国家部委高度认可并推荐全国高校借鉴学习。外交部称誉浙江师范大学非洲工作“有效带动了国内对非研究发展和人才队伍建设，加强了中非学术界的相互了解与合作，为促进中非人文交流做出了积极贡献”。《教育部简报》称浙江师范大学非洲研究“在国内高校独树一帜”，是“近年中国高校学科建设与人才培养的典范”。2011 年在浙江师范大学举办首届“全国区域与国别研究工作会议”时，教育部要求全国高校学习浙江师范大学非洲人才培养经验。2015 年浙江师范大学再次做交流经验典型发言。此外，教育部还委托非洲研究院制订全国高校非洲学科与人才培养规划。

浙江师范大学非洲研究院的成果已经在全国高校相关学科领域获得了普遍的借鉴与运用，包括复旦大学、中国人民大学、北京大学、南开大学、中国社科院、中央党校等 100 余所高校领导、学科带头人前来调研考察，部分高校已经借鉴了相关教学成果。校内带动了政治、经济、法律、艺术、体育、地理等各学院开展涉非研究和人才培养；校外吸引了数百家国内外智库、民间组织、公司企业超过 1000 人次来考察学习，从而对中国非洲学的发展起到了重要的引领推进作用。

浙江师范大学非洲研究院的成果内容丰富，综合性强，应用面广，向上服务于中央政府的国家战略，向下辐射普及到中小学校、社区工厂的知识普及，受益面达到上万人，受到社会广泛赞誉。开发的 30 多门课程每年受益学生上千人次，教育部和商务部教育援非基地每年培训非洲大中小学校长、骨干教师数百人次，培训赴非创业人才上千人次；在金华秋滨小学建成国内首个“活力非洲园”，受益学生达 4000 多人次；编辑的非洲文化校本教材成为精品课程；非洲博物馆、金华金东琐园村创建的“非洲文化沙龙馆”每年接待上万参观人次。

非洲有句谚语：“要想走得快，就一个人走，要想行得远，就一起走。”十多年的智库人才培养理论与实践探索小有成绩，得益于多种力量的积极推动、协同创新。教育合力的形成使得智库人才培养效果显现：师资队伍结构合理、国际化程度高；学生培养层次齐全，特色鲜明，本科、硕士生赴非洲交流比率达到 75% 以上，赴非就业创业人数达 30% 以上 ，就业率稳步上升，毕业生质量受到在非用人单位的欢迎和好评。在探索“非洲学”人才培养的十年道路上，学科带头人刘鸿武教授深切地感受到：“培养‘非洲学’人才，是要有精神追求、有理想抱负、有情怀志向的，这是一笔无价的精神财富，是最值得总结的地方，尤其是这内在的精神、信念、情怀更为重要，因为培育人才，就是培育一种内在的精神、志向、心胸、见识。”

四、推进区域国别研究人才培养的困境与建议

（一）目前区域与国别研究人才培养的困境

第一，对区域与国别研究的重要价值和意义缺乏足够的认识和理解。区域与国别研究作为新兴学科具有广阔的发展前景和应用价值，但目前，其在高等教育人才培养和学科体系中未得到认可，学科归属尚不清晰，其独特的学术价值与应用意义尚未得到普遍认可与理解，目前还依附于各个传统学科中，没有形成相对独立的、自成一体的人才培养目标与机制，也缺乏系统完整的相关政策支持。

第二，我国博士研究生培养机制尚无区域国别研究的独立学位点及其专门化机制。比如，“非洲学”在西方国家已有百年以上的传统，西方许多大学可以授予“非洲学”博士学位，而我们国家目前并无类似的环境与条件，专门化、高端化的“非洲学”师资队伍建设处于无序状态，不利于非洲学专门人才的培养。

第三，赴非实地调研和研究的扶持和支持力度有待加强。区域与国别研究对国际化的要求非常高，要求科研人员必须深入对象国，长期扎根于非洲国家，对对象国有深入了解，掌握当地历史、文化、本土语言和生活体验等。但非洲国家经济落后，学习条件差，环境艰苦，甚至有战乱、疾病、武装冲突的威胁，赴非洲留学、调研十分不易，但目前国家在这方面的特殊扶持政策还有待加强，力度明显不够。

（二）推进区域与国别研究人才培养的建议

第一，加强顶层设计，把区域国别研究人才培养上升到国家学术发展和人才培养战略高度，赋予其相应的学科地位。

第二，创新学科学位点建设思路，打破现有学科分类格局，根据国家战略急需，批准有条件有基础的高校设立诸如“非洲学”这样的特色学科博士点，以培养高端专门人才。

第三，尽快对教育部2012年批准设立的37个“区域和国别研究培育基地”进行考核评估，优秀者正式由培养基地转为正式建设基地，授牌颁文，不合格者取缔除名，促使基地建设具有权威性、规范性。

第四，加大对区域与国别研究特殊人才的扶持力度，创造优越条件，鼓励科研人员赴对象国开展田野调查、国际合作、跟踪研究，培养科研人员的非洲情怀，立志长期从事相关工作。

第五，加强区域国别研究基地科研的国际合作，建议鼓励各区域国别研究基地在海外设立学术研究基地与分支机构，建设智库分支网络，制定合理财务开支制度，鼓励支持境外经费开支。

第六，建立“区域与国别研究专家委员会”，由教育部统筹协调，联系各方人才与智库，建立专家委员会，集合各方面的专家学者，加强专题研究，就区域与国别研究人才培养进行战略规划和政策咨询，合力提升各基地的水平和层次。

第十二章　机制：高校智库的协同与创新

什么是新型高校智库？高校智库开展协同创新的意义何在？如何实现高校智库的协同创新？本章以浙江师范大学非洲研究与中非合作协同创新中心为个案，对以高校智库为主体的协同创新机制进行探索和思考。

第一节　高校智库协同创新的背景

一、高校智库协同创新的意义

新型高校智库，一要有新理念，树立“从分散向集聚转变，从封闭向开放转变，从单兵作战向联合攻关转变”的发展理念；二要有新机制，对内完善机制，对外扩大影响，实现资源整合和协同创新。建设中非研究学术思想平台，通过学术创新研究，从战略高度解决国家发展面临的重大问题，为新时期中非各领域合作提供一流学术成果、高级专业人才、高端资政服务，是高校智库必须承担的历史使命，是高校贯彻落实国家教育中长期发展纲要、通过协同创新和体制机制变革而积极主动地服务国家发展战略的必然选择。

浙江师范大学非洲研究院是国内第一家致力于中国对非战略研究的新型高校智库。在其基础上成立的“非洲研究与中非合作协同创新中心”，是浙江省第二批协同创新中心之一。该中心以学校非洲研究和各学科为核心，汇聚外交部、商务部、教育部、国家开发银行、新华社非洲总分社、中国与非洲多个著名智库、浙江地方政府与民间资本等综合性资源与要素，集对非学术研究、人才培养、政策咨询、汉语推广、社会服务、国际交流诸功能为一体，以学术研究和人才培养成果服务国家外交重大战略需求、推进新时期中非在政治、安全、贸易、投资、教育、农业、文化、科技等领域的全方位合作为目标宗旨的协同创新平台。

二、高校智库开展协同创新的迫切性与可行性

高校智库是提升国家软实力的基础，但是，软实力与大学应有的地位还不相称，我国缺乏有全球影响力的高端智库。就我国非洲研究和对非合作而言，面临的一个基本问题就是各部门间缺乏整体协同的集成效应，各种涉非资源与项目分散在各个部门和领域，具体表现在：

第一，学科内涵与知识体系较为分散零乱，远未形成具有中国自主精神并能适应中非关系快速发展现实需要的完整的学科理论体系与知识形态。非洲研究涉及大陆 50 多个国家、10 多亿人口，内容涉及非洲政治与经济、安全与发展、历史与文化、教育与科技、内政与外交，需要综合运用多学科、跨学科的知识与理论。而目前我国高校学科的建制与体制，其学科划分与归属却难以涵盖非洲研究的各个领域，现有的政治学、经济学、历史学、教育学、法学或社会学的一级、二级学科分类，都无法包容非洲研究的全部内容。因而必须打破现有学科界限，通过建立交叉性综合性新兴学科，运用各种不同的知识与理论，并加以综合与创新，形成适合于非洲研究特殊研究对象、研究方法、研究工具和研究目的的新兴学科“非洲学”。

第二，研究价值与社会功能的理论自觉尚待加强，特别是理论研究、政策应用、学术部门、政府机构、企业民间各要素间的沟通对话渠道不畅，协同配合缺乏持久动力与稳定平台。非洲研究是一个具有十分突出的实际运用价值与现实关联性的学科，它必须与国家外交实践和中非合作关系现实需要紧密结合，不能关起门来做理论脱离实践的“闭门造车”。但以往中国的研究学者往往与政府部门、金融机构、涉非企业、新闻媒体间联系不紧密，甚至相互隔绝。一方面，对非实践工作往往不能及时获得理论上的总结、提升与指导，就事论事，缺乏长期战略与系统思想的支撑。另一方面，学术研究与人才培养往往不了解国家外交实践和中非经贸合作实际需要，大学传授的知识陈旧，理论空洞枯燥，结果培养的人才不适用，提出的对策不对路。

因而，必须打通非洲理论研究与对非外交实践的界限，根据中非合作的现

实需要创新学术研究与人才培养模式，让学术研究更好地服务于中非合作。通过创新机制体制，在大学科研机构、政府管理部门、市场活动几个方面建立起沟通协调的机构与体制，实现资源的有效聚合与重组。

从可行性角度看，作为一所以哲学社会科学研究见长的省属重点大学，浙江师范大学的非洲研究和教育对非工作自2007年建成国内高校首个综合性非洲研究院后，便拟定了以"服务国家对非外交战略、推动中非经贸往来、扩大中华文化在非影响"为指向的发展宗旨，更以高起点、国际化、开放性的治学理念与合作精神，积极整合校内校外各种资源、努力积聚国内国外各类要素，致力于非洲政治、经济、文化等问题的综合化研究和教育对非工作的协同并进。已经初步形成校内校外、国内国外各种资源要素协同创新的非洲研究与对非教育合作工作格局。

第二节　浙江师范大学智库协同创新的现状分析

通过对校内外、省内外、国内外的资源聚集与协同创新，浙江师范大学非洲研究与中非合作协同创新中心已逐渐建构起了非洲研究和对非工作的开阔平台和协同创新环境，初步形成了联合攻关、协同创新的体制机制。

一、智库协同的特点

（一）协同领域广泛

浙江师范大学有高校内部协同创新和外部协同创新。其中高校内部协同创新主要是与其相关的核心要素和若干支撑要素（如学科、教学、科研、管理、师生等）的协同创新。学科门类齐全是高校智库的优势之一，非洲研究与中非合作协同创新中心充分发挥高校的学科平台优势，在校内整合资源，形成学科的聚合与协同，如协同交通与职业技术学院开展非洲交通三十年研究、非洲职业教育研究，与艺术学院合作开展非洲艺术研究等。对外还与科研院所、企业、国外高校及组织等协同创新。协同内容丰富，可分为人才培养的协同、科学研究的协同、学科交融研究的协同、产学研协同等。

（二）协同主体多元

浙江师范大学非洲研究院与中非合作协同创新中心与高校内外、国内外、行业内外的政府（部门）、学校、企业、行业（协会）、科研院所等开展全方位协同。在省内，与浙江大学农村发展研究院、浙江农林大学开展中非农业合作及浙江省新农村建设经验国际化问题的协同研究，与义乌工商管理学院合作开展“在义乌的非洲人与中非关系”的调研等。在协同的国际化方面，创新中心联合了同类研究领域中的其他高校，并与非洲著名智库如尼日利亚国际事务研究所、南非斯坦陵布什大学中国研究中心、埃塞俄比亚亚的斯亚贝巴大学和平安全研究所、非洲和平论坛、英国更安全世界等机构建立合作，与国家汉办合作在喀麦隆和莫桑比克建立孔子学院并开展对非汉语推广理论研究工作等等。

（三）协同平台扎实

浙江师范大学非洲研究院与中非合作协同创新中心下设若干平台或载体，推动协同工作进展。以非洲研究院学术团队为核心平台，以教育部“区域和国别研究培育基地非洲研究中心”、外交部与商务部等支持的“中非合作论坛——中非智库论坛”为支撑基地，以教育部哲学社会科学研究重大攻关项目《新时期中非合作关系研究》、教育部哲学社会科学发展报告《非洲地区发展报告》和“浙江师范大学非洲研究文库”的研究和编纂为项目抓手，并集合非洲博物馆、非洲翻译馆、中非国际商学院、教育部教育援外培训基地、商务部基础教育援外研修基地等诸多资源为一体，形成综合化、多层次协同创新格局。

（四）协同路径多样

由高校牵头，纵向有国家部委、地方政府支持，横向上有同类院校、研究院所合作，并拓展与行业或企业的深度融合。其协同路径主要有以下几种：智库与高校协同、与研究院所协同、与企业（行业）协同、与地方政府（区域）协同、国际合作协同等类型。目前，非洲研究与中非合作协同创新中心已实现与国家部委、地方政府、企业行业、国际智库资源的合作共享与协同发展。如与外交部非洲司、中非合作论坛中方后续行动委员会秘书处共建中非智库论坛，与商务部援外司、西亚非洲司、研究院合作开展中国对非援助理论研究与政策调研，与国家开发银行国际合作局、专家委员会、研究院合作开展非洲跨区域规划与行业规划设计，与新华社非洲总分社在肯尼亚首都内罗毕共建联合研究分院，与南非华人工程师联合会会合作开展人文交流，与中非智库论坛协办单位如中国社科院西亚非洲研究所、中国国际问题研究院、上海国际问题研究院的合作，与国外知名非洲研究智库建立合作伙伴关系等。

二、具体协同举措

首先，浙江师范大学非洲研究院与中非合作协同创新中心作为教育部区域与国别研究培育基地，面向国内学者遴选、招标、征集非洲研究专项课题和非洲研究重要成果。仅 2014 年，创新中心发布 2014 年度非洲研究专项、“浙江师范大学非洲研究文库”、“中国改革开放与发展实践”丛书、《剑桥非洲史》翻译工程、日本非洲研究等 90 余项，创新中心筹措和提供的课题协同资助金额达 300 多万元，涉及国内 20 余家高等院校、学术机构，近 100 名学者。目前，创新中心在推动全国非洲研究中正发挥领军作用，起到了 2011 协同创新的关键性作用。非洲教育研究中心就是一个很好的例子。浙江师范大学在 21 世纪初成立了我国唯一的非洲教育研究中心，致力于开展非洲教育研究、人才培养，完成了教育部“非洲高等教育国别研究重点工程”项目，出版“非洲高等教育研究丛书”（9 部）、“非洲教育译丛”（6 部）；配合李克强总理访非，为教育部领导接受非洲 9 国记者的会谈和采访提供了咨询报告；组团访问联合国教科文组织总部（巴黎），与非洲 8 国驻联合国教科文组织代表团交流，促进双方教育经验互享；代表中国高校应邀参加世界银行、联合国开发计划署等国际机构的教育援助工作会议，接受非洲国家教育代表团关于中国对非教育合作政策的咨询。

其次，非洲研究院与中非合作协同创新中心根据教育部相关指示精神，积极筹建中非大学联盟和金砖国家大学联盟。2013 年，浙江师范大学与复旦大学、清华大学、四川大学、华东师范大学等五校协同启动了金砖国家大学联盟，与中国、俄罗斯、印度、巴西和南非知名大学等成立了“金砖国家合作与全球治理协同创新中心”并发布了相关倡议书，在此框架下，金砖国家之间的大学将开展和促进学术交流和人才培养，为金砖国家之间的全面合作提供智力支持和战略咨询平台。2014 年，浙江师范大学领导应邀出席在俄罗斯莫斯科大学举办的金砖国家大学联盟年会。

再次，浙江师范大学作为教育部“中非高校 20+20 合作计划”的中方高校和教育部援外基地，与非洲 11 所大学紧密联系、协同合作。2014 年 10 月 23—24 日，由非洲研究院和国际比较教育研究院联合举办的 2014 年中非教育发展与能力建设研讨会在浙江师范大学召开，联合国教科文组织国际教育规划研究所管理委员会主席、前世界银行驻非洲地区负责人伯格尔·弗瑞德里克森（Birger Friedriksen），前英国皇家非洲研究协会副会长、爱丁堡大学前非洲研究中心主任肯尼思·詹姆斯·金（Kenneth James King），美国斯坦福大学非洲研究中心主任焦尔·萨莫夫（Joel Samoff）等多位国内外知名学者出席会议并做主题发言。研讨会有力推动了中非大学的合作交流，为成立中非大学联盟奠定了工作基础。

最后，非洲研究与中非合作协同创新中心利用教育部援外基地的优势资源，积极推动对非援助工作，成为教育部、商务部、文化部、中联部对非教育合作人力资源培训和智库合作的重要平台。2014 年，承接相关部委对非教育工作培训班 8 期，受到相关部委的充分肯定。2015 年 3 月，蒋国俊校长出席教育部第 21 次对发展中国家教育援外工作会议，就学校务实推动中喀高校能力提升方面的做法和成效，以及学校在“中非高校 20+20 合作计划”框架内与喀麦隆雅温得第一大学开展的相关合作做经验介绍。

2014 年 11 月，非洲研究中心刘鸿武教授率团出席教育部区域和国别研究基地人才培养专题研讨会并应邀做题为《浙江师范大学非洲研究人才培养与平台建设实践探索及理论总结》的主题发言。刘鸿武教授围绕如何通过实践创新来提升能力建设、如何通过协同来实现人才培养的创新、非洲研究院的建院理念与发展规划以及非洲研究院目前所面临的问题和挑战等四个方面，将非洲研究院在人才培养和队伍建设方面所开展的工作向与会代表做了介绍。刘鸿武教授认为，要建一个一流的有中国精神气度的非洲研究院，尤为紧要的是要培养出一批才情志意不同凡响的优秀人才，有一批志向不俗的志同道合者。

第三节 浙江师范大学智库协同创新的推进策略

面对全球智库产业发展的迅猛态势，高等教育深入改革的新形势，高校智库应重新审视自身的目标定位，转变发展理念，实现从分散向集聚转变，从封闭向开放转变，从单兵作战向联合攻关转变，不断完善智库建设的内在机制，提升智库影响，真正担当起提升国家软实力的重大使命。

按照国家教育发展中长期规划的基本精神与目标，非洲研究智库应紧紧围绕新时期中非合作的重大战略需求和中非合作论坛约翰内斯堡峰会以及“一带一路”国际合作高峰论坛等所提出的要求与任务，结合浙江省地方社会经济发展和对非合作的实际需要，通过机制与体制的变革创新，与各参与单位建立起更紧密有效的分工合作、协同创新关系，综合化地开展对非学术研究、人才培养、政策咨询、国际交流、社会服务，建设国内一流、国际知名的国家级思想智库，有力推进有中国特色的“非洲学”理论体系与人才培养创新模式的形成，显著提升中国非洲研究的国际地位与影响力，为新时期中非合作关系的可持续发展作出努力。

一、服务国家对非战略，创建互动合作机制

高校智库应明确自身科研体制机制变革的方向和定位。非洲研究要从中国外交总体战略布局的高度，具有未来中国与世界关系结构变革的开阔视野，汇集国内外学术力量开展多学科跨学科非洲研究，对于当前和今后一段时期中非关系所面临的一些具有挑战性的焦点、难点问题，如对新时期中非合作战略目标的选择与优化、中国在非利益的拓展与维护、对非政策的创新与调整等问题，做严谨深入的实证性调研，提出战略性、前瞻性的攻关课题，形成对未来中非合作关系具有启示性指导意义和实际运用价值的具体政策建议。

基于此，高校应打通学术机构与政府实务部门的界限，探索学术机构体制机制变革的新思路，建构智库、政府、企业、市场要素互动的新模式。浙江师范大学以“当代非洲发展问题”与“新时期中非合作关系”两大相互关联的

命题为当前学术研究重点，统筹协调创新中心各参与单位的各类学术资源，在大学、智库、政府、媒体、金融机构间建立起日益密切的合作关系，形成既有专攻又相互借鉴的学科发展集群效应与团队优势，就“当代非洲发展问题如何解决，及中非合作关系如何有效促进中非共同发展并进而影响未来世界格局变革”这一重大命题展开创新研究。

新时期高校智库应重视国际化协同、跨行业合作。结合国家对非合作战略需要，浙江师范大学组建“中非跨国联合研究院暨中非学术合作发展基金”，加快开放型学术机构建设与人才培育国际化水平。组建“非洲研究成果转化中心与项目培育基地”，与国家开发银行和非洲国家合作，编制“中非中长期发展合作行业规划”、“非洲国别与跨区域发展规划”，全面提升学术成果的运用水平与实际成效。在与尼日利亚国际事务研究所、斯坦陵布什大学等非洲科研机构和高校建立合作伙伴关系基础上，探索将研究基地前移到非洲国家，直接在非洲当地开展研究工作，聘请非洲本土学者，努力提升中国学术在非影响力。

二、服务地方发展战略，深化校地协同模式

高校智库应与地方政府、企业深化战略合作，促进高校在地方的教育科研基地建设和成果转化，加强对地方政府改革发展的智力和技术支持。双方应本着“优势互补、互利互惠、共同发展”的原则，以服务区域经济、推动贸易改革为导向，充分发挥高校智库教育科研、人才资源优势和地方经济社会发展优势，开展基础教育、科技转移、科研办学等方面的合作，进一步探索学术成果转化与运用新机制，推动地方深化改革、转型发展，创新高校办学模式，增强学校综合竞争力。

浙江师范大学地处金华，毗邻国际商贸之都义乌。义乌是全球最大小商品集散地和展示中心、出口中心。随着中国和非洲经济、政治往来密切，义乌和非洲民间的经贸往来也越来越频繁，义乌已成为中非贸易重要窗口。浙江师大非洲研究院的性质和义乌对非经贸的窗口地位，意味着拓展和延伸校地协同创新服务的巨大可能。一是共建协同平台，校企联合研发机构、实验室、企业研发中心等创新平台，共建研究生创新示范基地、大学生教学实习和社会实践

基地，组建专家服务团队，合作开展科技服务工作。二是创新协同平台，通过共同举办中非智库论坛、中非投资贸易高端论坛、中非贸易博览会、非洲文化艺术展览等活动，引进更多的中非、亚非高端会议和论坛，双方共同策划设计论坛配套系列活动，把义乌打造成国内中非交流合作的重要窗口。三是创建协同载体，如成立地方研究院所，建设非洲研究院义乌研究中心，引进专家研究团队，推动对非政治法律、投资贸易、文化艺术、教育科技、交通旅游研究成果在义乌转化，帮助策划优质合作项目落地，发布非洲商贸指数等；研究院定期派出对非研究专家，研究义乌市场如何“走进非洲”，积极为义乌企业和从事对非投资贸易人员提供学习交流平台，提升企业家对非洲投资贸易的认知水平与合作能力。四是丰富协同路径，双方可共建中非国际商学院义乌对非贸易培训中心，有针对性地开展涉非人才培养和教育培训，定期派专家入驻中心为义乌企业及非洲商务人员提供信息和咨询，积极引领经贸关系从低端向高端发展，把投资兴业作为中非合作的重点领域。

三、服务高校特色发展，强化校内外学科融合

高校智库极具特色和优势，如多学科综合、学术研究与人才培养相结合、基础研究与应用研究相结合以及国际化等优势。其中最根本的是学科优势，体现在三个方面：一是学科门类齐全，2012 年修订的《普通高等学校本科专业目录》显示，中国高校的学科门类有 12 个，专业类 92 个；由 352 种基本专业和 154 种特设专业构成。二是学科人才充足，我国高校研究实力雄厚、信息资料丰富、对外交流广泛，是新型智库建设的重要力量。三是学科资源丰富，网络迅猛发展、专业数据库信息库的建立，以及专供资料、专门信息渠道等的发展，极大地丰富了学科资源，方便了资源共享及交流。

基于学科优势，浙江师范大学非洲研究院将进一步推进基础理论创新与知识系统积累，深化学术融合与学科协同。学术融合要以实施重大项目和课题攻关为着力点，整合国内非洲研究战略资源，聚集国内外非洲研究学术力量，建立高起点、国际化的推进新型非洲研究机构发展的思路与机制。一是加强人才队伍协同建设，在原有非洲政治、经济、教育、历史四个研究所基础上，招聘

多学科跨学科专业人才，建立专兼职结合的人才聘用机制，继续实施人才“旋转门”制度，紧密围绕“当代非洲发展问题与中非发展合作”这两大相互关联的主题开展协同攻关研究。二是加强国内外高校协同，建立协同攻关团队，承担重大课题攻关项目，共同开展调查研究。三是强化平台协同，以公开招标方式聘请国内外一流专家组成编写团队和编纂委员会，发布研究成果。四是推进学科协同，要有特色地融合中国传统思想与文化传统、国外非洲研究合理成分、中非合作丰富实践内容的“中国非洲学”理论形态与知识体系，从而努力提升中国学术在当代国际非洲研究的学术高地上的竞争力、话语权与影响力，为当代中国哲学社会科学的创新发展作出贡献。

结　语　中国高校智库大有可为

回顾过去，中国高校智库建设的步伐铿锵有力！

2013 年，开启中国智库元年；

2014 年，教育部出台《中国特色新型高校智库建设推进计划》；

2015 年，中共中央办公厅和国务院办公厅出台国家高端智库建设计划，六所高校智库开始试点；

2016 年，中国成功举办二十国集团峰会的背后，有中国高校智库的坚定身影；

2017 年，“一带一路”国际合作高峰论坛成功举办，包含了多家高校智库的思想支持；“金砖国家峰会”开幕在即，新的“黄金十年”对高校智库提出了新的更高的殷切期待……

展望未来，高校智库建设的前景无限广阔！

全球化趋势推动高校智库更多搭建中外智慧交流的新平台，汇聚传播中国及国际精英的优秀思想和理念，致力于国际化、影响力和建设性，让中国在全球化时代发扬中国智慧、发布中国议程、发出中国声音。

协同化趋势推动高校智库走向智库联盟新干线。强强联合、资源整合将使区域性智库联盟、行业性智库联盟、主题类智库联盟、国际智库联盟共同发力，为国家发展、区域进步提供思想的有力支撑。

专业化趋势将推动高校智库由“形式建设”迈向“内容创新”新内涵。智库的核心竞争力是思想创新。一切的思想传播活动必须建立在思想创新的基础上。唯其如此，才能立足中国、借鉴国外，挖掘历史、把握当代，关怀人类、面向未来。

雄关漫道真如铁，而今迈步从头越。

在高校智库的下一个发展阶段，深化体制机制改革是推动高校智库创新发展的必由之路。为了应对各种现实挑战，高校智库需要提前布局，规划未来。

高校智库建设必须登高望远。在服务国家战略上，要自觉围绕党和国家发展战略，强化问题导向、应用导向，构建需求对接、重大决策跟踪、制度化智库成果转化等服务决策新机制；在赶超国际标杆上，既要坚持特色发展，也要参考国际经验，发挥市场配置创新要素的导向作用，充分利用互联网和社会媒介，不断拓展和深化对外关系与公众参与。

高校智库建设必须内外兼修。应立足学科优势，围绕改革开放当中的热点、难点，甚至是痛点问题进行精准把脉，并着眼于宏观价值理念与切实执行操作的有机结合，让“为民”的理念真正取得“善治”的实效。

高校智库建设必须注重人才建设。高校智库不仅需要专业人员，也需要智库运营管理人员；不仅需要吸引成名的大家，也需要培养初出茅庐的新锐。要用好一批人、储备一批人、培养一批人，在领军人物的带领下，形成一支规模适度、学科综合、结构合理的智库队伍。

高校智库建设必须树立“中国意识”。高校智库应立足中国国情，深入研究事关党和国家事业发展全局的战略性、前瞻性、储备性课题，在政策建言当中提出“中国方案”，在舆论引导上打造“中国话语”，在公共外交上彰显“中国形象”，形成充分体现中国特色、中国风格、中国气派的哲学社会科学。

未来的大学智库应该把更多的精力放在原创性思想、前瞻性理念、标识性话语、示范性分析框架、系统性数据库等智库共同体的基础工作上。大学智库要把自己定位为智库共同体的发动机，构建以大学智库为驱动力的中国特色新型智库价值共创链。

大学智库要为智库共同体源源不断地提供新思想、新理念、新概念、新范式、新框架、新工具，促进智库共同体的思想激荡、范式更新、方法革命。在和智库共同体的双向反馈中，大学智库要反哺大学的学科建设，促进哲学社会科学从学术范式向智库范式的创造性转换，把哲学社会科学之“问题意识”“经世致用”“现实关怀”，通过哲学社会科学的智库范式写到中国的大地之上。

金驼昂首，金帆启航。在这个高校智库建设的新起点，在这个思想激荡、智慧飞扬的黄金时代，2（和）0（您）1（一）7（起），再出发！

附 录　浙江师范大学非洲研究院建院十周年大事记

2007 年

9 月 1 日

全国高校首家综合性、独立设置的非洲研究院在浙江师范大学成立，校长梅新林兼任院长，聘请国内著名非洲研究专家、浙江省政府“钱江学者”特聘教授刘鸿武作为创始院长、学科带头人，校长助理、外事处处长顾建新兼任副院长。同日还举办了“21 世纪的中非合作：战略与途径国际学术讨论会”。

10 月 20 日

非洲研究院确立了“非洲情怀、中国特色、全球视野”的办院理念，以“当代非洲发展问题”与“新时期中非合作关系”为重点研究领域，开启了“三年创业、八年提升、十年而立”的发展之路。

10 月 25 日

肯尼亚外交部长拉斐尔·图朱的夫人鲁什·图朱女士访问非洲研究院。

10 月 27—28 日

刘鸿武院长带队赴上海会见非洲投资网总裁王文明，双方达成初步合作意向。

10 月 29 日

“浙江师范大学非洲研究文库”编纂工程启动，同时在多个国家级报刊上发布编纂规划、文库选题与征稿启事，并成立了国内外专家学者组成的编纂委员会。

10 月 30 日

《中国教育报》副总编陈志伟参观访问非洲研究院。

11 月 7—18 日

刘鸿武院长访问喀麦隆、南非，出席浙江师范大学喀麦隆孔子学院成立仪式，并在两国多家学术机构发表演讲。

11 月 10 日

非洲研究院姜恒昆博士、牛长松博士应邀参加非洲投资网举办的中非贸易投资论坛。

11 月 29 日

非洲研究院与国际交流促进会、中国教育国际交流协会联合举办“对非 NGO 形势与政策研讨会”。

11 月 30 日

教育部社科司司长杨光视察非洲研究院。

12 月 8 日

非洲研究院学术网站开通运行。

12 月 18 日

刘鸿武院长应邀出席国际交流促进会主办的“对非 NGO 交流与合作培训研讨会”并作报告。

2008 年

1 月 15 日

国家汉语国际推广领导小组副组长、孔子学院总部理事会副主席、国务院原副秘书长陈进玉视察非洲研究院。

1 月 22—23 日

非洲研究院召开“浙江师范大学非洲研究文库”编纂工作座谈会。

4 月 12 日

中国驻厄立特里亚大使舒展访问非洲研究院并受聘担任兼职研究员。

4 月 24 日

刘鸿武院长应邀出席南非驻上海总领事馆主办的“纪念中南建交 10 周年学术论坛”并作主题报告。

4 月 28—29 日

刘鸿武院长应邀出席中国国际交流协会与德国艾伯特基金会联合主办的“全球化背景下的对非合作国际研讨会”并作主题报告。

5 月 3—15 日

非洲研究院副院长顾建新教授与姜恒昆博士随中国教育国际交流协会代表团访问土耳其、摩洛哥、突尼斯三国。

5 月 7 日

以安哥拉前总理洛波·多纳西门托为团长的非洲高级访问团一行七人考察非洲研究院。

6 月 26—28 日

刘鸿武院长、姜恒昆博士应邀出席中国国际问题研究所主办的“达尔富尔和平与发展国际研讨会”并作专题发言。

7 月 6 日

非洲研究院受教育部国际司委托主办“中非合作论坛框架下的中非教育合作：回顾与展望”研讨会。

9 月 1 日

来自全国各高校的 12 名科研人员，包括教授、博士、硕士及非洲小语种本科生等，正式入职非洲研究院。

9 月 16 日

南非教育部国际司司长加尔比·杰皮访问非洲研究院。

9 月 25 日

特色学术项目“浙江师范大学非洲研究论坛”推出，刘鸿武院长开讲首场论坛。

9 月 28 日

非洲研究院和美术学院共建的非洲艺术研究中心揭牌成立。仪式上聘请南非那它尔大学视觉艺术学院教授、南非著名陶瓷艺术家朱丽叶教授为兼职研究员。

10 月 9 日

英国皇家非洲协会副会长、原爱丁堡大学非洲研究中心主任肯尼斯·金访问非洲研究院。

10 月 13 日

刘鸿武院长应邀为中国社科院数百名博士、硕士研究生作题为“中非关系30年的变革与发展”专题报告。

11 月 9 日

世界知识出版社总编辑沈国放考察访问非洲研究院。

11 月 11 日

刘鸿武院长应邀为外交学院数百名博士、硕士研究生作题为“中非关系30年：实践累积与理论回应”的专题报告。

11 月 12 日

浙江师范大学非洲研究院、中国社会科学院西亚非洲研究所、世界知识出版社、人民日报国际部共同主办的达尔富尔问题研讨会暨《全球视野下的达尔富尔问题研究》新书首发式在北京举行。

11 月 17 日

台湾台东大学校长蔡典谟一行 22 人考察访问非洲研究院。

11 月 21 日

中国非洲史研究会副会长、北京大学非洲研究中心副主任李安山教授，中国非洲史研究会副会长、上海师范大学非洲研究中心主任舒运国教授访问非洲研究院并受聘担任客座教授。

11 月 23 日

中国社会科学院世界经济与政治研究所副所长王逸舟教授访问非洲研究院并受聘担任客座教授。

11 月 28 日

国家留学基金委“2009 年国家公派出国留学选派工作会议”在重庆召开，浙江师范大学非洲研究院被列为中国与非洲国家政府奖学金互换项目单位。

12 月 3 日

非洲研究院与非洲多所高校、学术机构签订合作协议。

12 月 5 日

苏丹驻华大使米尔加尼·萨利赫致函非洲研究院，高度评价《全球视野下的达尔富尔问题研究》一书。

12 月 16 日

刘鸿武院长应邀出席中国社会科学院主办的“改革开放 30 周年国际学术研讨会”并作专题发言。

12 月 18 日

刘鸿武院长、马恩瑜博士应邀出席中非民间商会主办的“金融危机下的中非民间合作战略研讨会”并作专题发言。

12 月 19 日

学校正式为刘鸿武院长获聘浙江省高校“钱江高级人才”特聘教授举行聘任仪式。

12 月 26 日

刘鸿武院长应邀出席中国国际关系学会 2008 年年会并听取国务委员戴秉国的重要报告。

2008 年度来访嘉宾

非洲非政府组织、社会公益网负责人费罗兹·曼基、斯蒂芬·马科斯；海南琼州学院副院长过建春教授；喀麦隆雅温得第二大学国际关系学院副院长路易教授；香港中文大学比约恩·诺德维特助理教授；浙江财经学院外交人物研究所所长宗道一教授；南京大学—霍普金斯大学中美文化研究中心任东来教授；北京大学非洲研究中心秘书长李保平教授；金华温州商会会长姜永忠；等等。

2009年

2月17日

中共中央党校国际战略研究所所长宫力教授访问非洲研究院并受聘担任兼职研究员。

2月23日

中国国际贸易促进会中国对外贸易副理事长、乌干达中国友好协会常任理事、乌干达国际工商会副主席郭栋访问非洲研究院并受聘担任兼职研究员。

2月24日

吴锋民校长、刘鸿武院长、姜恒昆博士应邀参加中国与苏丹建交50周年招待会。

3月3日

天津工程师范大学校长孟庆国一行三人访问非洲研究院。

3月20日

中国政府首位非洲事务特别代表刘贵今大使访问非洲研究院并受聘担任非洲研究院学术委员会顾问。

3月28日

中国社会科学院常务副院长王伟光、浙江省省委常委黄坤明、浙江省政协副主席王永昌视察非洲研究院。

4月11日

中国社会科学院副院长武寅视察非洲研究院。

非洲研究院牛长松博士、周志发博士应邀参加中国教育国际交流协会主办的继续教育论坛。

4月15日

外交部非洲司致函非洲研究院充分肯定与赞赏非洲研究院开展的非洲研究工作和取得的成绩。

4月25日

外交部政策规划司副司长徐步考察非洲研究院并受聘担任兼职研究员。

4 月 27 日

外交学院党委书记秦亚青教授、院长助理朱立群教授、国际关系研究所所长王帆教授访问非洲研究院。秦亚青教授受聘担任客座教授。

4 月 29 日

刘鸿武院长、刘云教授、王学军博士、周术情博士应邀出席中国国际关系学会主办的“新中国六十年中国国际关系理论构建研讨会”。

5 月 15 日

国家留学基金委秘书长刘京辉访问非洲研究院。

5 月 15—19 日

刘鸿武院长、李鹏涛博士访问埃塞俄比亚，并应邀出席中国驻津巴布韦大使馆、津巴布韦外交部和南部非洲研究与文献中心共同主办的“第二届中非、中津关系研讨会”。

5 月 25 日

教育部副部长郝平在教育部国际司司长张秀琴、商务部援外司司长王世春、外交部非洲司副司长曹忠明、教育部国际司副司长刘宝利、中国联合国教科文组织全国委员会副秘书长杜越、国家留学基金委副秘书长李建民、中国教育国际交流协会副秘书长吴早凤、浙江省教育厅副厅长蒋胜祥、浙江省外办副主任顾建新等的陪同下视察非洲研究院。

教育部主办的“教育部第七次对发展中国家教育援外工作会议”在浙江师范大学召开，非洲研究院承办专家组分会。

5 月 26 日

非洲研究院、美术学院、北京中非文化艺术交流中心联合主办的浙江师范大学首届“非洲典藏艺术展”开幕。

6 月 5 日

刘鸿武院长应邀出席英国国际发展研究院、中国国际扶贫中心联合举办的“金融危机下的中非合作研讨会”并发言。

6 月 10 日

2009 年度国家社科基金项目评审立项结果公布，非洲研究院姜恒昆博士申报的项目获批立项，成为建院后首个国家社科基金项目。

6 月 24 日

非洲研究院和音乐学院联合举办“交汇的视野——首届中非音乐舞蹈专场演出”。

6 月 30 日

刘鸿武院长应邀出席中共中央宣传部主办的“如何看待中国国际地位的新变化”资深学者小型研讨会并作主旨发言。

7 月 1 日

新改版的非洲研究院学术网站开通运行，网站设中文、英文、法文、豪萨语、斯瓦希里语五种语言。

7 月 3 日

浙江省委教育工委书记、省教育厅厅长刘希平视察非洲研究院。

7 月 11 日

非洲研究院王学军、肖玉华、周术情、胡美、李鹏涛五位博士应邀参加政治学与国际关系学术共同体主办的“中非关系 30 年：理论与实践研讨会”。

7 月 26 日

非洲研究院马恩瑜博士、蒋俊博士应邀参加国家民委主办的国际人类学与民族学联合会第 16 届世界大会。

8 月 15 日

刘鸿武院长应邀出席外交部非洲司主办的“中非关系研讨会”。

9 月 15 日

中非合作论坛中方后续行动委员会秘书处致函非洲研究院，委托编纂英文版论文集《中非合作五十年：背景、成效与意义——中国学者论中非关系》，用于在中非合作论坛第四届部长级会议上向各国官员、媒体发放。

9 月 20—22 日

以刘鸿武院长为团长的中国学者代表团受外交部委托访问埃塞俄比亚和非盟总部。

10 月 14 日

非洲研究院与中国民间组织国际交流促进会共同主办的“增进相互了解，促进交流合作——中非非政府组织研讨会暨《非洲非政府组织与中非关系》新书首发式”在北京举行，中联部副部长李进军出席会议并致辞。

10 月 16 日

非洲研究院入选浙江省高校首批创新团队。

10 月 18 日

非洲研究院成立国内首个中非合作论坛研究中心，同时举办《中非合作五十年：背景、成效与意义——中国学者论中非关系》新书首发式与中非合作关系研讨会。

11 月 3—5 日

非洲研究院牛长松博士访问浙江师范大学喀麦隆孔子学院。

11 月 12 日

“第二届中非友好贡献奖”颁奖典礼在北京举行。刘鸿武院长作为学术界唯一代表荣获“中非友好贡献奖”，入选“感动非洲的十位中国人”。

11 月 18 日

浙江省委副书记夏宝龙在省委副秘书长林云举、省教育厅厅长刘希平等的陪同下视察非洲研究院。

11 月 21 日

刘鸿武院长应邀出席中国国际问题研究所和中国国际问题研究基金会共同主办的 2009 年国际形势研讨会并发言。

11 月 22—24 日

非洲研究院刘云教授赴南非约翰内斯堡参加学术活动。

11 月 26—27 日

非洲研究院马恩瑜、肖玉华、李鹏涛三位博士赴肯尼亚首都内罗毕参加学术活动。

12 月 4 日

刘鸿武院长应邀出席上海市国际关系学会、上海外国语大学中东问题研究所、上海外国语大学国际关系与外交事务学院主办的“中国外交的新领域、新议程、新机遇”学术讨论会并作主旨发言。

12 月 17 日

以刘鸿武院长为首席专家投标的 2009 年度教育部哲学社会科学研究重大课题攻关项目“新时期中非合作关系研究”正式中标立项，成为浙江师范大学第一个教育部重大攻关项目。

12 月 23 日

上海国际问题研究院院长杨洁勉教授访问非洲研究院并受聘担任院学术委员会顾问。

12 月 25 日

外交部副部长翟隽为“浙江师范大学非洲研究文库”作总序。

2009 年度来访嘉宾

东北财经大学网络教育学院副院长张树军教授；中国社会科学院西亚非洲研究所李新烽副研究员；英国圣安德鲁斯大学伊恩·泰勒教授；比利时鲁汶大学萨拉·赫米森博士；等等。

2010 年

1 月 14 日

刘鸿武院长当选中国人民对外友好协会（中非友协）理事。

1 月 16—26 日

以刘鸿武院长为团长的中国学者代表团访问苏丹。

2 月 2 日

外交部非洲司司长张明、财务司副司长胡银全到非洲研究院调研指导。

2 月 12 日

清华大学副校长谢维和教授到非洲研究院调研交流。

2 月 28 日

非洲研究院获批的教育部哲学社会科学研究重大课题攻关项目“新时期中非合作关系研究”举行开题报告会。

非洲研究院召开“中国外交战略格局中的中非合作关系高端学术研讨会”。

3 月 24—25 日

非洲研究院胡美博士应邀参加上海国际问题研究院、英国驻上海总领事馆和英国国际发展部联合主办的“经贸合作与可持续的中非关系国际研讨会”。

3 月 29 日

苏丹达尔富尔地区尼亚拉大学校长阿巴克尔·阿里伊德利斯一行访问非洲研究院。

3 月 30 日

外交部“中非联合研究交流计划启动仪式”暨非洲和平与发展研讨会在北京举行。

4 月 20 日

教育部社科司《高校哲学社会科学简报》2010 年第 7 期刊发专文《浙江师范大学非洲研究院独树一帜》，介绍非洲研究院工作。

4 月 28 日

教育部《教育部简报》第 67 期刊发专文《浙江师范大学积极开展非洲问题研究服务国家外交战略》，报道非洲研究院工作成果。

5 月 13 日

浙江师范大学成立非洲研究学科建设领导小组，校党委书记梅新林、校长吴锋民任组长，副校长王辉及院长刘鸿武任副组长。

浙江省外事办副主任顾建新一行来非洲研究院调研。

5 月 17—26 日

非洲研究院牛长松博士随外交部学者团赴喀麦隆、肯尼亚、坦桑尼亚调研。

5 月 21 日

非洲研究院获准成为国家留学基金委国际区域问题研究（非洲研究）项目

执行单位。

5 月 21—22 日

非洲研究院肖玉华博士应邀参加中国社会科学院西亚非洲研究所主办的“企业社会责任与非洲发展研讨会”。

6 月 2—4 日

非洲研究院姜恒昆博士、王学军博士应邀参加中国人民争取和平与裁军协会、英国“更安全世界学会”、非洲和平论坛联合举办的“中非民间和平与发展论坛”。

6 月 6—7 日

刘鸿武院长应邀出席复旦大学国际关系与公共事务学院主办的“后危机时代的国际经济与政治高级学术研讨会”并作专题发言。

6 月 8 日

浙江省委常委、宣传部长茅临生视察非洲研究院。

6 月 9 日

浙江师范大学入选教育部“中非高校 20+20 合作计划”项目执行单位。

6 月 12 日

中国驻南非大使钟建华访问非洲研究院。

6 月 15 日

刘鸿武院长应中国非洲友好协会邀请参加非洲驻华大使巡讲团赴新疆巡讲。

6 月 18—19 日

非洲研究院牛长松、姜恒昆、王学军、马恩瑜、周海金博士应邀参加中国非洲史研究会主办的“中国非洲史研究会成立三十周年纪念大会暨非洲经济发展与中非经贸关系研讨会”。

6 月 23 日

浙江省社科联党组书记、副主席陈荣到非洲研究院调研。

6 月 23—25 日

非洲研究院蒋俊博士应邀参加中国人类学高级论坛秘书处主办的“中国第

九届人类学高级论坛暨首届原生态民族文化高峰论坛”。

6 月 24 日

浙江省副省长陈加元视察非洲研究院。

6 月 25 日

非洲研究院与中国非洲友好协会合作主办“中非 NGO 与中非地方政府合作”研讨会。

6 月 26 日

浙江大学校长杨卫教授访问非洲研究院。

7 月 14 日

中联部副部长李进军视察非洲研究院，并出席中国民间组织国际交流促进会、中非合作论坛中方后续行动委员会秘书处、浙江师范大学非洲研究院联合举办的“中非非政府组织在落实联合国千年发展目标方面的地位与作用”研讨会。

7 月 15 日

非洲研究院“中非关系史口述影像资料建设工程”启动，首期项目“中国驻非大使访谈录”开机。

8 月 11 日

刘鸿武院长应邀出席中联部和农业部共同主办的“中非农业合作论坛”并作专题发言。

8 月 26 日

刘鸿武院长应邀出席中阿经贸论坛组委会办公室与中国中东学会共同主办的“中阿经贸论坛理论研讨会”并作主旨发言。

9 月 15 日

非盟委员会副主席姆温查一行访问非洲研究院。

9 月 20 日

中国工程院常务副院长潘云鹤院士在浙江省委教育工委副书记、省教育厅副厅长李鲁的陪同下视察非洲研究院。

10 月 18 日

中国国际问题研究所副所长郭宪纲研究员访问非洲研究院并受聘担任兼

职研究员。

10 月 20 日

荷兰莱顿大学非洲中心主任唐恩教授到非洲研究院访问交流。

10 月 22 日

非洲研究院与德国海因里希·伯尔基金会联合举办“中非公民社会对话：中国对非交往中的地方省份和中小企业”国际研讨会。

10 月 25 日

刘鸿武院长作为国内非洲研究界代表应邀出席中非合作论坛成立十周年纪念招待会。

10 月 29 日

非洲研究院建成国内首个非洲博物馆，外交部非洲司司长卢沙野出席开馆仪式并为博物馆揭牌。同日举办中非艺术研讨会，发布新成果《非洲艺术研究》。

10 月 29—30 日

非洲研究院周志发博士、周玉渊博士应邀参加由中国非洲问题研究会主办的第二届“走非洲、求发展”论坛。

11 月 5 日

非洲研究院入选浙江省哲学社会科学重点研究基地。

11 月 6 日

教育部副部长陈小娅在教育部师范司司长管培俊、浙江省教育厅副厅长韩平的陪同下视察非洲研究院。

11 月 10 日

商务部援外司司长廖建成、浙江省商务厅副厅长韩杰到非洲研究院考察调研。

11 月 12 日

刘鸿武院长、刘云教授、姜恒昆副研究员应邀参加北京大学国际关系学院主办的“中东研究中心成立大会暨首届学术研讨会”。

11 月 16—20 日

非洲研究院张瑾博士应邀赴贝宁参加“非洲国家独立五十周年国际研讨会”。

11 月 18 日

非洲研究院在南非举办“纪念中非合作论坛成立十周年学术研讨会”，国家副主席习近平出席开幕式并发表重要讲话。

11 月 22 日

刘鸿武院长、肖玉华博士应邀赴埃塞俄比亚参加中国驻埃塞俄比亚大使馆和埃塞俄比亚国际和平与发展研究所联合主办的“中埃 / 中非互利共赢伙伴关系学术研讨会”。

11 月 27 日

浙江师范大学成立国内高校首个面向中非经济合作需要的专门涉非教学机构中非商学院。苏丹驻华大使米尔加尼·萨利赫、喀麦隆驻华大使马丁·姆巴纳、埃及驻华大使馆副馆长依哈卜·哈桑等非洲驻华使节和中国政府非洲事务特别代表刘贵今、中联部非洲局副局长钟伟云、外交部非洲司副司长曹忠明、教育部国际司副司长徐永吉、国家留学基金委副秘书长李建民、浙江省教育厅副厅长李鲁等出席大会并访问非洲研究院。

12 月 9 日

刘鸿武院长应邀出席外交部非洲司召开的“中非联合研究交流计划”学者座谈会，受聘担任外交部“中非联合研究交流计划”指导委员会委员。

12 月 11 日

刘鸿武院长应邀出席中国政治学会与复旦大学国际关系与公共事务学院共同举办的“制度供给与大国崛起：中国的使命研讨会”并作主旨发言。

12 月 15 日

《浙江日报》“人文世界·教育诗”版块整版报道非洲研究院对非研究工作和非洲博物馆建设情况。

12 月 17 日

刘鸿武院长申报的项目获国家社科基金后期资助项目立项。

12 月 25 日

刘鸿武院长当选中国非洲问题研究会副会长。

12 月 28 日

刘鸿武院长应邀出席中国国际关系学会第八届理事会第一次会议。

2010 年度来访嘉宾

英国圣安德鲁斯大学伊恩·泰勒教授、菲利普·齐亚内奇尼博士；国际医疗人道救援组织“无国界医生”香港办事处主管龙欣欣女士；日本大学青木一能教授；美国西北大学理查德·约瑟夫教授；等等。

2011 年

2 月 3 日至 5 月 26 日

非洲研究院徐薇博士赴博茨瓦纳、南非进行“当代非洲乡村文化变迁”田野调查。

3 月 1 日

《中国社会科学报》整版刊发非洲研究院学者就北非局势撰写的评论文章，该文涉及北非政局突变的原因、影响、前景以及我国的应对之策。

3 月 16 日

非洲研究院与工学院合作成立非洲交通研究所。

非洲研究院牛长松博士、胡美博士、李鹏涛博士应邀参加上海国际问题研究院主办的“中津、中非关系与南部非洲区域合作学术研讨会”。

3 月 17 日

津巴布韦南部非洲研究和文献中心执行主任菲利斯·詹森、津巴布韦前驻华大使穆茨万格瓦一行七人到非洲研究院访问、交流。

3 月 25 日

刘鸿武院长应邀在 2011 年中国政府奖学金来华留学工作会议上作专题报告。

3月28—29日

非洲研究院周术情博士应邀赴肯尼亚首都内罗毕参加非洲社会科学研究发展理事会主办的“理解非洲国际学术研讨会”。

4月2日

非洲研究院与中国社会科学院世界经济与政治研究所联合举办“非洲发展趋势与中非关系前景高端研讨会”。会后，新华网刊文称浙江师范大学成为中国非洲研究的重要力量。

4月20—28日

浙江师范大学校长吴锋民率团赴莫桑比克、坦桑尼亚访问，与莫桑比克蒙德拉内大学签订共建孔子学院协议，与坦桑尼亚达累斯萨拉姆大学商谈共建孔子学院事宜。

4月26日

浙江省委组织部副部长姚志文考察非洲研究院。

4月27日

刘鸿武院长、牛长松博士应邀出席由中国社会科学院西亚非洲研究所与中国非洲问题研究会联合主办的“纪念毛主席发表非洲研究指示50周年学术研讨会暨中国非洲问题研究会非洲研究论坛启动仪式”。

4月28日

外交部前部领导成员、纪律检查委员会书记武东和在中国政府非洲事务特别代表刘贵今大使的陪同下访问非洲研究院。

5月6—7日

非洲研究院马恩瑜博士应邀参加由香港大学主办的“迈向更持久的中非关系学术研讨会”。

5月10日

国家自然科学基金委国际合作局局长常青到非洲研究院调研。

5月11日至6月6日

非洲研究院张小峰、张哲、李鹏涛三位博士赴刚果（金）考察调研中国与刚果（金）在基础设施、农业、教育、医疗卫生等领域发展合作现状。

5 月 12 日

浙江省高校外事干部培训会议在浙江师范大学召开，刘鸿武院长应邀为学员作报告。

5 月 19 日

非洲研究院与英国“更安全世界”组织联合主办“非洲安全与发展国际研讨会”。

5 月 21 日

刘鸿武院长应邀出席上海外国语大学中东研究所和新华社世界问题研究中心联合主办的“中东形势的剧变及其影响学术研讨会”并作主旨发言。

5 月 31 日

刘鸿武院长应邀出席中国联合国协会、复旦大学联合国研究中心联合主办的“联合国与中国海外利益的保护研讨会”并作专题发言。

6 月 4—5 日

非洲研究院蒋俊博士应邀参加中央民族大学民族学与社会学学院主办的“当今世界民族热点问题学术研讨会”。

6 月 8 日

刘鸿武院长应邀为浙江农林大学中层以上干部作专题演讲。

6 月 9 日

《中国社会科学报》推出非洲研究院策划的“中国驻非大使访谈录”专栏，开篇为刘鸿武院长撰写的《用私人记忆重现历史细节——中非大使访谈录启言》。

6 月 22 日

非洲研究院在北京召开中非智库论坛筹备情况通气会。

南非斯坦陵布什大学中国研究中心主任格文访问非洲研究院。

6 月 24 日

商务部副部长傅自应在商务部援外司司长廖建成、浙江省商务厅厅长金永辉和副厅长韩杰等的陪同下视察非洲研究院，并为浙江师范大学的商务部“中国基础教育援外研修基地”授牌。

7 月 1 日

以国务院学位委员会委员、教育部原副部长周远清为组长的浙江省博士学位授予单位立项建设中期检查专家组到非洲研究院指导工作。

7 月 16 日

乌干达中华同乡会会长、北京中非文化交流中心总经理郭栋受聘担任客座教授，协助开展非洲博物馆建设工作。

7 月 26—29 日

刘鸿武院长应邀出席国家自然科学基金会第 65 期“双清论坛”。

7 月 30 日至 8 月 1 日

刘鸿武院长、刘云教授、徐薇博士应邀出席中国非洲史研究会 2011 年年会暨“非洲政治发展的回顾与展望”学术研讨会。

8 月 23 日

中国驻塞内加尔大使馆文化参赞佘明远访问非洲研究院。

8 月 24 日至 10 月 23 日

非洲研究院王学军博士赴尼日利亚开展田野调查。

8 月 26 日

刘鸿武院长出席外交部“中非联合研究交流计划”指导委员会会议。

8 月 28 日至 9 月 5 日

非洲研究院肖玉华博士赴苏丹调研。

8 月 30 日

达沃斯世界经济论坛邀请刘鸿武院长担任全球议程理事会理事，全国仅其一人。

9 月 3 日

中国人民对外友好协会组织的“非洲国家友好城市官员研修班”代表团访问非洲研究院。

9 月 14 日

非洲研究院获得的教育部哲学社会科学研究重大课题攻关项目“新时期中非合作关系研究”顺利通过教育部社科司组织的中期检查。

9 月 15 日

外交部非洲司副司长王克、论坛办主任郭玮等到非洲研究院指导中非智库论坛筹备工作。

商务部国际贸易经济合作研究院副院长顾学明、中非研究中心主任李光辉一行访问非洲研究院。

9 月 18 日

外交学院组织的非洲法语国家学者代表团访问非洲研究院。

9 月 20 日

苏丹驻华大使萨利赫向非洲博物馆捐赠展品。

9 月 28 日

中国驻津巴布韦大使馆政务参赞赵勇访问非洲研究院。

9 月 29 日

坦桑尼亚工贸部秘书长乔伊斯·马普约一行访问非洲研究院。

9 月 30 日

非洲研究院与义乌工商学院共建的“非洲研究院义乌研究中心”在义乌工商学院落成。

10 月 14—23 日

浙江师范大学非洲研究院、美术学院以及宁波美术馆联合举办的非洲博物馆藏品巡展“面具背后的非洲——非洲艺术展系列之面具篇”在宁波美术馆展出。

10 月 23 日

2011 年度教育部哲学社会科学发展报告资助项目公布，非洲研究院申报的《非洲地区发展报告》获培育项目立项。

10 月 26 日

非洲研究院周术情博士赴浙江师范大学喀麦隆孔子学院担任教师，为期三年。

10 月 27—28 日

非洲研究院创办的中非智库论坛第一届会议配合中非合作论坛第八届高

官会在杭州和金华成功举办。

10 月 28 日

非洲研究院与外国语学院合作成立非洲翻译馆。

11 月 1 日

复旦大学副校长、教育部长江学者特聘教授林尚立访问非洲研究院。

11 月 3—4 日

刘鸿武院长赴南京大学讲学。

11 月 9 日

浙江省委组织部副部长庄跃成、浙江省教育厅副厅长汪晓村考察非洲研究院。

11 月 10 日

浙江省哲学社会科学重点研究基地建设现场会在浙江师范大学召开，非洲研究院被评为“先进基地”，刘鸿武院长在会上作经验介绍。

11 月 10—13 日

非洲研究院姜恒昆副研究员、张小峰博士应邀参加外交部、中国前外交官联谊会与海南省政府联合举办的中非合作圆桌会议第二次大会。

11 月 12—17 日

刘鸿武院长应邀赴尼日利亚参加中国驻尼日利亚大使馆主办的“纪念中尼建交 40 周年研讨会”，为驻尼大使馆全体工作人员作专题讲座，并与在尼中资企业和华商代表座谈。

11 月 23 日

荷兰《人民报》记者汉斯专程赴非洲研究院采访刘鸿武院长。

11 月 26—27 日

刘鸿武院长应邀出席中国国际问题研究所和中国国际问题研究基金会主办的“2011 年国际形势研讨会”并作大会评论发言。

11 月 28—29 日

刘鸿武院长赴中央民族大学讲学。

11 月 28—30 日

非洲研究院马恩瑜博士应邀参加国务院侨务办公室主办的“第二届中国侨务论坛”。

12 月 5—9 日

非洲研究院肖玉华博士应邀参加在摩洛哥举办的非洲社会科学研究发展委员会第 13 届大会。

12 月 6 日

非洲研究院张小峰博士、李鹏涛博士应邀参加比利时鲁汶大学举办的“西方和中国刚果（金）援助项目比较国际学术研讨会”。

12 月 9—12 日

刘鸿武院长率中国学者代表团一行四人赴日本出席“中国对非政策分析国际研讨会”。

12 月 15 日

刘鸿武院长出席教育部社科司召开的“教育部哲学社会科学发展报告编写工作会议”，我院承担的《非洲地区发展报告》编纂项目启动。

12 月 16 日

刘鸿武院长、赵俊博士应邀参加复旦大学国际关系与公共事务学院主办的“中国国际关系的理论自觉与中国学派学术研讨会”。

12 月 23 日

刘鸿武院长、张小峰博士应邀参加外交部“中非联合研究交流计划”指导委员会扩大会议。

12 月 30 日

非洲研究院获得国内首个以“非洲学”命名的交叉学科硕士点，定于 2013 年面向海内外招生。

2011 年度来访嘉宾

中国人民大学庞中英教授；浙江理工大学盛红生教授；日本宫崎大

学岩田拓夫博士；法国高等社会科学院中国近现代研究中心伊丽莎白教授；法国波尔多大学政治学院丹尼尔·巴赫教授；香港科技大学沙伯力教授、香港理工大学严海蓉教授；日本大学青木一能教授；坦桑尼亚圣·奥古斯丁大学国际政治系姆韦思嘉·巴勒古教授、加纳大学非洲研究院托马斯·艾度教授；国际危机组织东北亚事务总监兼中国首席代表斯蒂芬妮、非洲项目总监埃洛、非洲之角项目总监霍根多恩；中央民族大学施琳教授；美国哥伦比亚大学马哈穆德·马姆达尼教授；德国莱比锡大学约翰·卡鲁吉亚博士；法国巴黎大学教埃里·裴浩特教授；法国社会科学高等学院中国学博士生拉斐尔·罗西尼奥尔；美国埃默里大学发展中国家研究院主任赛塔·尼勒森教授；美国印第安纳大学学者海迪·罗斯；美国马里兰大学学者林静、翁璇；博茨瓦纳大学瓦扎·莫拉佩蒂教授；等等。

2012年

1月9日

国家开发银行行务委员、专家委员会常务副主任汪子章一行访问非洲研究院，商谈合作事宜。

1月10—13日

非洲研究院姜恒昆副研究员、肖玉华博士应邀参加英国“更安全世界”组织和非洲和平论坛联合举办的“应对非洲之角的不安全局势：中国及其它国际行为体的角色学术研讨会”。

1月19—20日

非洲研究院肖玉华博士应邀参加马克雷雷社会科学研究所主办的“冷战后的非洲秩序：内部改革和外部干预国际研讨会”。

2月10日

莫桑比克总理艾雷斯·阿里访问非洲研究院。

2 月 19 日

中国社会科学院世界经济与政治研究所编审谭秀英访问非洲研究院，并受聘担任院刊《非洲研究》特约顾问。

2 月 25 日

浙江省商务厅党组副书记、副厅长周日星到非洲研究院调研。

2 月 27 日

浙江师范大学与国家开发银行签订合作协议，双方将依托国家开发银行专家委员会和浙江师范大学非洲研究院开展多项战略合作。

2 月 28 日

非洲研究院获得 1 项教育部人文社科重点研究基地重大项目、1 项规划项目、2 项青年项目。

3 月 6 日

非洲研究院与义乌工商学院在义乌工商学院创意园共同举办"非洲人生存现状及管理服务"学术沙龙。

3 月 13 日

浙江省人力资源和社会保障厅副厅长朱绍平到非洲研究院调研。

3 月 14 日

非洲研究院肖玉华博士应邀参加牛津大学中非网络主办的"作为发展援助行为体的中国：反思发展援助及其对非洲和西方的启示国际研讨会"。

3 月 22—23 日

浙江师范大学成功承办教育部区域和国别研究培育基地第一次工作会议暨对发展中国家教育援外第十次工作会议。非洲研究院入选首批教育部区域和国别研究培育基地。

3 月 23 日

中国社会科学院西亚非洲研究所所长杨光访问非洲研究院，并受聘担任客座教授。

4 月 1 日

非洲研究院入选浙江省重点创新团队（文化创新类）。

4 月 2—6 日

匈牙利佩奇大学非洲研究中心主任伊斯特万·泰勒斯一行访问非洲研究院。

4 月 13 日

浙江省社会科学院院长迟全华一行到非洲研究院调研。

4 月 27 日

非洲研究院与中央新闻电影制片厂签订协议，合作拍摄大型纪录片《携手》，用于中非合作论坛第五届部长级会议期间播放。

5 月 8—9 日

非洲研究院赵俊博士应邀参加外交部非洲司主办的“国际传媒对中非关系报道视角及对中非关系影响国际研讨会”。

5 月 11 日

刘鸿武院长、陈明昆副院长带队赴教育部人文社科重点研究基地——浙江大学中国农村发展研究院考察学习。

5 月 21 日

2012 年度国家社科基金项目评审立项结果公布，非洲研究院周海金博士申报的项目获一般项目立项。

5 月 22—23 日

非洲研究院王学军、肖玉华、周海金、蒋俊四位博士应邀参加中国驻埃塞俄比亚大使馆主办的“中国与非盟加强非洲安全与合作国际研讨会”。

5 月 25 日

非洲研究院党总支书记徐今雅作为协办单位代表出席文化部、外交部、商务部、国家广电总局、国家新闻出版总署、国家体育总局和国家文物局联合主办的“2012 非洲文化聚焦”活动开幕式。

5 月 28 日

中国驻卢旺达大使舒展访问非洲研究院。

5 月 31 日

非洲研究院肖玉华博士应邀参加非洲和平论坛主办的 “中国与西方在南

苏丹：发展与冲突预防新视角国际研讨会”。

6 月 7 日至 7 月 7 日

南非斯坦陵布什大学中国研究中心研究员道乌达·西塞到非洲研究院访学。

6 月 11 日

美国哈佛大学非洲与北美研究系拜顿·杰伊弗教授访问非洲研究院。

6 月 13 日

非洲研究院与外交部政策规划司联合主办“深化合作，推动中非关系再上新台阶——中非合作论坛回顾与展望高端学术研讨会”。

6 月 14 日

刘鸿武院长、牛长松博士应邀出席中国联合国教科文组织全国委员会主办的“中国与联合国教科文组织合作促进非洲教育发展研讨会”。

6 月 18—19 日

刘鸿武院长、刘云教授应邀出席文化部主办的“中非合作论坛——文化部长论坛”。

6 月 19—20 日

埃塞俄比亚亚的斯亚贝巴大学和平与安全研究所所长穆卢盖塔·柏赫一行访问非洲研究院。

6 月 20 日

浙江省委副书记李强视察非洲研究院。

7 月 2 日

全国妇联副主席、书记处书记孟晓驷视察非洲研究院。

7 月 10—11 日

刘鸿武院长应邀出席中国民间组织国际交流促进会和非盟委员会联合主办的“第二届中非民间论坛”。

7 月 11 日

商务部副部长李金早视察非洲研究院。

7 月 12 日

刘鸿武院长应邀出席外交部主办的第七届“蓝厅论坛”并作专题发言。

7 月 13 日

刘鸿武院长应邀为中国国际广播电台西亚非洲语部作专题讲座。

7 月 19 日

刘鸿武院长作为国内非洲研究学者代表应邀出席中非合作论坛第五届部长级会议开幕式。会议发布的《北京行动计划（2013—2015）》将我校主办的“中非智库论坛”列为机制化平台。

8 月 8—12 日

刘鸿武院长应邀出席中国驻肯尼亚大使馆主办的“中非关系可持续发展的路径国际学术研讨会”并作主旨发言，并在会后访问新华社非洲总分社。

8 月 30 日

南非斯坦陵布什大学人文与社会科学学院院长亨尼·考茨、经济与管理科学学院副院长罗耐尔·杜布里兹、研究生与国际处处长罗伯特·考茨、财务处处长曼尼·隆巴德访问非洲研究院。

9 月 2 日

南苏丹朱巴大学外事处处长勒本·莫洛访问非洲研究院。

9 月 11 日

浙江省社科联党组书记陈荣、浙江社会文化研究院院长应忠良到非洲研究院调研。

国家留学基金委副秘书长曹士海到非洲研究院调研。

9 月 13 日

浙江师范大学与复旦大学等五校合作共建的“金砖国家合作与全球治理协同创新中心”成立仪式在复旦大学隆重举行。浙江师范大学党委书记陈德喜教授、刘鸿武院长出席仪式。

9 月 14 日

刘鸿武院长赴北京访问中国扶贫基金会，商谈合作事宜。

9 月 18 日

浙江师范大学客座教授、中国社会科学院西亚非洲研究所所长杨光一行到非洲研究院调研。

9 月 25 日

浙江中非经济文化交流中心成立，刘鸿武院长受聘担任专家顾问。

9 月 27 日

国家开发银行研究院副院长黄剑辉访问非洲研究院，并受聘担任客座教授。

10 月 12—13 日

浙江师范大学与埃塞俄比亚亚的斯亚贝巴大学和平与安全研究所联合主办的中非智库论坛第二届会议在埃塞俄比亚成功举行。

10 月 16 日

非洲研究院与新华社非洲总分社在肯尼亚首都内罗毕正式签署合作协议。

10 月 26 日

中国扶贫基金会秘书长助理李利、国际发展部主任伍鹏访问非洲研究院。

11 月 4—5 日

文化部外联局副局长赵海生一行四人访问非洲研究院并商谈合作事宜。

11 月 9 日

巴西葡—非—巴联合邦大学校长保罗·斯贝勒访问非洲研究院。

11 月 9—13 日

非洲研究院徐薇博士应邀参加赞比亚大学主办的“非洲的亚洲研究”圆桌会议。

11 月 12—15 日

非洲研究院王学军博士应邀参加德国海因里希·伯尔基金会主办的第三届“中非公民社会对话”研讨会。

11 月 22—24 日

非洲研究院牛长松博士应邀参加厦门大学—香港大学中外合作办学研究中心和海南省教育厅联合主办的“中外合作办学与高水平大学建设国际研讨会”。

11 月 23 日

刘鸿武院长当选中国亚非学会副会长。

11 月 24—25 日

刘鸿武院长应邀出席中国国际问题研究所与中国国际问题研究基金会主办的“2012 年国际形势与中国外交研讨会”并作专题发言。

12 月 7 日

莫桑比克国家电视台、国家广播电台、国家通讯社等媒体的五位新闻记者访问非洲研究院并进行采访拍摄。

12 月 10 日

南非斯坦陵布什大学研究生与国际处处长罗伯特·考茨本年度第二次访问非洲研究院。

12 月 13 日

肯尼亚国家发展与 2030 远景规划国务部长威克利夫·奥帕拉尼亚一行访问非洲研究院。

12 月 16 日

教育部“哲学社会科学研究发展报告”创新工程成果之一、非洲研究院编纂的《非洲地区发展报告 2011》在京发布。

12 月 18 日

文化部外联局发文委托非洲研究院开展非洲文化领域调研，包括承担“中非文化交流现状与发展趋势：评估与建议”课题及编纂《非洲文化动态季报》。

12 月 21—30 日

非洲研究院举行纪念建院五周年系列活动。

12 月 25 日

加蓬国民教育部长塞拉芬·蒙敦加访问非洲研究院。

12 月 28 日

刘鸿武院长赴义乌商贸城为涉非企业讲学。

12 月 29 日

非洲研究院与美术学院联合举办的“非洲灵感艺术创作展”在美术学院展厅开幕。

2012 年度来访嘉宾

国家开发银行驻塞内加尔专员许向前；国际危机组织南北苏丹问题分析员扎赫·瓦丁、布莱恩·克雷恩；美国伍卓·威尔逊国际学术研究中心赫伯特·威斯教授；摩洛哥穆罕默德五世大学穆罕默德·曼苏尔教授、法蒂玛·哈拉克教授；美国杨百翰大学吉欧·加加教授；巴黎政治学院唐缇博士；厦门大学世界经济研究中心副主任黄梅波教授；苏丹尼亚拉大学安瓦尔·阿塔玛南博士；等等。

2013 年

1 月 7 日

浙江省副省长郑继伟在省政府副秘书长马林云、省政府研究室副主任盛世豪、省教育厅副厅长蒋胜祥的陪同下视察非洲研究院。

1 月 15 日

坦桑尼亚达累斯萨拉姆大学校长雷卡萨·穆堪达拉一行访问非洲研究院。

3 月 1—20 日

刘鸿武院长接受新华社、人民网、中新社、人民日报、中央电视台、参考消息、中国社会科学报、新京报、文汇报、东方早报等媒体密集采访，就习近平主席即将访问非洲作深度解读。

3 月 7 日

中国政府非洲事务特别代表钟建华大使访问非洲研究院。

3 月 18 日

博茨瓦纳大学商学院院长昂库特维勒·奥萨塔教授和社会学系主任莫纳庚·莫戈拉克维教授访问非洲研究院。

非洲研究院刘青海博士应邀参加中国公共外交协会主办的“中国企业在非洲——合作　创新　共赢”论坛。

3 月 22 日

贝宁常驻联合国教科文组织大使奥拉比伊·亚伊访问非洲研究院。

3 月 25—26 日

刘鸿武院长应邀赴复旦大学、上海大学、上海师范大学讲学。

4 月 9 日

中国驻马里大使曹忠明访问非洲研究院并向非洲博物馆捐赠展品。

4 月 17—18 日

英国外交和联邦事务部非洲问题研究专家、高级首席研究分析师克莱尔·托马斯，首席研究分析师欧文·艾略特，高级研究分析师乔纳森·埃文斯，英国国际发展部驻华代表处高级经济顾问山塔鲁·密多罗，英国驻华大使馆二等秘书斯蒂芬·希尔到非洲研究院调研。

4 月 18—19 日

非洲研究院徐薇博士应邀参加博茨瓦纳大学主办的“博茨瓦纳—非洲—中国”研讨会。

4 月 21 日

非洲研究院获得四项外交部“中非联合研究交流计划”项目。

4 月 28 日

非洲研究院被中华全国总工会授予“全国工人先锋号”荣誉称号。

4 月 30 日

刘鸿武教授入选浙江省哲学社会科学规划学科组专家。

5 月 8 日

刘鸿武院长就国内非洲研究学术机构及智库的发展现状、学术机构及智库对中国与非洲之间政治和经济关系所产生的影响等问题接受《中国日报》非洲版专访。

5 月 10 日

刘鸿武院长应邀赴武汉大学讲学。

5 月 16 日

浙江师范大学客座教授、国家开发银行研究院副院长黄剑辉与非洲研究院师生交流。

5 月 16—23 日

非洲研究院刘云教授、蒋俊博士赴贝宁调研。

5 月 17—18 日

非洲研究院牛长松博士、周志发博士应邀参加天津职业技术师范大学主办的"非统 / 非盟五十年与亚非合作研讨会"。

5 月 25 日

中国社会科学院西亚非洲研究所副所长张宏明一行到非洲研究院调研。

5 月 28 日

浙江省社科联党组书记、副主席郑新浦到非洲研究院考察调研。

6 月 4 日

2013 年度国家社科基金项目评审立项结果公布，非洲研究院张小峰博士、蒋俊博士、李鹏涛博士申报的项目分获重点项目、一般项目、青年项目立项。

6 月 12 日

刘鸿武教授任首席专家的教育部哲学社会科学研究重大课题攻关项目"新时期中非合作关系研究"顺利通过教育部鉴定。

6 月 19—20 日

非洲研究院蒋俊博士应邀参加文化部主办的首届"中非文化产业圆桌会议"。

7 月 5—6 日

吴锋民校长、刘鸿武院长应邀出席复旦大学"金砖国家合作与全球治理协同创新中心"主办的金砖研究国际学术研讨会。

7 月 6 日

中联部副部长艾平在中联部研究室副主任周余云等的陪同下视察非洲研究院。

7 月 15—16 日

刘鸿武院长应邀出席中国驻坦桑尼亚大使馆主办的"中国梦、非洲梦——携手实现中非共同梦想研讨会"，并赴浙江师范大学坦桑尼亚孔子学院调研。

8 月 26 日

中国人民外交学会组织的非洲高级外交官访华团访问非洲研究院。

9 月 1 日

非洲研究院与中国驻非机构“旋转门”启动，中国原驻卢旺达、驻厄立特里亚大使舒展受聘担任高级研究员。

9 月 11 日

非洲研究院与中非国际商学院党总支召开党的群众路线教育实践活动动员会暨非洲研究学科大讨论动员会。

9 月 15 日

非洲研究院设立的“非洲学”交叉学科硕士点正式开始招生。

9 月 24 日

中共中央党校主办、浙江师范大学非洲研究院协办的“中非治国理政与发展经验国际研讨会”在中央党校召开。

9 月 28 日

肯尼亚非洲科技研究中心执行主席贝纳德·穆奥克访问非洲研究院。

10 月 9 日

非洲研究院启动长期性学术活动——“非洲研究学术论坛”，由全院科研教师轮流主讲。

10 月 21 日

教育部“哲学社会科学研究发展报告”创新工程成果之一、非洲研究院编纂的《非洲地区发展报告 2012—2013》在京发布。

10 月 21—22 日

浙江师范大学主办的中非智库论坛第三届会议暨外交部“中非智库 10+10 合作伙伴计划”启动仪式在北京成功举行，非洲研究院入选“中非智库 10+10 合作伙伴计划”首批中方智库。

10 月 22—24 日

非洲研究院刘青海博士应邀参加南部非洲研究与文献中心与中国驻津巴布韦大使馆联合主办的中非关系研讨会。

10 月 23 日

刘鸿武院长应邀到清华大学讲学。

11 月 15 日

刘鸿武院长应邀出席教育部区域和国别研究培育基地第二次工作会议。

11 月 17—19 日

非洲研究院参与外交部“中非智库 10+10 合作伙伴计划”的非洲结对智库尼日利亚国际事务研究所研究部主任奥加贝 · 奥彻一行访问非洲研究院，双方签订合作备忘录。

11 月 19 日

英国牛津大学非洲经济研究中心主任、世界银行发展研究部前主任、英国政府非洲委员会顾问保罗 · 柯里尔教授、英国国际发展部首席经济学家斯特凡 · 德尔康教授等一行访问非洲研究院，双方联合举办“非洲的经济发展与减贫：现状与趋势”高端论坛。

11 月 25 日

刘鸿武教授被聘为国家社科基金学科规划评审组专家。

11 月 30 日

非洲研究院和上海证大集团喜马拉雅美术馆联合举办的“非洲发展大趋势与中非合作战略意义”论坛暨“远古文明的基因——撒哈拉之南的非洲艺术展”在上海喜马拉雅美术馆举行。

12 月 4 日

金华市市长暨军民到非洲研究院调研。

12 月 16 日

刘鸿武教授等学者的专著《中国对外援助与国际责任的战略研究》在北京发布。

12 月 27 日

刘鸿武院长、陈明昆副院长应邀出席外交部“中非联合研究交流计划”指导委员会扩大会议。

2013 年度来访嘉宾

中国驻南非大使馆教育处一秘魏养根；中国农业部对外经济合作中心经济合作四处处长贾焰，浙江华友钴业总裁助理张生观；美国公益服务委员会驻东北亚奎克国际事务代表杰生·塔沃尔，美国公益服务委员会非洲事务部主任德热耶·沃多法，内罗毕和平倡议执行主任弗洛伦斯·姆帕叶伊；美国约翰斯·霍普金斯大学研究生代表团；商务部驻杭州办事处副特派员李可、调研处处长陈庆赟、副处长王健，省商务厅服贸处处长胡斌、副处长罗传杭；中国社会科学院民族学与人类学研究所世界民族研究室主任、《世界民族》副主编朱伦；肯尼亚艾格顿大学行业联络员罗达·毕若世；云南社会科学院伍呷研究员；南非罗德斯大学政治系主任保罗·比绍夫、政治系讲师斯福卡兹·玛加德拉、政治系博士生迈克·玛乌拉，暨南大学华侨华人研究院黄石秀博士；美国雪城大学非美研究学院教授贺拉斯·坎贝尔；等等。

2014 年

1 月 12 日

北京大学公共卫生学院全球卫生学系主任、国家卫生部国际合作司原司长刘培龙教授和公共卫生学院郭岩教授访问非洲研究院。

2 月 21 日

刘鸿武院长、高级研究员舒展、王珩副教授在上海会见南非国际问题研究所中非关系研究领域专家、伦敦政治经济学院国际关系学副教授克里斯·奥尔登一行，商谈合作事宜。

3 月 17—18 日

非洲研究院王学军博士应邀参加上海国际问题研究院主办的“第六届中非合作论坛部长级会议与 2015 年后全球发展议程国际学术研讨会”。

3 月 20 日

中国人民武警部队学院副院长张京少将到非洲研究院调研。

3 月 22—26 日

刘鸿武院长、高级研究员舒展一行应邀访问牛津大学。刘鸿武院长出席由牛津大学非洲经济研究中心主办的“非洲经济发展 2014 年学术研讨会”，并在英国皇家国际事务研究所发表演讲。

3 月 27—30 日

刘鸿武院长、高级研究员舒展一行访问尼日利亚，与尼日利亚国际事务研究所联合主办“中尼关系对话研讨会”，落实“中非智库 10+10 合作伙伴计划”合作项目。

4 月 18 日

非洲研究院获得四项外交部“中非联合研究交流计划”项目。

4 月 19—20 日

非洲研究院与中国非洲史研究会联合主办的“中国非洲史研究会 2014 年年会暨非洲与外部世界关系的历史变化研讨会”成功举行。

4 月 29—30 日

非洲研究院徐薇博士应邀参加中国驻喀麦隆大使馆和雅温得第二大学联合主办的“中国侨民在提升中非关系中所起的作用和影响”国际学术会议。

4 月 30 日至 5 月 7 日

刘鸿武院长作为外交部、中共中央宣传部、国务院新闻办向媒体推荐的知名专家，密集接受了国内外十几家重要媒体的采访，就李克强总理访问非洲进行深度解读。

5 月 12—14 日

刘鸿武教授作为国家社科基金学科规划评审专家应邀出席“2014 年度国家社科基金项目评审工作会议”。

5 月 19 日

南非国际关系与合作部亚洲及中东副总司长阿尼尔·苏克拉尔大使访问非洲研究院。

5月27—28日

非洲研究院蒋俊博士应邀参加文化部主办的第二届“中非文化产业圆桌会议”。

6月6日

非洲研究院举办“中国外交与国际战略名家论坛”，外交部朝鲜半岛事务副代表徐步大使、南开大学周恩来政府管理学院院长吴志成教授、刘鸿武院长担任主讲。

6月10日

刘鸿武院长应邀赴外交部为外交部非洲司全体工作人员作专题讲座，外交部副部长张明会见。

6月20日

刘鸿武院长、高级研究员舒展、张哲博士、张瑾博士、周术情博士应邀出席上海师范大学非洲研究中心主办的“非洲工业化与中非合作”国际学术研讨会。

6月21日

2014年度国家社科基金项目评审立项结果公布，非洲研究院卢凌宇博士、张哲博士、徐薇博士、张瑾博士申报的项目分获重点项目、一般项目、青年项目立项。

7月18日

浙江省2011协同创新中心建设工作推进会在浙江师范大学举行，全省25所高校参会，刘鸿武院长介绍经验。

8月15日

“浙江师范大学非洲研究文库”丛书之《千丘之国：卢旺达浴火重生及其织梦人》一书在上海国际书展举办推介会。

9月4日

教育部《高校智库专刊》2014年第5期刊发刘鸿武院长撰写的政策建议。

9月15日

云南社会科学院院长任佳研究员一行访问非洲研究院，商谈合作事宜。

9 月 16 日

非洲研究院徐薇博士获浙江省社科联第八届青年社会科学优秀成果奖基础理论研究类三等奖。

9 月 22 日

坦桑尼亚前总统本杰明·姆卡帕及夫人一行访问非洲研究院，并面向全校师生发表主题演讲。

9 月 23 日

外交部新闻司组织的中非新闻交流中心记者团访问非洲研究院，并进行专题采访。

9 月 27 日

《中国教育报》第 1 版刊发文章《特聘教授：浙江提升高校核心竞争力的"金名片"》，详细介绍刘鸿武院长的杰出成就，认为"刘鸿武取得的骄人成绩，正是浙江建立高校特聘教授岗位制度（钱江高级人才引进计划）的一个典范"。

10 月 9 日

非洲研究院与中国驻非机构"旋转门"再次启动，非洲研究院刘云教授借调至中国驻坦桑尼亚大使馆担任文化一秘，为期三年。

10 月 23—24 日

非洲研究院和国际比较教育研究院联合主办的"2014 年中非教育发展与能力建设研讨会暨非洲教育丛书和 NNC 发布会"成功举行。

11 月 1—2 日

楼世洲副校长、非洲研究院刘青海博士应邀参加中国改革发展研究院、中国国际经济技术交流中心、联合国开发计划署、德国国际合作机构联合主办的"2014 新兴经济体智库经济政策论坛"。

11 月 6 日

楼世洲副校长、刘鸿武院长、王珩书记一行访问云南社会科学院，双方联合举办"中非民族发展与治理"专题研讨会并签订合作协议。

11 月 7 日

美国佛罗里达大学外事处处长、非洲研究中心主任利奥纳多·威利亚隆教授访问非洲研究院。

11 月 8 日

刘鸿武院长应邀出席“教育部区域和国别研究培育基地 2014 年人才培养专题研讨会”。

11 月 12 日

宁夏大学党委书记齐岳、副校长许兴、副校长谢应忠一行到非洲研究院调研。

11 月 14 日

民间收藏家王少波向非洲博物馆捐赠展品，并受聘担任兼职研究员。

11 月 15 日

云南大学校长林文勋教授一行访问非洲研究院。

11 月 24 日

非洲研究院牛长松博士、张哲博士启程赴南非、坦桑尼亚开展三个月的调研。

12 月 1 日

刘鸿武院长应邀出席教育部“促进中外人文交流合作工作”专家座谈会，并承担 2014 年度教育部人文社会科学研究应急专项委托项目 1 项。

12 月 5 日

浙江师范大学党委书记陈德喜教授、校长蒋国俊教授、刘鸿武院长向教育部副部长李卫红专题汇报浙江师范大学非洲研究及智库建设工作，并得到李卫红副部长赞誉，称浙江师范大学非洲研究工作“影响大、贡献多，国家用得上、部委离不开”。

12 月 8 日

华中师范大学中国农村研究院院长、教育部长江学者特聘教授徐勇一行访问非洲研究院。

中联部原副部长艾平一行到非洲研究院考察调研。

12 月 9 日

马里驻华大使兰思那·科内访问非洲研究院，并向非洲博物馆捐赠展品。

12 月 11 日

刘鸿武院长应邀出席商务部“2014 年西亚非洲形势和对地区经济合作战略”务虚会。

12 月 23 日

教育部“哲学社会科学研究发展报告”创新工程成果之一、非洲研究院编纂的《非洲地区发展报告 2013—2014》在京发布，同时举办“2015 后非洲发展研讨会”。

2014 年度来访嘉宾

云南大学西南环境史研究所周琼教授、浙江大学公共卫生学院王红妹教授；美国乔治顿大学约翰·克兰教授；巴西里约热内卢瓦加斯基金会法律学院副院长埃万德罗·卡瓦略；复旦大学金砖国家研究中心王磊博士；比利时布鲁塞尔刚果盆地艺术史研究中心主任菲尼克斯·里奥；原中国世界历史研究会副会长、原中国社会科学院《世界历史》杂志编辑部主任沈永兴；北京大学包茂红教授；埃塞俄比亚亚的斯亚贝巴大学和平与安全研究所博士生格塔丘·葛布瑞丹；美国佛罗里达大学博士生莉娜·阿卜杜拉；中兴公司驻南苏丹分公司总经理胡兴；中国社会科学院西亚非洲研究所《西亚非洲》编辑部主任安春英；德国科隆大学助理教授米凯拉·佩里肯；浙江省社科联科研管理处处长陈名义、调研员吴凤钢；英国苏塞克斯大学发展研究中心研究顾问理查德·凯里、伦敦政治经济学院詹姆斯·普策尔教授；加拿大全球治理创新研究中心研究员巴瑞·卡林；德国发展研究院研究员斯蒂芬·克林格比尔；英国国际发展部项目顾问理查德·加勒特；中国农业大学人文与发展学院武晋教授；中国国际扶贫中心副处长李琳一；等等。

2015年

1月7日

非洲研究专家、美国麦卡利斯特学院教授孟洁梅受聘担任兼职研究员。

1月14日

非洲研究院举办“中国外交与国际战略名家论坛”，中国现代国际关系研究院副院长李绍先研究员、中国国际问题研究院副院长郭宪纲研究员担任主讲嘉宾。

1月16日

刘鸿武教授获聘教育部“长江学者”特聘教授，是国内国际关系研究和非洲研究领域首位长江学者。

1月29日

刘鸿武院长应邀出席外交部“中非联合研究交流计划”指导委员会会议。

2月27日

刘鸿武院长应邀为云南大学中层干部作专题报告。

3月17日

教育部《高校智库专刊》2015年第8期刊发刘鸿武教授和王珩副教授撰写的政策建议，这是该刊第二次刊发我院提交的政策建议。

淮阴师范学院院长朱林生、副校长纪丽莲访问非洲研究院。

3月20日

中国法学会学术交流中心副主任王伟一行访问非洲研究院，商谈合作事宜。

3月20—21日

刘鸿武院长应邀赴宁夏大学讲学。

3月25日

非洲研究院与法国外交部分析预测与战略中心联合举办“中法如何合作推动非洲共同发展”高端论坛。法国外长首席顾问、法国外交部分析预测与战略中心主任、原美国布鲁金斯学会欧美研究部主任贾斯丁·瓦伊斯等专家作专题报告。

4月13—14日

非洲研究院与南非马蓬古布韦战略反思研究所联合主办“中非历史进程与文明形态对话”研讨会暨《中国文明的哲学思考》课题成果发布会。

4月16—26日

非洲研究院与美术学院联合举办南非百年邮票展。

4月17日

非洲研究院获得四项外交部“中非联合研究交流计划”项目。

4月21日

教育部国际司司长岑建君、刘鸿武教授、牛长松博士接受外交部新闻司中非新闻交流中心组织的非洲十国记者团的专访。

4月23日

广州大学副校长徐俊忠访问非洲研究院。

4月26日

教育部国际司司长岑建君、浙江省教育厅副厅长于永明一行到非洲研究院考察调研。

4月30日

非洲研究院兼职研究员孟洁梅教授受聘担任美国密歇根州立大学非洲研究中心主任。

5月1日

非洲研究院与体育学院合作成立国内首个非洲体育研究中心。

5月12日

安徽财经大学校长丁忠明、金华市副市长林丹军一行访问非洲研究院。

5月14日

曲阜师范大学副校长康淑敏一行访问非洲研究院。

中华女子学院副院长刘梦一行访问非洲研究院。

5月22日

刘鸿武院长应邀赴北京外国语大学讲学并受聘担任该校“中国文化走出去

协同创新中心”特聘研究员。

5月25日

哈佛大学杜波依斯非洲和非洲裔美国人研究所教授、北京外国语大学访问学者哈罗德·多德森·韦弗访问非洲研究院。

6月1日

非洲研究院协同单位金华市秋滨小学建成“活力非洲园”，编纂系列非洲知识教材。

6月8日

非洲研究院召开“非洲学”学科建设规划座谈会。

6月11—12日

刘鸿武院长应邀出席国务院新闻办公室主办的“建构融通中外的话语体系——第四届全国对外传播理论研讨会”并发表演讲。

6月12日

非洲研究院主办的中国高校博物馆建设与发展研讨会成功举行。

6月18日

中国延安干部学院对外交流与培训开发部副处长张鹏飞一行到非洲研究院调研“非洲官员在华培训”问题。

6月23日

俄罗斯乌拉尔联邦大学副校长马克西姆·霍米亚科夫访问非洲研究院。

6月25日

刘鸿武院长应邀出席南开大学丝绸之路研究中心揭牌仪式暨“一带一路”国际对话会并发表演讲，同时受聘担任南开大学兼职教授。

6月28日

经国家外国专家局批准，塞拉利昂大学研究生院院长、塞拉利昂著名非洲历史研究专家、2015年度中国文教类高端外专项目计划引进人才乔·安东尼·阿里来院开始为期两个月的访学。根据项目安排，今后三年将每年来访两个月。

7月9日

浙江师范大学召开“非洲研究智库建设研讨会暨协同创新推进会”。

7 月 19 日

《光明日报》刊发了刘鸿武院长的文章《建构促进共同发展的中非智库新型伙伴关系》，国务院新闻办网、全国哲学社会科学规划办网、中国社会科学网、新华网、人民网等主流媒体转载。

8 月 26 日

2015 年度国家社科基金项目评审立项结果公布，刘鸿武教授获重大课题招标项目立项，肖玉华博士、胡美博士分获一般项目、后期资助项目立项。

刘鸿武院长、高级研究员舒展应邀出席中国民间组织国际交流促进会和非洲联盟经社文理事会共同主办的“第四届中非民间论坛”并发表演讲。

8 月 27 日

中国民间组织国际交流促进会组织的“非洲非政府组织负责人代表团”访问非洲研究院。

8 月 28 日

浙江省外事办组织的“非洲国家青年领袖研修班”访问非洲研究院。

9 月 9—10 日

浙江师范大学、南非马蓬古布韦战略反思研究所、南非外交部共同主办的中非智库论坛第四届会议在南非外交部国际会议中心成功举行，为中非合作论坛约翰内斯堡峰会、“南非中国年”营造良好氛围。会议期间浙江师范大学在南非举办“南非中国年”、“中国梦 · 南非情”书画展。

9 月 10 日

非洲研究院王学军博士参加中非合作论坛中方后续行动委员会秘书处举办的“中非联合研究交流计划”学者吹风会。

9 月 18 日

刘鸿武院长应邀到复旦大学讲学。

9 月 21 日

坦桑尼亚达累斯萨拉姆大学、圣奥古斯汀大学等九所高校校长组成的“坦桑尼亚大学校长代表团”访问非洲研究院。

10 月 1 日

全球智库排名第一的美国布鲁金斯学会官网刊发专题文章《中非智库论坛：中国拓展在非洲软实力》，详细报道中非智库论坛第四届会议情况。

10 月 14 日

教育部教师工作司司长许涛到非洲研究院考察调研。

10 月 15 日

浙江省委教育工委委员、省教育纪工委书记葛非到非洲研究院考察调研。

10 月 17—18 日

非洲研究院周海金、蒋俊、姜恒昆、刘青海四位博士应邀参加中国非洲史研究会 2015 年年会暨“中国与非洲：发展战略的对接与交融”学术研讨会。

10 月 24—26 日

非洲研究院李鹏涛博士应邀参加中国世界近代史研究会 2015 年学术年会。

10 月 28—29 日

2015 年度浙江省哲学社会科学研究基地工作会议召开，非洲研究院在 2014 年基地考核中名列全省榜首。刘鸿武院长在会上介绍经验。

10 月 29 日

非洲研究院张瑾博士应邀参加中国驻肯尼亚大使馆、非洲经济研究所和云南大学联合举办的中非“三网一化”合作研讨会。

11 月 2 日

坦桑尼亚达累斯萨拉姆大学教授、坦桑尼亚政府经济顾问汉弗莱·莫希访问非洲研究院，并向非洲博物馆捐赠展品。

11 月 10 日

非洲研究院外籍专家穆罕默德·亚黑亚博士荣获 2015 年度浙江省外国专家“西湖友谊奖”。

11 月 15—25 日

刘鸿武院长受外交部政策规划司委托，率中国智库代表团赴南非、尼日利亚、埃塞俄比亚宣介、调研。

11 月 17 日

环保部环境保护对外合作中心党委书记赵维钧一行到非洲研究院调研。

11 月 24 日

非洲研究院张哲博士应邀参加农业部对外经济合作中心举办的“援外促进中非产能合作专题”座谈会。

11 月 25 日

中国法学会与浙江师范大学非洲研究院和法政学院共同成立“非洲法律与社会发展研究中心”。

11 月 25—26 日

商务部培训中心组织的“中非经贸合作发展研修班”学员访问非洲研究院。

11 月 26 日

刘鸿武院长应邀出席外交部“第十五届蓝厅论坛”，并接受中央电视台新闻频道采访。

11 月 27 日

非洲研究院张勇博士撰写的论文获“第二届全国电影学青年学者论坛”金奖。

《人民日报》刊发刘鸿武教授的文章《中非人文交流》。

12 月 4—5 日

《人民日报》、人民网、《东方早报》、《解放日报》等媒体发表刘鸿武院长、舒展高级研究员、王珩书记、张哲博士、胡美博士、刘青海博士等六位学者撰写的中非合作论坛约堡峰会评论系列文章。

12 月 11—12 日

非洲研究院、文化创意与传播学院以及《当代电影》杂志社、四达时代集团联合主办的首届“中非影视合作论坛”暨浙江师范大学非洲影视研究中心成立仪式成功举行。

12 月 12 日

刘鸿武教授应邀出席中国国际问题研究院和中国国际问题研究基金会联合主办的“2015 年国际形势与中国外交研讨会”并作主题发言。

12 月 14 日

李伟健副校长、刘鸿武院长、陈明昆副院长应邀出席 2015 年教育部国别和区域研究工作会议。

12 月 24 日

刘鸿武教授任首席专家的 2015 年度国家社会科学基金重大招标项目“中国对非洲关系的国际战略研究”开题暨中非合作论坛约堡峰会成果落实前景研讨会在北京成功举行。

12 月 26 日

经国家外国专家局批准，“2014 年度教科文卫重点引智项目”获得者、尼日利亚国际事务研究所研究员伊费姆 · 乌比博士到非洲研究院访学两个月。

12 月 28 日

中共中央党校副校长赵长茂到非洲研究院考察调研。

2015 年度来访嘉宾

厦门大学经济学院统计系副主任唐礼智教授；南非马蓬古布韦战略反思研究所人文系主任海斯特 · 普莱西斯、高级研究员杰夫瑞 · 舍胡穆，南非斯坦陵布什大学中国研究中心保罗 · 滕贝研究员，南非知名作家、新闻记者凯文 · 布鲁姆；中国社会科学院西亚非洲研究所杨立华研究员，华东师范大学沐涛教授，中国非洲艺术收藏家李松山；美国约翰斯 · 霍普金斯大学高级国际问题研究院戴维 · 斯隆普教授、硕士生琼娜 · 阿娜玛丽、硕士生蒂博多 · 扎里卡，南京大学国际关系研究院博士生程诚；南非西开普大学徐永新教授；台湾政治大学严震生教授；南部非洲上海工商联谊总会会长姒海；等等。

2016 年

1 月 10 日

中国人民大学二级教授、国家重点学科产业经济学学科带头人、中国经济改革与发展研究院副院长、国务院政府特殊津贴专家陈甬军教授到非洲研究院讲学。

1 月 14 日

浙江师范大学召开“非洲研究与中非合作协同创新中心”协同单位领导、课题负责人座谈会。

1 月 19 日

刘鸿武教授应邀出席商务部专家委员聘任仪式与投资战略研讨会并作专题报告，同时受聘担任“商务部第二届经贸政策咨询委员会专家工作组国际投资专家”。

2 月 23 日

非洲研究院徐薇博士、周海金博士的成果分获浙江省第 18 届哲学社会科学优秀成果奖基础理论研究类三等奖。

2 月 24 日

非洲研究院党总支书记王珩副教授在《人民日报》发表文章《把学术导向和问题导向结合起来　明确高校智库建设定位》。

3 月 3 日

中国人民大学国际关系学院国际事务研究所所长、欧盟研究中心主任、重阳金融研究院高级研究员王义桅教授到非洲研究院讲学。

3 月 16 日

团中央统战部副部长王阳一行访问非洲研究院。

3 月 27 日

中联部组织的非洲友好人士联合考察团访问非洲研究院。

3 月 28 日

刘鸿武教授任首席专家主持完成的教育部哲学社会科学研究重大课题攻关项目成果专著《新时期中非合作关系研究》出版。

4 月 8 日

刘鸿武院长应邀出席中共中央宣传部、国务院新闻办主办的“讲好中国故事文化交流使者”聘任仪式及座谈会，并受聘担任“讲好中国故事文化交流使者”。

4月11日

非洲研究院获得三项外交部“中非联合研究交流计划”项目。

4月14—16日

浙江师范大学、义乌市人民政府共同主办的“中非智库论坛第五届会议”在义乌成功举行。

4月17日

外交部新闻司组织的非洲22国记者团到非洲研究院采访、参观。

非洲研究院刘青海博士应邀参加南京大学主办的“中—韩非洲发展研究国际研讨会”。

4月20日

美国驻上海总领事馆政治领事乔纳森·克劳福德、政治助理陈亦钦访问非洲研究院。

4月21日

安徽大学副校长俞本立教授一行访问非洲研究院，商谈合作事宜。

4月23日

外交部非洲司副司长贺萌和刘鸿武教授做客“文汇讲堂”第99期，发表主题演讲。

5月5日

刘鸿武院长应邀出席宁夏大学中国—阿拉伯国家研究院挂牌仪式并作专家咨询报告。

国家外国专家局副局长夏鸣九、文教司司长聂飙一行到非洲研究院调研。

5月11日

浙江省政协副主席孙文友视察非洲研究院。

5月15日

刘鸿武院长应邀出席北京大学国际战略研究院和《国际政治研究》编辑部主办的“中国的区域国别政治研究：历史、理论、方法学术研讨会”，并发表主题演讲。

5 月 20 日

非洲研究院的浙江省重点学科“非洲研究”顺利通过验收。

5 月 21—22 日

非洲研究院和外国语学院联合主办的“2016 全国非洲文学研究”高端论坛成功举行，并成立非洲文学研究中心。

5 月 24 日

《浙江日报》头条刊发浙江省高校教师关于习近平总书记 5 月 17 日在哲学社会科学座谈会上重要讲话的反响，选登了刘鸿武教授的观点。

5 月 27 日

金华市委书记赵光君、市人大常委会主任黄锦朝、市委秘书长陈晓到非洲研究院调研。

5 月 30 日

《浙江日报》文化版头条刊文报道非洲研究院智库建设成果。

6 月 3 日

外交部原部长李肇星到浙江师范大学主讲“尖峰论坛”，并参观访问非洲研究院。

6 月 7 日

刘鸿武院长应邀出席中国公共外交协会主办的“中国企业走进非洲研讨会”，并主持专题演讲大会、作点评发言。

6 月 14 日

央视法语国际频道大型人物系列片《同舟共济—甲子——我的中国故事、我的非洲故事》播出《中非智库学者刘鸿武》。

7 月 3—7 日

非洲研究院刘青海博士、周术情博士应邀参加中国驻坦桑尼亚大使馆、坦桑尼亚外交部、坦桑尼亚贸易与工业发展部主办的“中非产能合作国际学术研讨会”。

7 月 13 日

刘鸿武院长应邀出席中国社会科学院西亚非洲研究所主办的“习近平治国理政新思想新实践与西亚非洲前沿问题”学术研讨会并作大会主旨发言。

7 月 25 日

刘鸿武院长应邀为国家汉办“2016 赴亚非孔子学院院长培训班”学员作有关非洲情势与中非关系的专题讲座。

8 月 10—12 日

浙江师范大学非洲研究院、中非发展基金、肯尼亚非洲经济研究所、肯尼亚公共政策与分析研究院、中国驻肯尼亚大使馆联合主办的“中非媒体智库研讨会”在肯尼亚蒙巴萨成功举行。

8 月 22—26 日

非洲研究院牛长松博士应邀参加世界比较教育学会联合会主办的第 16 届世界比较教育大会。

8 月 24 日

非洲研究院党总支书记王珩副教授在《光明日报》发表理论文章《非洲智库发展与中非智库合作》。

9 月 1 日

刘鸿武院长应邀出席中国侨联第六届新侨创新创业成果交流暨联盟成立大会，会上非洲研究院被授予“中国侨界（创新团队）贡献奖”。

9 月 12 日

2016 年度国家社科基金项目评审立项结果公布，非洲研究院陈明昆教授、刘青海博士申报的项目分获后期资助项目、一般项目立项。

9 月 27 日

联合国教科文组织高等教育创新中心主任、原南方科技大学党委书记李铭一行到非洲研究院考察调研。

9 月 30 日

非洲研究院设立的“非洲教育与社会发展”交叉学科博士点正式招生，首批招收三名非洲留学生。

10 月 13 日

刘鸿武院长应邀赴新疆大学科技学院讲学。

10 月 22 日

刘鸿武院长、陈德喜书记等共同申报的“服务国家战略的非洲学人才培养实践创新与理论探索”获浙江省教学成果奖高等教育类一等奖。非洲研究院提供指导的协同合作单位金华市秋滨小学获浙江省教学成果奖基础教育类一等奖。

国家外文局副局长王刚毅到非洲研究院考察调研。

10 月 25 日

教育部《高校智库专刊》2016 年第 39 期刊发刘鸿武教授撰写的政策建议，这是该刊第三次刊发我院提交的政策建议。

10 月 26 日

非洲研究院刘青海博士应邀参加中国法学会学术交流中心主办的“中非经贸合作的法治保障研讨会”。

10 月 27 日

非洲研究院与 SAP 公司在义乌市联合举办“2016 非洲科技商业女性峰会”。

10 月 29—30 日

非洲研究院党总支及工会组织在院访学、工作、学习的外籍专家及留学生赴丽水云和县、莲都区开展文化交流体验活动。

10 月 30 日

中国智库索引（CTTI）公布首批（2016—2018 年度）索引来源智库单位，非洲研究院入选，成为中国智库索引（CTTI）的共建共享单位。

11 月 2 日

商务部和全国妇联主办、中华女子学院承办的 2016 年发展中国家性别发展主题研修班 55 位学员到非洲研究院调研参观。

11 月 9 日

金华市政协副主席刘净非到非洲研究院考察调研。

11 月 11 日

刘鸿武院长应邀出席紫金传媒智库与中科院文献情报中心联合主办的治国理政与智库创新暨“中国新型智库建设”第二届学术研讨会。

11 月 15 日

中国土木工程集团有限公司原董事长、党委书记刘志明一行访问非洲研究院，商谈合作筹建坦赞铁路博物馆事宜。

浙江省政府副秘书长李云林到非洲研究院考察调研。

11 月 24 日

新疆阿克苏教育学院院长张淑萍、副书记罗英一行访问非洲研究院。

11 月 25 日

刘鸿武院长、王珩书记、陈明昆副院长率队赴武汉考察长江传媒非洲公司、华中科技大学教育科学研究院，商谈合作事宜。

11 月 28 日

刘鸿武院长、王珩书记率《非洲研究》编辑部团队赴北京考察中国社会科学院西亚非洲研究所《西亚非洲》编辑部，商谈合作事宜。

12 月 3 日

教育部教师工作司司长王定华、浙江省教育厅副厅长丁天乐到非洲研究院考察调研。

12 月 3—4 日

刘鸿武院长应邀出席中国国际问题研究院、中国国际问题研究基金会主办的“2016 年国际形势与中国外交研讨会”并作大会报告。

党总支书记王珩副教授应邀出席复旦大学和中国大学智库论坛秘书处主办的第三届中国大学智库论坛年会并作专题发言。

陈明昆副院长应邀出席中国教育学会比较教育分会第 18 届年会并作专题发言。

12 月 10 日

刘鸿武院长应邀出席复旦大学国际关系学院主办的“政治思想的全球史观研讨会”并作大会发言。

12 月 12 日

《人民日报》国际版专版刊登刘鸿武教授文章《中非产能合作需循序渐进》。

12 月 13 日

刘鸿武院长为教育部国家教育行政学院“第一期高校智库建设与社会服务专题研修班”作辅导报告。

12 月 16—18 日

刘鸿武院长应邀出席教育部历史学类专业教学指导委员会主办的“世界历史专业建设研讨会”并作大会报告。

12 月 17 日

王珩副教授应邀出席光明日报社和南京大学主办的“2016 中国智库治理论坛”并介绍经验。

12 月 22 日

团中央学校部副部长宋来到非洲研究院考察调研。

12 月 26 日

非洲研究院主办“埃博拉后非洲卫生局势新变化与中非卫生合作研讨会”。

12 月 27 日

中国公共外交协会聘请刘鸿武院长担任中国公共外交协会专门委员会委员。

2016 年度来访嘉宾

澳大利亚昆士兰大学兼职教授高明炜；比利时纪实作家列维·乔丽斯；法国农业发展研究中心学者让—雅克·加巴；中国社会科学院拉美研究所综合研究室副主任郭存海副研究员，社会文化研究室主任房连泉研究员、林华副研究员、齐传钧副研究员、张盈华副研究员、王帅助理研究员，政治研究室谭道明助理研究员；伦敦大学亚非学院远程教学项目主管尼尔斯·哈恩博士；埃塞俄比亚对话、研究与合作中心执行主任阿布德塔·贝叶尼、高级顾问特法拉·基丹尼卡尔；等等。

2017年

1月4日

南京大学中国智库研究与评价中心副主任、首席专家李刚教授到非洲研究院讲学。

1月9日

台州学院副院长王正一行到非洲研究院考察调研。

1月10日

非洲研究院非洲籍学者和丹博士、迈克尔博士应邀参加东南大学建筑学院主办的“中非工业化＆城镇化与城乡规划国际学术论坛（筹）之2017新年论坛：中非合作展望”。

1月11日

刘鸿武院长、高级研究员舒展、王珩书记应邀出席中联部主办的金砖国家智库合作中方理事会成立大会暨万寿论坛。会上，非洲研究院入选金砖国家智库合作中方理事会理事单位，刘鸿武院长受聘担任理事会理事。

1月12日

刘鸿武院长应邀出席中联部主办的“金砖国家合作”研讨会并作大会发言。

非洲研究院会同校内相关单位共同策划、联合打造的“中国改革开放与发展实践”丛书（中文版）首批成果在北京发布。

1月18日

浙江大学社会科学学部主任、公共管理学院余逊达教授一行到非洲研究院考察调研。

1月26日

美国宾夕法尼亚大学“智库与公民社会项目”组编写的全球最具影响力的智库报告《全球智库报告2016》将浙江师范大学非洲研究院列入“2016年度最佳区域研究中心（大学附属）”，列第19名。在该榜单22家入围智库中，仅有3家中国智库上榜。

2月20日

刘鸿武院长应邀赴华东师范大学讲学。

3月1日

非洲研究院非洲研究与中非合作协同创新中心在浙江省“2011协同创新中心”中期考核中名列第一。

3月3日

俄罗斯乌拉尔联邦大学副校长马克西姆·霍米尔科夫、高等经济学院圣彼得堡分校校长谢尔盖·卡多奇尼科夫访问非洲研究院。

3月14日

横店集团控股有限公司总裁徐永安、副总裁厉宝平一行访问非洲研究院，商谈合作事宜。

3月20日

刘鸿武院长撰写的三篇政策建议被国务院政策研究室采纳并报送中央领导。

3月21日

浙江省副省长朱从玖视察非洲研究院。

3月22日

非洲研究院非洲历史文化所主办“中非水文明交流对话国际研讨会”，会上成立全国首个中非水文明研究中心。

3月26日

非洲研究院胡美博士、刘青海博士赴毛里塔尼亚开展为期一个月的调研。

3月28日

津巴布韦主流媒体《先驱报》及其网站刊发文章《以文化交流构建中非友谊之桥》，详细介绍由浙江师范大学非洲研究院提供支持的中国国内首个基础教育领域中非文化项目“金华市秋滨小学活力非洲园教育项目”建设情况。

3月31日至4月1日

非洲研究院高级研究员舒展、肖玉华博士应邀参加上海国际问题研究院主办的“中国与伊加特的和平安全合作国际研讨会”。

4 月 1 日

非洲研究院成功举办教育部浙江师范大学中国南非人文交流研究中心成立仪式暨新时期中南非和中非人文交流战略研讨会。教育部中国南非人文交流研究中心落户非洲研究院。

4 月 5 日

中国驻坦桑尼亚大使馆公使衔参赞苟皓东访问非洲研究院。

4 月 6 日

南非豪登省议会副议长乌胡鲁一行到非洲研究院考察调研。

刘鸿武院长应邀做客“浙大东方论坛”第 203 讲，担任主讲嘉宾。

4 月 12 日

经国家外国专家局批准，非洲研究院聘请马里前驻华大使馆第一参赞约罗 · 迪亚洛来院工作。

4 月 17 日

著名音乐家施光南夫人洪如丁、著名歌唱家关牧村一行到非洲研究院参观交流。

4 月 18 日

非洲研究院副院长陈明昆教授带领我院博士留学生、部分硕士生赴金华职业技术学院考察调研。

4 月 20 日

非洲研究院获得四项外交部“中非联合研究交流计划”项目。

4 月 22 日

刘鸿武院长应邀出席南部非洲华人专家学者工程师联合会在南非主办的“南非华人在中南人文交流合作活动中地位与作用”座谈会并作主旨发言，双方商谈合作事宜。

4 月 24 日

中国南非副总理级人文交流机制启动仪式在南非举行，国务院副总理刘延东出席仪式。刘鸿武院长作为特聘专家应邀出席，并与当地多家智库商谈合作事宜。

5 月 3 日

浙江省副省长成岳冲视察非洲研究院。

非洲研究院副院长陈明昆教授带领我院博士留学生、部分硕士生赴国家中等职业教育改革发展示范学校——永康市职业技术学校考察调研。

5 月 4 日

浙江省委党校副校长黄华章到非洲研究院考察调研。

5 月 7 日

教育部社科中心主任王炳林到非洲研究院考察调研。

5 月 10 日

非洲研究院非洲籍学者和丹博士受国家卫计委国际交流与合作中心邀请，赴南京为第 45 期援外医疗队队（点）长、翻译及财会人员培训班做培训讲座。

5 月 11 日

国务院新闻办公室就推进与“一带一路”沿线国家民心相通情况举行新闻发布会，教育部副部长田学军重点介绍了浙江师范大学在推动中非人文交流、促进中非民心相通方面的做法并给予高度评价。

5 月 12 日

华中科技大学原党委副书记、国家治理研究院院长欧阳康教授一行到非洲研究院考察调研。

陈明昆副院长应邀出席教育部国际司召开的中非新闻交流中心记者团采访交流会。

5 月 13 日

刘鸿武院长、王珩书记应邀带队参加浙江大学跨文化与区域研究所主办的“跨文化与区域研究高层论坛”。

浙江工商大学党委书记金一斌一行到非洲研究院考察调研。

5 月 14—15 日

刘鸿武院长应邀出席“一带一路国际合作高峰论坛”暨智库合作平行论坛，成为唯一受邀的地方性高校智库负责人。

5 月 18—19 日

刘鸿武院长应国家汉办邀请赴赞比亚出席 2017 年非洲孔子学院联席会议并在开幕式上作专题讲座。

5 月 19 日

浙江省外侨办副主任顾建新一行到非洲研究院考察调研。

5 月 25—26 日

非洲研究院高级研究员舒展应邀出席金砖研究上海学术共同体主办的第一届“金砖国家务实合作智库论坛”。

5 月 26 日

江苏师范大学副校长钱进一行到非洲研究院考察调研。

5 月 27 日

湖南师范大学校长蒋洪新一行到非洲研究院考察调研。

6 月 1 日

《中国社会科学报》用专版的形式，以《把握机遇 聚焦需求 重点发力》为总题介绍了浙江省哲社重点研究基地浙江师范大学非洲研究中心的建设成果。

6 月 8 日

浙江省纪委副书记胡志权到非洲研究院考察调研。

浙江省政协常委、教科委主任鲁善增一行到非洲研究院考察调研。

6 月 21—22 日

中非合作论坛中方后续行动委员会和非盟委员会联合主办、浙江师范大学和非盟领导力学院联合举办的中非减贫发展高端对话会暨中非智库论坛第六届会议在埃塞俄比亚亚的斯亚贝巴非盟总部举行，外交部长王毅出席论坛并发表主旨演讲。

6 月 23—25 日

郑孟状校长、刘鸿武院长访问埃及苏伊士运河大学，拜访该校领导和学者，见证“苏伊士运河大学中国研究中心”正式在该校挂牌成立，随后拜访中国驻埃及使馆教育参赞田露露。

7 月 8—10 日

第二届中非影视合作论坛在坦桑尼亚桑给巴尔举行。非洲研究院中非影视中心执导的首部中非联合导演制作的纪录片《我从非洲来》在桑给巴尔国际电影节首映，并将由坦桑尼亚国家电视台向全国播放。

7 月 14 日

全国教育科学“十三五”规划 2017 年度课题立项名单公布，牛长松博士获得一般项目立项，这是非洲研究院首次获得全国教科规划课题。

8 月 2 日

埃及苏伊士运河大学副校长阿提夫一行访问非洲研究院，双方合作共建的“浙江师范大学埃及研究中心”在非洲研究院正式挂牌成立，同时举行了首次研讨会。

8 月 12 日

尼日利亚前国防部长、尼日利亚著名智库古绍研究所所长古绍先生访问非洲研究院，浙江师范大学尼日利亚研究中心正式挂牌成立，并举行中尼关系战略研讨会。

9 月 12 日

刘鸿武院长著《从中国边疆到非洲大陆——跨文化区域研究行与思》等新书发布会暨“中国非洲学的原创性发展战略研讨会”在中国人民对外友好协会举行。活动由世界知识出版社、中国非洲人民友好协会、中国人民大学重阳金融研究院、浙江师范大学非洲研究院共同举办。

2017 年度上半年来访嘉宾

埃塞俄比亚阿瓦萨市市政行政官依曼优萨 · 塔妲斯、市副行政官切瑞奈 · 菲拉特、南方省卡达斯特项目经理比茹涵 · 替卡索、南方省城市规划专家阿迪索·沙贝沙；挪威卑尔根大学社会人类学及苏丹问题学者列夫·曼格；北京大学包茂红教授；美国卡特中心和平项目副总裁乔丹 · 瑞恩；浙江工商大学浙商研究中心主任吴波教授；香港大学教授李军；等等。

名家点赞

中非借中非减贫发展高端对话会暨中非智库论坛第六届会议分享智慧和经验。中国的发展经验值得全世界借鉴，特别是对于非洲这样渴望推进经济和社会发展的地区。“自力更生”的意识是非洲学习中国发展经验的第一课。

——非盟委员会主席 法基（Moussa Faki Mahamat）

中国在支持非洲政治、贸易等方面发展都显示出了极大的诚意，同时非中智库论坛为探讨非洲问题搭建了重要平台，并祝愿论坛取得丰硕成果。

——加纳前总统　罗林斯（Jeery John Rawlings）

虽然这次学习的时间不是很长，但我受益匪浅，尤其对中国高等教育的改革印象深刻。

——时任中非班吉大学校长、现任中非共和国总统福斯坦－阿尔尚热·图瓦德拉（Faustin-Archange Touadéra）2005年8月参加浙江师范大学主办的为期20天的“非洲法语国家大学校长研修班”时的总结

很高兴受邀请参加浙江师范大学举办的中非智库论坛会议。本次中非智库论坛一定能为开创非中新型战略伙伴关系新局面，提供可贵的策略分析和智力支持。

——非洲驻华使团团长多哥驻华大使　塔·阿马（Nolana Ta Ama）

非洲正在发生巨大变化，国家愈发稳定，经济不断发展，这一切都得益于中国无私的帮助和支持。在非洲，1/3的基础设施项目是在中国的支持下完成的。非洲也更加认识到，中国作为经济大国，其发展将会影响世界的发展。在非洲工业化进程中，中国至少可以发挥三个方面的作用：一是加强对非洲国家制造业的投资；二是推动非洲国家基础设施建设，不仅是项目，还包括项目管理和运行；三是传播中国经验，这并不意味着机械复制，非洲应综合考虑国情，自主选择。非中携手合作，必将塑造世界的美好未来，更为非洲人民带来更多好处。

——埃塞俄比亚总理经济顾问　阿尔卡贝·奥克贝·梅蒂库（Arkebe Oqubay Metiku）

会议关注非洲和平与安全，非洲大陆国家意识到和平与安全的重要性，意识到这是实现非洲发展的基本条件，我希望中非智库论坛会议成为一个交换意见和观念的论坛，推动互相理解，巩固彼此友谊，加深非中双方的理解和沟通。

——埃塞俄比亚副总理兼教育部长　德梅克·梅孔嫩（Demeke Mekonnen）

祝贺第四届非中智库论坛的召开！智库论坛是非中合作论坛框架下的一项重要活动，将为2015年年底召开的中非合作论坛峰会发挥预热作用。非中关系是当今国际关系的重要组成部分，非中发展战略相通，双方在政治、经贸、文化等领域的合作日益密切。我希望与会学者能为推动非洲快速发展、深化非中互利合作积极建言献策，同时积极对外发声，宣介非洲、中国和非中关系。

——南非外交部副总司长　迪塞科（Mxakatho Diseko）

中国和埃塞俄比亚应全面加强双边合作，感谢浙江师范大学非洲研究院创办中非智库论坛，它将是重要的学术交流平台。亚的斯亚贝巴大学自2011年已经开展中文教育课程，今后将继续推动中国文化教育。

——亚的斯亚贝巴大学校长　阿德玛苏·赛加耶（Admasu Tsegaye）

近年来，中非经济合作快速增长，尽管对非贸易仅占中国对外投资总量的5%，但有着重要的战略意义。非洲国家应充分利用这一机会发展非洲社会经济，推动非洲治理与和平安全建设。

——联合国非洲经济委员会办公厅主任　阿德耶米·迪沛鲁（Adeyemi Dipeolu）

非洲与中国具有重要且独特的关系，这种关系正在不断地促进非中各种机构之间的交流，也丰富着非中交流的形式和内容。非中交往让我们达成了基本的共识：我们都反对殖民主义，我们都尊重双方的文明和历史，并不断努力创造属于自己的历史，中非交往和中非关系发展重新定义了过去非洲与西方殖民者之间的不平等关系，这既是非中交往的结果，也是非中合作和非中关系发展的基石。

——南非马蓬古布韦战略反思研究所执行所长　乔奈特·施丹哲（Joel Netshitenzhe）

实地考察，深入、细致、具体，所提建议可供有关部门参考。

——2007 年 12 月 7 日国务院总理温家宝在浙江师范大学对非工作调研报告上作的批示

智库研究机构的影响力不断提升，如北京大学国际关系学院、清华大学国情研究院、华中师范大学中国农村研究院、浙江师范大学非洲研究院等一批研究机构已成为相关领域的重要智库。

——2013 年 5 月 30 日国务院副总理刘延东在“繁荣发展高校哲学社会科学　推动中国特色新型智库建设座谈会“上的讲话

很好。可考虑创造更多机会，让我专家学者走进非洲，以发展中非关系。

——2009 年 10 月 10 日，外交部长杨洁篪在刘鸿武院长率外交部学者代表团赴非洲三国和非盟总部调研后所写的《学术研究服务国家外交的一次成功尝试》报告上的批示

中非合作既需要融资，也需要融智，中非关系的深入发展为中非学者开展学术交流和合作提供了丰厚的土壤，开辟了广阔的天地。中国和非洲有句同样的谚语，“独木不成林”，合作既是时代的潮流，也是中非共同发展的愿望，中国愿与非洲一道，共享机遇，共担责任，共赢挑战，携手加强包括人文交流在内的各领域的合作，推动中非新型战略伙伴关系不断向前发展。

——2013年国务委员杨洁篪在中非智库论坛第三届会议暨“中非智库10+10合作伙伴计划”启动仪式上的讲话

非洲研究院已成为政府对非工作的重要决策咨询机构，在服务国家战略、推进公共外交方面成效卓著，在国内外的学术影响力日益增强，外交部将继续支持浙江师范大学对非工作。

——2014年6月外交部副部长张明会见刘鸿武院长和王珩书记并听取非洲研究工作汇报时的评价

浙江师范大学创建中非智库论坛是中非双方加强学术交往与合作，扩大人文交流的重要举措之一，也为中非加强学者、智库交往合作，促进人文交流开启了一扇大门。论坛已经成功举行两届会议，并实现机制化，第三届会议围绕中非关系的提升与中非软实力建设这一主题，再次掀起头脑风暴，为中非关系建言献策。

——外交部副部长　翟隽

以非洲研究院刘鸿武院长为先锋和代表的学者是中国对非研究的第三代学人，他们为对非研究和服务国家战略作出了巨大的努力和贡献，看到这代人的成绩，看到在座年轻的第四代、第五代科研人员，非洲研究后继有人。

——2014年12月8日中联部原副部长文平与非洲研究院师生座谈时的讲话

浙江师范大学虽地处金华，却放眼世界，开创性地开展非洲研究、教育援非，这是一种智慧的战略选择，不仅促进了学校自身的发展，也为国家发展、民族复兴作出了积极贡献。这很了不起，这些也许应该是北京很多机构、很多学者该做的事情，现在却由浙江师范大学来完成了。

——2011 年 6 月 24 日商务部副部长傅自应视察浙江师范大学并为商务部“中国基础教育援外研修基地”授牌时的讲话

希望浙江师范大学非洲研究院能在华东地区甚至全国非洲研究机构中起到引领作用，与其他研究机构进行分工明确、各有侧重的合作，进一步做大做强中国非洲研究事业。同时，要注重对非人才培养，本着长短结合、实用性和战略性结合的原则，在做好对非工作短期、技术型人才培训的同时，也要培养长期的战略型人才。商务部援外司、西亚非洲司等部门要主动和研究机构建立联系，征集研究成果和政策建议，服务对非工作。祝愿浙师大非洲研究院工作更上一层楼。

——2012 年 7 月 11 日商务部副部长李金早视察浙江师范大学时对非洲研究院学术研究和人才培养工作的指示

近年来浙江师范大学作为地方性大学开展的非洲研究成效卓著，学校关于非洲研究如何服务国家的思路非常清晰，对国家战略的理解非常到位。非洲研究已经成为浙江师范大学的一道靓丽风景线，为中国地方高校服务国家战略赢得了荣誉、赢得了掌声。研究成果可以说是影响大、贡献多，国家用得上，部委离不开，成为国内非洲研究的高地。

——2014 年 12 月 5 日教育部副部长李卫红听取浙江师范大学非洲研究工作专题汇报时的讲话

浙师大在推动中非民心相通实践中，定位非常清晰，工作很扎实，可以说是持续发力、久久为功、亮点纷呈。

——2017 年教育部副部长田学军在国务院新闻办“一带一路”沿线国家民心相通情况发布会上回答记者提问时的介绍

《非洲地区发展报告》已成为非洲研究领域具有重要影响力的知名学术品牌，既是一部学术著作，也是一份具前瞻性、战略性和操作性的涉非事务咨询报告。

——2014 年 12 月 23 日教育部社科司司长张东刚在《非洲地区发展报告 2013—2014》发布会上的讲话

浙江师范大学非洲研究工作在全国都有影响，并且带动了一批地方高校从事国别和区域研究，产生了很好的聚集与辐射效应。你们干了一件很了不起的事情！

——2015 年 4 月 26 日教育部国际司司长岑建君参观非洲研究成果展厅和非洲博物馆时的讲话

近年来，中非关系快速发展，中非智库之间的交流与合作受到中非双方的重视，中非智库论坛成立以来，围绕“民间为主，政府参与，坦诚对话，凝聚共识”的宗旨开展工作，产生了良好的社会影响。

——中国社会科学院副院长　李扬

中非智库论坛在国际经济金融形势复杂多变的情势下应运而生，并从战略的高度规划中非关系大计，致力于探索中非互补发展、双赢合作的各种途径，成为中非关系的推动者、智囊团和规划师。

——国家开发银行副行长　李吉平

中非合作的长远发展离不开资金的支持，更离不开智力的支持。国开行通过多种形式参与和支持中非人文学术交流，向中非文化产业企业、传媒项目提供融资支持，主动对非洲国家、地区及产业进行规划研究，利用开行融资优势推动规划实施。

——国家开发银行副行长　袁力

充分发挥浙江师范大学非洲研究院的作用，加强对非洲经济、政治和文化等领域的研究，为浙江走进非洲提供服务。

——2010 年 11 月《浙办通报》刊发浙江省委书记赵洪祝就浙江“走出去”战略专门作出的指示

这是一件意义重大而深远的事，应给予重视和支持，同时要积极争取国家的支持和指导。

——2008 年 2 月浙江省省长吕祖善对浙江师范大学非洲研究工作的批示

不断加强对非洲文化、社会、政治、经济等领域的务实研究，加大对非洲“中国通”和中国“非洲通”人才的培养力度，加快构建中非交流高端平台，尤其是推进中非智库间常态化交流，与各方一道将其打造成为中非智库之间交流的国家级平台。

——浙江省人民政府副省长　龚正

浙师大积极开展教育援非和对非学术研究，受到广泛肯定和好评。请各有关部门重视和支持浙师大对非教育合作项目，力争使之创出品牌。浙江作为中国经济比较发达的沿海省份，历来高度重视对非友好交往。近些年，浙江依托“走出去”战略和活跃的民间力量，与非洲的交流日益频繁，对非贸易较快增长，文化交流日益深化。

——浙江省人民政府副省长　郑继伟

参考文献

一、英文专著

Abelson, Donald E., *Do Think Tanks Matter? Assessing the Impact of Public Policy Institutes*, Montreal: McGill-Queens Press, 2002.

Boucher, Stephen eds., *Europe and Its Think Tanks, A Promise to Be Fulfilled, Studies and Research*, Paris: Notre Europe, 2004.

Chisolm, LauraBrown, *Sinking the Think-Tanks Upstream: The use and Misuse of Tax Exemption Law to Address the Use and Misuse of Tax-Exempt Organizations by Politicians*, University of Pittsburgh Law Review, 1990.

Johnson, Erik C., *Policy Making Beyond the Politics of Conflict: Civil Society Think Tanks in the Middle East and North Africa*, McGann and Weaver, 2000.

Liu-Hongwu, *Theories and Strategic of Sino-African Development Cooperation*, Zhejiang People's Publishing House, 2017.

Liu-Hongwu, *China-Afvica Relations: Governance, Peace and Security*, Ethiopia University Press, 2013.

Liu-Hongwu, *Fifty years of Sino-African Cooperation: Background, Progress & Significance*, Yunnan University Press, 2009.

Muzondo, S., *Knowledge production in a think tank: a case study of the Africa institute of South Africa (Aisa),* University of Fort Hare, 2009.

Rich, Andrew, *Think Tanks, Public Policy, and the Politics of Expertise*, New York: Cambridge University Press, 2004.

Shaw, T., *African Development: Making sense of the issues and actors by MossTodd J.Boulder*, CO: Lynne Rienner Publishers, 2007.

Stone, D., Denham, A., Garnett, M., *Think tanks across nations: a comparative approach*, Manchester University Press, 1998.

二、英文论文

Daniel Béland and Mitchell A Orenstein, "International organizations as policy actors: An ideational approach", *Global Social Policy*, Vol. 13(2), 2013.

Diane Stone, "Think Tanks, Global Lesson-Drawing and Networking Social Policy Ideas", *Global Social Policy*, Vol.1(3), 2001.

Erik C. Ness and Denisa Gándara, "Prevalence, Networks, and Higher Education Policy Activity Ideological Think Tanks in the States: An Inventory of Their", *Educational Policy*, Vol.28(2), 2014.

Struyk, R.J., "Management of transnational think tank networks", *International Journal of Politics, Culture, and Society*, Vol.15(4), 2002.

M.J. De Wit," A proposed South African think tank for our continent and the world", *South African Journal of Science*, Vol.95(4),1999.

Adesida, O., Sibalukhulu, N., Cilliers, J., Mbadlanyana, T.,."Shaping African futures: think tanks and the need for endogenous knowledge production in sub-saharan Africa", *Foresight*, Vol.13(3), 2011.

Shu, G.. "Practical difficulties and transformation path to the think tank construction of colleges and universities under the perspective of big data", *China Higher Education Research*, Vol.8, 2016.

三、中文译著

［加］唐纳德·E. 埃布尔森:《国会的理念：智库和美国外交政策》，李刚等译，南京大学出版社 2017 年版。

［美］约瑟夫·拉彼德、［德］弗里德里希·克拉托赫维尔主编：《文化和认同：国际关系回归理论》，金烨译，浙江人民出版社 2003 年版。

［美］詹姆斯·麦甘：《2013 年全球智库报告》，上海社会科学院出版社

2014 年版。

［美］詹姆斯·麦根、安娜·威登、吉莉恩·拉弗蒂主编：《智库的力量：公共政策研究机构如何促进社会发展》，王晓毅等译，社会科学文献出版社 2016 年版。

［美］詹姆斯·麦甘恩、理查德·萨巴蒂尼：《全球智库：政策网络与治理》，韩雪、王小文译，上海交通大学出版社 2015 年版。

［美］安德鲁·里奇：《智库、公共政策和专家治策的政治学》，潘羽辉等译，上海社会科学院出版社 2011 年版。

［美］雷蒙德·J. 斯特鲁伊克：《经营智库：成熟组织的实务指南》，李刚等译，江苏人民出版社 2015 年版。

［美］雷蒙德·斯特鲁伊克：《完善智库管理：智库、“研究与倡导型”非政府组织及其资助者的实践指南》，李刚等译，南京大学出版社 2017 年版。

［美］詹姆斯·艾伦·史密斯：《思想的掮客：智库与新政策精英的崛起》，李刚等译，南京大学出版社 2017 年版。

四、中文专著

包月阳主编：《中国特色新型智库与国家治理现代化》，中国发展出版社 2015 年版。

褚鸣：《美欧智库比较研究》，中国社会科学出版社 2013 年版。

东中西部区域发展和改革研究院：《中国智库发展报告》，国家行政学院出版社 2011 年版。

冯绍雷：《智库：国外高校国际研究院比较研究》，上海人民出版社 2011 年版。

《关于加强中国特色新型智库建设的意见》，人民出版社 2015 年版。

胡鞍钢：《中国特色新型智库：胡鞍钢的观点》，北京大学出版社 2014 年版。

胡光宇：《大学智库》，清华大学出版社 2015 年版。

荆林波等：《全球智库评价报告》，中国社会科学出版社 2016 年版。

柯银斌、吕晓莉主编：《智库是怎样炼成的——国外智库国际化案例研究》，江苏人民出版社 2016 年版。

李安方、王晓娟、张屹峰、沈桂龙：《中国智库竞争力建设方略》，上海社会科学院出版社 2010 年版。

李华：《世界新公共外交模式与趋势》，时事出版社 2017 年版。

李建军、崔树义：《各国智库研究》，人民出版社 2010 年版。

李智：《文化外交：一种传播学的解读》，北京大学出版社 2005 年版。

刘鸿武等：《新时期中非合作关系研究》，经济科学出版社 2016 年版。

刘鸿武：《非洲学论纲》，浙江人民出版社 2017 年版。

刘鸿武：《中国对外援助与国际责任的战略研究》，中国社会科学出版社 2013 年版。

刘鸿武：《中非发展合作：理论、战略与政策研究》，中国社会科学出版社 2011 年版。

刘鸿武主编：《非洲地区发展报告》（2011—2016 年共六卷），中国社会科学出版社 2011—2016 年版。

刘鸿武主编：《非洲研究》（第 1—10 卷），中国社会科学出版社 2011—2017 年版。

齐建华主编：《发展中国与非洲新型全面合作关系》，世界知识出版社 2014 年版。

任晓：《第五种权力：论智库》，北京大学出版社 2015 年版。

唐磊：《当代智库的知识生产》，中国社会科学出版社 2015 年版。

上海社会科学院智库研究中心：《2013 年中国智库报告——影响力排名与政策建议》，上海社会科学院出版社 2014 年版。

王健：《智库转型》，三联书店 2012 年版。

王莉丽：《智力资本：中国智库核心竞争力》，中国人民大学出版社 2015 年版。

王佩亨、李国强：《海外智库：世界主要国家智库考察报告》，中国财政经济出版社 2014 年版。

王斯敏主编：《2015 中国智库年度发展报告》，社会科学文献出版社 2016

年版。

王文：《伐谋》，人民出版社 2016 年版。

王辉耀、苗绿：《大国智库》，人民出版社 2014 年版。

朱有志、贺培育、刘助仁等：《智库学概论》，中共中央党校出版社 2015 年版。

中华人民共和国外交部、中共中央文献研究室编：《毛泽东外交文选》，中央文献出版社、世界知识出版社 2011 年版。

五、中文论文

陈国营等：《中国高校智库网络活跃度与影响力研究：基于百度检索指数分析》，载《智库理论与实践》2017 年第 2 期。

陈英霞、刘昊：《美国一流高校智库人员配置与管理模式研究》，载《比较教育研究》2014 年第 2 期。

董云川、张莉莉：《高校智库是个广告词汇？》，载《中国教育报》2016 年 3 月 28 日。

冯刚：《不断探索思想政治教育学科建设与发展的科学路径》，载《思想教育理论导刊》2014 年第 4 期。

何绍辉：《“三个结合”构建多元化智库研究成果评价体系》，载《中国社会科学报》2014 年 12 月 17 日。

洪银兴：《关于高校新型智库建设的思考和建议》，载《新华日报》2016 年 3 月 16 日。

黄昊、张怡、沈郊、姚旭：《改革创新 加速前行——2015 年高校智库发展报告》，载《光明日报》2016 年 4 月 27 日。

黄忠敬：《美国教育的“智库”及其影响力》，载《教育理论与实践》2009 年第 5 期。

雷颖：《构建世界一流智库的国际经验与启示》，载《中国智库》2013 年第 3 辑。

李刚：《智库研究与评价专题前言》，载《图书馆论坛》2017 年第 5 期。

李刚:《建立智库全层次全要素评价体系》,载《决策探索》2017年第4期。

李刚:《外延扩张与内涵发展:新型智库的路径选择》,载《智库理论与实践》2016年第4期。

李刚、王斯敏:《中国智库索引:助力新型智库共同体建设》,载《光明日报》2016年12月21日。

李刚、王斯敏、关琳、丁炫凯:《"中国智库索引"(CTTI)研制报告》,载《光明日报》2016年9月28日 。

李晓军:《美国教育政策研究机构的分类、功能及发展趋势》,载《教育发展研究》2007年第11期。

刘国瑞等:《推进省级教育研究机构向教育智库转型的若干思考》,载《现代教育管理》2014年第4期。

刘鸿武:《"非洲学"的演进形态及其中国路径》,载《国际政治研究》2016年第6期。

刘鸿武:《非洲研究的"中国学派":如何可能》,载《西亚非洲》2016年第5期。

刘鸿武:《中非应建立知识共享与思想交流的伙伴关系》,载《当代世界》2015年第12期。

刘鸿武、王严:《非洲实现复兴必须重建自己的历史——论B.A.奥戈特的非洲史学研究与史学理念》,载《史学理论研究》2015年第4期。

刘鸿武:《建构促进共同发展的中非智库新型伙伴关系》,载《光明日报》2015年7月21日。

刘鸿武:《中非合作崛起与全球共享:新"丝路"之道与魂》,载《中国投资》2014年第10期。

刘鸿武:《从战略高度推进中非智库合作建设》,载《非洲研究》2012年第1期。

刘鸿武:《推进中非智库战略合作》,载《中国社会科学报》2012年3月5日。

刘鸿武、方伟:《国家主权、思想自立与发展权利——试论当代非洲国家建构的障碍及前景》，载《西亚非洲》2012 年第 1 期。

刘鸿武：《国际思想竞争与非洲研究的中国学派》，载《国际政治研究》2011 年第 4 期。

刘鸿武：《中国非洲研究知识体系与话语形态构建》，载《人民论坛》2011 年第 32 期。

刘鸿武：《在国际学术平台与思想高地上建构国家话语权——再论建构有特色之“中国非洲学”的特殊时代意义》，载《西亚非洲》2010 年第 5 期。

刘鸿武：《初论建构有特色之“中国非洲学”》，载《西亚非洲》2010 年第 1 期。

刘鸿武：《非洲研究：中国学术的“新边疆”》，载《光明日报》2009 年 11 月 9 日。

刘鸿武：《中非关系 30 年：撬动中国与外部世界关系结构的支点》，载《世界经济与政治》2008 年第 11 期。

刘鸿武：《当代中非关系与亚非文明复兴浪潮——关于当代中非关系特殊性质及意义的若干问题》，载《世界经济与政治》2008 年第 9 期。

刘奇葆：《发挥高校独特优势　大力推进智库建设》，载《人民日报》2015 年 5 月 9 日。

万玉凤，《高校智库：热度比较高脚步有点小》，载《中国教育报》2015 年 3 月 24 日。

鲁鹏：《浅析美国大学“智库”对美国外交政策的影响》，载《科技创业月刊》2013 年第 5 期。

马海泉：《建设新型高校智库服务科学决策——访教育部社会科学司司长张东刚》，载《中国高校科技》2014 年第 4 期。

苏红：《教育智库如何成长与发展》，载《中国教育报》2014 年 10 月 1 日。

孙战伟：《高校智库建设：国际、国内经验及对江苏的启示》，载《扬州大学学报（高教研究版）》2016 年第 2 期。

唐果媛：《中美三份智库评价报告的比较分析》，载《智库理论与实践》2016 年第 4 期。

田晓明：《高校在智库建设中应有大作为》，载《群众·决策资讯》2014年第4期。

汪锋：《高校一流学科与新型智库建设的互动机制研究》，载《中国高教研究》2016年第9期。

王珩：《把学术导向和问题导向结合起来　明确高校智库建设定位》，载《人民日报》2016年2月24日。

王珩:《非洲智库发展与中非智库合作》，载《光明日报》2016年8月24日。

王珩：《理顺高校智库建设的三对重要关系》，载《中国社会科学报》2016年4月21日。

王珩：《智库建设：高校思想政治工作创新的有效路径》，载《思想理论教育导刊》2016年第3期。

王珩、刘鸿武：《新型高校智库开展协同创新的探索与思考——以浙江师范大学非洲研究院为个案》，载《浙江师范大学学报（社会科学版）》2014年第3期。

王文、李振：《中国智库评价体系的现状与展望》，载《智库理论与实践》2016年第4期。

王文、李振：《中国智库古今延承之路：历史溯源与未来启示》，载《智库理论与实践》2016年第2期。

王文：《中国为何出现“智”少“库”多现象？》，载《对外传播》2016年第2期。

杨亚琴：《构建中国特色新型智库评价体系》，载《文汇报》2016年1月28日。

杨玉良:《大学智库的使命》，载《复旦学报（社会科学版）》2012年第1期。

张宏明:《中国非洲问题的“智库研究”：历程、成效和问题》，载《西亚非洲》2015年第3期。

赵勇、高思嘉：《美国高校智库的发展特点及其话语权提升之策》，载《社会观察》2016年第7期。

朱庆葆：《高校智库建设协同创新的路径》，载《新华日报》2015年10月

9日。

曾天山等:《澳新两国国家教育智库及其服务政府决策研究——澳大利亚、新西兰教育科研考察报告》，载《比较教育研究》2013年第8期。

六、网络资料

James G. Mc Gann, “2015 Africa Think Tank Summit Report: The Rise of Africa’s Think Tanks: Practical Solutions to Practical Problems”, TTCSP Global and Regional Think Tank Summit Reports, 12, http://repository.upenn.edu/ttcsp_summitreports/12, 2015.

James G.McGann, “2016 Global Go To Think Tank Index Report”, http://www.199it.com/archives/560932.html, 2017-01-21.

Kaija, D., “Think Tank-University Relations in Sub-Saharan Africa: A Synthesis Report on 10 Country Studies”, https://www.gov.uk/dfid-research-outputs/think-tank-university-relations-in-sub-saharan-africa-a-synthesis-report-on-10-country-studies#citation, 2015.

Tank, A. T.,“African think tank response to pathways: city of Melbourne homelessness strategy, Footscray, Vic. African Think Tank”, http://library.bsl.org.au/cgi-bin/koha/opac-detail.pl?biblionumber=7560, 2011.

《国新办举行“一带一路”沿线国家民心相通情况发布会》，http://www.scio.gov.cn/xwfbh/xwbfbh/wqfbh/35861/36653/index.htm，2017-05-11.

《教育部关于印发〈中国特色新型高校智库建设推进计划〉的通知》，http://www.moe.gov.cn/srcsite/A13/s7061/201402/t20140212_164598.html.

习近平：《在哲学社会科学工作座谈会上的讲话》，http://politics.people.com.cn/n1/2016/0518/c1024-28361421-1.html.

《中共中央国务院印发〈关于加强和改进新形势下高校思想政治工作的意见〉》，http://ex.cssn.cn/zx/yw/201702/t20170227_3432301.shtml.

《中国智库索引》，https://ctti.nju.edu.cn/CTTI/，2016-12-31.

后 记 智库情缘

2017 年 6 月 21 日，浙江师范大学非洲研究院与非洲联盟领导力学院共同举办的“中非减贫发展高端对话会暨中非智库论坛第六届会议”在埃塞俄比亚首都亚得斯亚贝巴的非盟总部开幕。回想初识“智库”的 2011 年，不由感慨时光飞逝、岁月如歌！当时从新闻中得知浙江师范大学创立并主办了“中非智库论坛”第一次会议，我对“智库”这个词的“最初印象”是景仰、敬畏，亦觉得遥远。

或许是缘分使然，2013 年 9 月 1 日，非洲研究院建院六周年之际，我的工作岗位从学校团委调整到浙江师范大学非洲研究院，并马上投入到 10 月即将在北京召开的“中非智库论坛第三届会议暨中非智库 10+10 合作伙伴计划启动仪式”的筹备工作中去了。会议期间，我近距离地感受思想交锋的冲击、文化交融的魅力，深深地为思想的力量所折服。很巧的是，有学者将 2013 年称为“中国智库元年”。从此，我立足工作岗位，从我所在的浙江师范大学非洲研究院入手，以中非智库为研究对象，开始了观察、探索、思考高校智库建设奥秘的奇妙之旅。

由于非洲研究院作为教育部区域国别研究的重点培育基地每年都要编撰《非洲地区年度发展报告》，工作之余，我开始关注非洲智库，并主动承担、尝试撰写《非洲智库年度发展报告》。智库研究为地区发展报告增添了新的研究领域与视角，也使我对继续研究智库有了更大的信心。这期间我得到了许多师友的帮助，陆续刊发了一些关于智库建设理论探索的小文，更加提升了我的研究动力。

2016 年 6 月，我有幸应邀参加了由中国与全球化智库（CCG）联合宾夕法尼亚大学智库研究项目（TTCSP）、光明日报智库研究与发布中心主办的“2016 中国智库创新峰会”。这次会议为我打开了全新的视界。会议期间，我和学院特聘研究员、原驻卢旺达大使舒展一起拜访了宾夕法尼亚大学智库研究项目负责人麦甘教授，畅谈非洲智库的发展。之后我陆续参加了光明日报智库研究与发布中心学术委员会成立仪式暨 2015 中国智库年度发展报告、中国智库索引发布会、中国大学智库论坛 2016 年年会、2016 中国智库治理论坛、中国智库国际影响力论坛 2017、金砖国家智库合作中方理事会成立大会暨万寿论坛等会议并多次在会上发言。参加会议除了思想观点、交流经验的收获，更重要的是很幸运地认识了很多智库界有识之士，如光明日报智库版主编王斯敏女士、人大重阳智库王文院长、南京大学智库评价中心首席专家李刚教授等。在我后来的成长道路上，他们给了我诸多热情而有力的指导、鼓励、帮助与支持。在此一并表示诚挚的谢意！

智库创立与成长离不开领军人物。回顾浙江师范大学非洲研究智库的十年建设历程，特别感佩非洲研究院创始院长、教育部第一位国际政治界的长江学者特聘教授刘鸿武先生对智库的战略前瞻与远见卓识。他从多年以前就开始探索智库建设并致力于推动中非智库合作，他创立的“中国非洲学”学科体系使这家智库有了深厚的学术底蕴，使之有别于其他高校智库。刘院长提出的“非洲情怀、中国特色、全球视野”办学理念以及“三年创业、八年提升、十年而立”的立院规划，多次被模仿，却从未被超越。刘院长在建院之初创立的宗旨、理念和思路至今仍发挥着重要的导向作用；他所带领的团队十年磨一剑，克服从事非洲研究的种种困难，打造学术和智库的“新边疆”。他个人兼具学术与智库复合型人才的特征，其战略眼光和执行力受到国家领导人和多家部委领导赞赏。“智库”这一名称是舶来品，但刘鸿武院长坚持打造中国特色的高校智库、中国气派的“非洲学”学科、中国风格的学术话语体系。他常说“非洲学”是治平之学，更是心性之学，是一份中国读书人的国际担当。在亚的斯亚贝巴航站楼，他写下“十日纵横亚欧非，为忧苍生行役驱。出本无心归亦好，济世忧民江湖心。”的悲悯诗句；为了修齐治平的知识分子抱负，他常披星戴月、日夜兼程，他经年累月乘坐北京到义乌的“红眼航班”，一句“校门闻警鼾，风雪夜归人”，道不尽个中艰辛。

智库发展离不开国家领导人和部委的关心支持。我们牢记时任国家副主席习近平对“建设非洲研究智库，培养非洲研究人才”的殷殷嘱托，牢记国务院副总理刘延东、国务委员杨洁篪、外交部长王毅的嘱托。我们难忘教育部副部长郝平每到一地就为非洲研究院做宣传，难忘教育部副部长田学军在国新办新闻发布会上花大量篇幅深情讲述“非洲研究院故事”，难忘岑建君司长紧握刘院长的手说“你们做了了不起的工作”，难忘外交部副部长张明多次亲切会见并悉心指导，难忘外交部非洲司前任司长卢沙野为“非洲博物馆”剪彩的场景，难忘现任司长林松添莅临智库论坛并作重要讲话，难忘历任中非合作论坛办主任及同仁们对中非联合研究交流计划重点项目中非智库论坛的大力扶植，也难忘中联部、商务部对非洲研究智库的悉心培育。

智库成长离不开良好的土壤氛围和生长环境。感谢浙江省委宣传部、省社科联、省教育厅对非洲研究院智库建设的重视。感谢浙江师范大学历任校领导对非洲研究院的关心与爱护！难忘李鲁书记、梅新林校长在建院之初立下“全国一流，国际知名”的智库建设目标；难忘陈德喜书记对“非洲学”学位点、学科建设的倾力支持；学院走廊至今展有吴锋民校长的非洲壮美摄影作品，他把“非洲情怀”带到了履新的浙江理工大学而在毛里求斯建立了孔子学院；难忘蒋国俊书记、郑孟状校长在党委会、协同创新推进会上的铿锵话语：非洲研究作为我校特色品牌，建设力度只能加强不能减弱，必须加快建设非洲研究国家智库！

智库发展离不开协同单位的鼎力支持。难忘国家开发银行、中非发展基金、金华市政府、义乌市政府的倾力相助；难忘中国社科院西亚非洲研究所、中国国际问题研究院、中国现代国际关系研究院、上海国际问题研究院、南京大学非洲研究所、云南大学非洲研究中心等智库同仁的大力支持；难忘学校办公室、科学研究院、外事处、人事处、汉办等职能部门的关照扶持；难忘法政学院、教师教育学院、外国语学院、体育学院、美术学院、文化创意与传播学院、地理与环境科学学院、工学院、职业技术教育学院、国际文化与教育学院、中非国际商学院等兄弟单位的积极协作。没有协同创新，就没有今天浙江师范大学非洲研究的大视野、大格局、大手笔。

智库成功离不开智库学者和管理团队的抱团合作。十年创业，筚路蓝缕。难忘建院之初刘院长率牛长松、姜恒昆、张瑾、郑如、肖玉华等五位“战将”

立下的赫赫战功；难忘徐薇博士在非洲结婚生子的幸福生活，感念她赴非调研遭遇抢劫却仍初心不改，创立“非洲人类学”的信心愈益坚定；难忘胡美博士八年连拿三个国家社科基金项目的拼劲；难忘赵俊、周术情、张哲博士直面疟疾、战乱仍牵挂非洲发展时眼眸里闪动的真诚之光；难忘周海金博士身怀六甲仍在独墅湖畔奋战；难忘刘云教授、肖玉华和张艳茹博士走过“智库旋转门”时的从容与坚定；难忘楼世洲校长、陈明昆院长、牛长松博士为服务中非教育合作不惜牺牲身体默默奉献的身影；难忘张勇、和丹博士拍摄《非洲人在义乌》遭遇困惑时的坚守和执着，难忘迈克尔和李鹏涛博士的勤奋……好的智库团队少不了科研服务人员的付出。感谢武卉、王严兼职承担行政事务；难忘杨文佳、沈虹、单敏、郑如、叶引姣、余根英、吴梦云等智库管理人员、行政团队同人，为了会议顺利召开、为了服务好智库工作，早出晚归、通宵达旦、加班加点、废寝忘食。还要感谢党支部书记蒋俊、王学军，工会委员周志发、刘青海、武卉、李育球等同人营造了良好的“非院小家”和谐氛围。可以说，没有非洲研究院整个团队如此扎实的智库建设探索和生动实践，没有全院师生丰富厚重的学术研究成果，这本书就是无本之木、无源之水。本书的每一个章节，都有深深的“师大印记”、“非院烙印”。感谢为非洲研究院的发展和建设作出努力和贡献的每一个人！感谢所有默默关心师大、关注非洲研究院、关爱我个人成长的师友。同时特别感谢我的家人对我一贯以来的关怀与支持。致谢的名单再长，也会挂一漏万，请原谅我的笔拙，表达不出谢意之万一，唯有感恩在心、不断前行。

成稿之时，我深切地感受到，本书如能对高校智库的理论研究者和实践者有一些启示，那在很大程度上是得益于非洲研究智库建设历程本身的精彩。如刘鸿武院长所说，非洲研究院十年，只是万里长征走完第一步，未来还有更长的路要走，更多的事要去努力。本书不可避免地存在不少瑕疵和不足，则完全是由于本人的水平和能力有限所致。恳请各位前辈师友多多批评指正。

祝贺浙江师范大学非洲研究院建院十周年，祝福非洲研究院未来更美好！

2017 年 8 月于烛光湖畔非洲研究院